U0118170

啟蒙是連續的嗎？

啟蒙是連續的嗎？

王汎森

香港城市大學出版社
City University of Hong Kong Press

©2020 香港城市大學
2021 年第二次印刷

本書版權受香港及國際知識版權法例保護。除獲香港城市大學書面允許外，不得在任何地區，以任何方式，任何媒介或網絡，任何文字翻印、仿製、數碼化或轉載、播送本書文字或圖表。

國際統一書號：978-962-937-551-5

出版
香港城市大學出版社
香港九龍達之路
香港城市大學
網址：www.cityu.edu.hk/upress
電郵：upress@cityu.edu.hk

©2020 City University of Hong Kong

A Discussion on the Continuity of the Enlightenment
(in traditional Chinese characters)

ISBN: 978-962-937-551-5

First published 2020
Second printing 2021

Published by
City University of Hong Kong Press
Tat Chee Avenue
Kowloon, Hong Kong
Website: www.cityu.edu.hk/upress
E-mail: upress@cityu.edu.hk

Printed in Hong Kong

目錄

序言

從晚清到五四前後，是近代中國的思想巨變期之一。在這個巨變期中，戊戌、辛亥、五四是三個高峰，而本書的主題「五四新文化運動」，無疑是一個改變思想氣候的晴天霹靂，影響之廣大、深遠，在整個中國歷史中少有能及。收在本書中的文章，基本上皆與這個思想巨變期，尤其是五四新文化運動有關，我希望藉由這一批文章探索這個巨變時期的心靈世界中，各種思想元素交互錯綜的意義。

孟子說：「觀水有術，必觀其瀾」，近人蒙文通又說：「事不孤起，必有其鄰。」這麼重大的思想事件，必須關注其「前後左右」，【羅志田，〈事不孤起，必有其鄰：蒙文通先生與思想史的社會視角〉，《四川大學學報（哲學社會科學版）》，二〇〇五年四期】。本書所選的文章除了講五四本身，同時也儘量涉及五四新文化運動的「前」、「後」、「左」、「右」，「前後」比較容易了解。而所謂「左右」，則是指這個運動本身及它所激起的波瀾、泛溢的水潦。

在「序」的一開始，我想提到對於五四研究的一種觀察。在討論五四這樣一個到目前為止仍有重要現實意義的思想運動時，我們隱隱然可以看到兩種傾向：一種傾向於闡述「歷史的理想」；另一種則傾向於探索「歷史的事實」。這兩者當然不能截然分別，而且「歷史的事實」也不是定然可得，但至少在態度上，出現這兩種傾向。有些學者傾向於把「理想上」的五四作為歷史上的五四來闡發，這方面的工作當然有其價值，不過作為一個歷史學者，本書中的文章更關注於後者。

此外，五四研究的另一個現象是重「起源」遠過於「過程」。「起源」非常重要，但「過程」也很值得注意，思想運動像一個有機體，它在發展的過程中有種種變化創新的可能。譬如五四先有一個颱風眼（以新文化運動為主），在「過程」中連接上另一個颱風眼（以五四的愛國運動為主），甚至到了某一階段是多個颱風眼的「共伴效應」。

前面說到，本書所收的文章涉及五四的「前後左右」，「前」指的即是與「起源」有關的部分，而〈思潮與社會條件——新文化運動中的兩個例子〉一文，即討論了辛亥革命在思想文化上的意涵及它與五四新文化運動之關係。在這個思想巨變期中，談「左右」時，當然是以五四作為座標點來談「左右」。我們希望了解它在實際歷史中擴散、浸染、薰陶，在生活、氣質、心態、人生觀、時間觀，乃至習癖、偏好，或對於事物優劣好壞的判斷等各方面的影響。〈從新民到新人——近代思想中的「自我」與「政治」〉最初構想的題目是「自然的與有意識的」，即是說明在晚清以來乃至五四的思想巨變之下，人們生活、心態、氣質上的變化。而〈中國近代思想中的「未來」〉一文，也同樣是在說明在這個思想巨變的格局中，人們對時間、歷史、未來、行動等方面看法的重大變化，這一股巨大而空洞的力量一直影響着後五四乃至主義時代的思想與政治。至於〈思想史與生活史的聯繫——五四研究的若干思考〉，也是從五四運動與生活世界的變化入手，說明五四所形成的一種「價值層級」或「價值框架」，雖未立即滲透到社會的各個角落，但它形成了新的典範與標準，透過文學作品、新戲劇的演出等各種方式，逐步地普及到人們的生活之中。

在五四新文化運動紛繁萬狀的「過程」中，不同思路中間的轉換、變化都不一定是線性的關係，而是既有強而有力的「理性」（logos）力量，以不容辯駁的態度導引着思潮的前進。沒有這條線索，便沒有所謂的「五四」，但同時在歷史發展的「過程」中，也有「感性」（pathos）這條線索（或許多線索）時不時地在與它交會。此外，在這個思想運動中，充滿參差不一的思路，含混、曖昧的緊張，還有那些「半信者」，模糊不清的、不知何時上車的乘客，往往佔了很大的比例。從晚清到五四的變化，是「正信者」與「半信者」合奏而成的樂章，「正信者」與「半信者」之間的交光互影是一個值得進一步探究的面相。我在〈探索五四歷史的兩條線索〉中，便試着提出"confused period"這個觀念，以彌補「轉型」等太強調兩個固定點之間的變化的思維。在"confused period"中有許多容易被忽略的現象，譬如「思潮的非線性擴散」（包括「銅山崩而洛鐘應」）、「過渡時代」之類的說辭、「合兩個人格為一個人格」式的匯流，它們形成一幅五彩斑斕、交叉錯綜的拼圖，甚至逐步創造了與原初不盡相同的方向，後來也可能在某一個節點上，分解或散逸而去。

至於〈啟蒙是連續的嗎？——從晚清到五四〉一文主要在闡述，晚清、辛亥到五四新文化運動為止的思想變化，其間雖有許多模糊的、往復的、頓挫的變化，但大致而言是一個連續的格局。但「連續」具有種種不同的型態，有時是單純的傳遞，有時是「轉轍器」式的關係，有時是思想與政治相互激發而前進的關係，而且往往在積累動能之後，出現既有所延續又帶有「量子跳躍」性質的變化。譬如辛亥革命的成功，使得許多原本最核心的思想變成邊緣，原來邊緣的變成核心，甚至透過國家的力量成為「建制性遺產」（institutional legacy），並藉由官方的力量強力推展。所以，許多看起來從晚清一直延續下來的思想議題在各個時段中的幅度、廣度、強度、滲透度等仍有所不同；此外，因各個時代「背景文化」的相異，即使是看似一樣的概念或思想、詞彙也表現出不盡相同的意涵。

本書的最後一組文章是「前後左右」的「後」；這一組文章共有四篇，第一篇是〈後五四的思想變化：以人生觀問題為例〉。五四之後最重要的現象之一，是「主義時代」的來臨，「主義時代」所要解決的主要是政治問題。但「政治」始終與人的「生命存在」有所關聯，故這篇文章主要從一般較為忽略的「生命存在」感的角度，探索「主義時代」如何為當時失去方向、感到茫然困惑的青年人提供一套新的藍圖。在這篇文章裏，可以看到當時的青年們對人生觀的困惑，是如何與政治的抉擇糾纏在一起，最後「社會科學」、左派的理論體系提供了一套新的論述，使得人們得到一個思考過去、現在、未來、價值、行動的框架，並且得以把自己的人生安頓在有意義的座標中。

由「五四」到「主義時代」的這個轉變，其實是「思想的」或「信仰的」區別，「思想」或「學理」被附隨在「信仰」之下，受「信仰」的指導。但當「主義」風行草偃之際，始終有些知識分子對不管是「左」或是「右」的集團式的政治主義進行反思或批判。〈反主義的思想言論〉一文即是探討在「主義時代」裏，反思或批判「主義式政治」的一群思想家，譬如胡適、傅斯年等，以及受到英美自由主義或憲政思想影響的一群人，或是受中國傳統影響，不能同意「主義式政治」的運作，如梁漱溟、章士釗等。五四以來的民主、自由主義本身的論述或價值，似乎應該對單一的、強制的「主義」觀點，形成一種對抗作用，但大部分的人卻對「主義化」的浪潮選擇沉默、安靜或噤聲。而表示保留意見或公開地加以反對的人們，提出的主張卻十分零碎，不足以形成一個對抗「主義」狂潮的思想資源，更遑論集結成為反主義的力量。而這個侷限本身，是很重要的思想史問題。在這篇文章中我主要是想思考，「主義」式政治，將特定的政治信念變成眾人的「信仰」，其實帶有不小的危險性，這是研究民國以來的政治及思想歷史者所必須留意的。

〈反主義的思想言論——後五四政治思維的分裂〉一文着重討論後五四政治思潮的分裂，本書附錄〈「客觀理智」與「主觀意志」——後五四思潮中的兩種取向〉，則是討論後五四思想界中「客觀理智」與「主觀意志」兩種思想趨向的分歧。由於該文是一個演講記錄稿，體例格式與本書其他各章不同，所以作為「附錄」。

本書的最後一篇〈傅斯年：一個五四青年的挫折〉一文，是我《傅斯年：中國近代歷史與政治中的個體生命》中的一章，特地將之收錄於此，主要是想藉着傅斯年這位五四運動的領導人的個案來説明，經歷了五四新文化運動的洗禮後，在後五四時期面對政治現況時，其思想的困窘、歧異、矛盾及微妙的變化。以上文章主要是想了解這個思想巨變期及它的後來發展如何影響人們的日常生活世界，人們的意識、心態起了何種深刻的變化，並試着將「思想史」與「生活史」打成一片。

本書中的〈思潮與社會條件〉一文是二十年前訪問香港中文大學歷史系時所寫的，而〈啟蒙是連續的嗎？〉則完成於今年上半年訪問香港理工大學之時，前後正好經過二十年，人生中的因緣巧合竟是如此。感謝香港城市大學出版社朱國斌社長、陳家揚總編輯，及區志堅教授的促成；同時要謝謝譚徐鋒博士為我校閱全書，翁稷安教授為本書中的數篇文章提供寶貴的修訂意見，及陳昀秀女士彙整書稿。趁着五四百年這個難得的機緣，將這些文字集結成書，並以其中最晚成篇的〈啟蒙是連續的嗎？〉作為書名以為紀念。

作者簡介

王汎森，台灣大學歷史學系學士、碩士，美國普林斯頓大學博士。2004年當選中研院院士，現為中央研究院歷史語言研究所特聘研究員。

王汎森教授研究的範圍以十五世紀以降到近代中國的思想、文化史為主。著有《章太炎的思想》、《古史辨運動的興起》、*Fu Ssu-nien: A Life in Chinese History and Politics*（《傅斯年：中國近代歷史與政治中的個體生命》）、《中國近代思想與學術的系譜》、《晚明清初思想十論》、《近代中國的史家與史學》、《權力的毛細管作用：清代的思想、學術與心態》、《執拗的低音：一些歷史思考方式的反思》、《思想是生活的一種方式》等學術專書。

第一章

思潮與社會條件

新文化運動中的兩個例子

新文化運動有兩個層面，一層是破的，一面是立的。在「破」的方面，可以一言以蔽之，即「去傳統化」；「立」的方面，在思想上是提倡民主、科學、平等、女權等新價值、新觀念，學術上則是在「科學」的大纛下，每一種學問都起了根本的變化，有了新的發展，一九二〇年代以後逐步建立了新學術社會。

本文所要討論的並不是「破」的方面或「立」的方面的思想內容，而是想討論「新」、「舊」遞嬗中，社會政治條件所發生的類似火車「轉轍器」般的作用。這個問題牽涉的範圍非常之廣，本文只選擇了兩個例子加以討論：第一個例子偏重在新文化運動的思想背景方面，以陳獨秀和《新青年》的變化為主；第二個例子則是一個地區型人物的變化，我所舉的是四川成都的吳虞。把它們放在一起討論，除了方便入手之外，也是想看看全國性的舞台與地區型知識分子之間的互動。

一

傳統思想及倫理綱常至少有四個重要的建制性的憑藉：科舉、法律、禮儀及皇權，它們在二十世紀初次第倒台，使得原來緊緊依託於它們的傳統思想與綱常倫理頓失所依，從而也使一個廣大的群眾隨着它們的消逝而茫然失措。

科舉是一九〇五年廢除的。這是當時驚天動地的大事。科舉制度原來是舉國知識菁英，與國家功令及傳統價值體系相聯繫的大動脈，切斷這條大動脈，則從此兩者變得毫不相干，國家與知識大眾成為兩個不相繫聯的陸塊，各自漂浮。社會上也出現了大批的「自由流動資源」（free floating resources），他們為了維持社會菁英的地位，不能再倚賴行之一千多年的這條大動脈，而須另謀他途。它一方面使得吟哦四書五經、牢守功令、恪遵倫理綱常的舊菁英頓時失去憑藉，同時也逼使這些漂浮流動的人才面向許許多多新的選擇、新的前途。

廢科舉也使得八股文失去了「再生產」的憑藉，為一種新的文學運動清除了道路障礙。如果不是廢科舉使得舊式文章不再與功名利祿連在一起，則白話文不可能得到那麼快、那麼大的成功。而廢科舉與甲午及庚子兩次戰爭的失敗當然有關，所以提過考籃得過功名的陳獨秀（一八七九－一九四二）回憶說：「倘無甲午庚子兩次之福音，至今猶在八股垂髮時代」。[1] 胡適（一八九一－一九六二）也觀察道：「倘使科舉制度至今還存在，白話文學的運動決不會有這樣容易的勝利」。[2] 如果科舉制度還在，古文與墨義仍是名利的敲門磚，則中國的讀書人仍然要「鑽在那墨卷古文堆裏過日子，永遠不知道時文古文之外還有什麼活的文學」。[3]

傳統思想與禮教綱常的另一個憑藉是法律。在清代，《大清律例》當然是規範人們行為最為重要的法典，所謂「無一條非孔子之道」的《大清律例》[4] 在清廷的最後幾年改修，出現大幅模仿西方的《大清新刑律》（草案）。到了民國元年，維護禮教綱常的《大清律例》被具有平等精神的《新刑律》所取代，為行為的解放開闢了一個廣大的空間。

除上述所列之外，辛亥革命結束了君主政權，也使得禮儀、文化與之俱變。祭孔典禮是民國元年（一九一二）教育總長蔡元培（一八六八－一九四〇）廢除的，同時，蔡元培也以政治力量廢除學校讀經。以上幾種變化，當然都有長遠的思想背景，最終在建制的層面上落實，但它們也回過來加速「新」、「舊」思潮的變換。思潮與社會政治條件之間，殆有如火車和「轉轍器」般的關聯。

民國元年以後的幾個政治事件，尤其是舊文化勢力的回流、袁世凱（一八五九—一九一六）稱帝以及張勳（一八五四—一九二三）復辟事件，也發揮了「轉轍器」的功能。它們逼出了一種深刻的心理變化，使得晚清以來批判傳統與引介新事物的軌道有了微妙的改變，它們使得新文化運動能擴大它在新知識分子中的影響，說服了一些持不同意見或遲疑的人。因為這些政治社會事件，與新文化運動有密切的機緣因果關係，所以會有人在民國八年（一九一九）說：「近兩年裏，為着昏亂政治的反響，種下了一個根本大改造的萌芽」。[5] 不過，我必須聲明，我決不是想談上層建築與經濟基礎的關係，也決非否定在一個長時段的思想發展中，存在着內在的邏輯。

任何有關新文化運動的討論都不能省略《新青年》。《新青年》是近代思想發展的一面鏡子，它的變化非常快，幾乎每一卷都有新的重心。在「五四」之前，它的發展大約可以分為幾個階段。一開始，它強調「青年文化」，同時也介紹各國的青年文化，這與刊物的名稱相符。第二個階段則刻意批評孔教與軍閥因緣為用，並抨擊孔子之道與現代生活的不合。第三個階段提出倫理革命及文學革命。而第四個階段則強調思想革命，認為文學本和文學工具與思想而成，在改變文學的工具之外，還應該改換思想。[6] 在「五四」前後，

《新青年》中社會主義的成分愈來愈濃，一九一九年五月的「馬克思主義專號」即是一個例證。一九二一年以後，《新青年》逐漸成為中國共產黨的「機關報」。

《新青年》不停地變，新知識分子卻不一定能贊同它每一階段的主張。譬如南社領袖柳亞子（一八八七－一九五八），他贊同攻駁孔教，但不同意胡適的文學革命。[7] 又如胡適，他提倡文學革命，卻未必贊同《新青年》往社會主義方面發展；而能同意其討論社會主義的，也不一定同意它成為共產主義的喉舌。所以《新青年》像一部急駛的列車，不斷地有人上車，不斷地有乘客下車，能共乘前一段路的，不一定能共乘後一段路。

與我們這裏所要討論較相關的，是第二、第三及第四階段。事實上，《青年》創刊之初，連贈送、交換在內只印一千份；使《新青年》銷量漸增的是宣揚倫理革命的階段，尤其在胡適加入以後，文學革命成為討論的主題；以及一九一七年該刊編輯組遷到北京，北大一批新教授加入筆陣之後。它的銷量最高達一萬五、六千份。[8] 陳獨秀與陸續加入的幾位新文化運動領袖，都與辛亥革命有關，而他們也都牢守民主共和的理想。

從甲午到辛亥，中國思想界經歷兩大階段。甲午戰爭失敗後，舉國上層及中層社會大夢初醒，泰半認為雖聖人亦不廢富強之策，康有為、梁啟超乃提倡變法。而新舊之爭激烈，舊派走向極端，乃有庚子義和團之亂；經過這次變亂而舊派頓失所依，新派大行。然而康、梁所提倡的改革意見，基本上集中在「行政制度問題」上，而對於政治之根本問題，距離尚遠。清末革命、立憲兩派則辯論民主共和與君主立憲，開始接觸到政治的根本問題。辛亥革命成功，使得民主共和的主張得到落實。[9]

這個民主共和的新政體，用體制性的力量，公佈了許多合於西方潮流的政策。在一九一二年的最初三個月間，先後發佈了三十幾通除舊佈新的文告，它們大多是辛亥革命前十年間，革命黨人宣傳過的主張，此時則以法令、政策的形式頒行全國。而其中最震動人心的是，教育總長蔡元培所宣佈的停止祭孔，中小學廢止讀經和北京大學廢除經科正式命名為文科。周作人（一八八五—一九六八）說：「這兩件事在中國的影響極大，是絕不可估計得太低的。」當時即有人以「毀孔子廟罷其祀」形容之。[10] 一九一二年四月，袁世凱就任臨時大總統，新思想與新事物失去它在政治上的依靠。這年年底，新文化退潮，而舊文化回流，從中央到地方，新舊兩股政治勢力和文化勢力的鬥爭與歧異，始終是存在的。舊文化的回潮也有政治力量作後盾，袁世凱就任臨時大總統後，尊孔讀經之論，從廣東、山西等地蔓延開來，山西有「宗聖會」，北京有「孔社」，青島有「尊孔文社」，揚州有「尊孔崇道會」，鎮江有「尊孔會」。在蔡元培辭去教育總長後，教育部隨即公佈了孔子誕辰紀念日，許多地方紛紛組織慶祝「聖誕」之活動。一九一三年，江蘇都督張勳的根據地南京的文化復古風氣極盛。這年二月，張勳〈上大總統請尊孔教書〉，孔教會領導人物集會上海發起孔教會，以昌明孔孟、救濟社會為宗旨。六月二十二日，袁世凱發佈「尊崇孔聖令」，說「至悍然倡為廢祀之說，此不獨無以識孔學之精微，即於平等自由之真相，亦未有當也。……以不服從為平等，以無忌憚為自由。」八、九月間，孔教會總部遷到北京，宣傳只要孔教一昌，當時中國所有的問題都可一併解決，政局也可以安定下來。一九一四年是舊文化全面擴張並進一步政治化之時。這年年初，北京「孔社」舉辦「信古傳習所」，所習科目以經學為首；北京也有人組成「庚子拜經會」，認為想救國族必自拜經始。四月間，有三十餘人向政治會議提出設立經學館議案，要求將五經流佈歐美。此年秋季，袁世凱親赴孔廟祭孔，行三跪九叩禮。這年冬至，袁世凱着古裝在天壇舉行民國首次盛大祭禮，各地文武大員紛紛仿行。一九一五年，全面推行教育復舊、小學讀經。同時出現小學將廢、科舉將復的謠言。除此之外，在這幾年間，壓抑女權的風氣亦隨之而起。禁止女子參政，禁止女子加入政治結社、或加入政壇集會。一九一三年〈治安警察條例〉禁止男女自由交往，褒揚貞節烈女的風潮勃起，一九一四年三月，袁世凱頒佈條例，管制戲園，禁止男女合演。同時宗教力量逐漸復甦，毀學興廟之風開始興盛。[11] 在這波文化風潮中，袁世凱稱帝的活動開始登場。一九一五年八月上旬，袁世凱的憲法顧問古德諾率先發表〈共和與君主論〉，主張實行君主制。接着日本人有賀長雄亦發表〈共和憲法持久策〉，為袁氏稱帝製造輿論，楊度（一八七五—一九三一）等人組成的「籌安會」與之呼應。籌安會通電各省軍政大員派代表到北京，組織公民請願團；而袁的各地親信也上書勸進，請其「速正大位」。

在所有文化復古運動中，最令人矚目的是風起雲湧的、在憲法中明定孔教為國教的運動。袁世凱表面上雖然對國教不置可否，但不斷地以言論和實際行動加以支持，後來，《天壇憲法草案》第十九條也附上了尊孔的條文。

就在推動袁氏稱帝的聲浪中，陳獨秀創刊了《新青年》，這個時間上的順序不能算是偶然。研究陳氏的人不能忘記他在辛亥革命及二次革命中的角色，以及他是個共和政體的信仰者，而袁世凱復辟活動則促使這個革命家猛醒。在當時人的各種回憶中還可以看到類似的例子。以錢玄同（一八八七—一九三九）為例，他說洪憲紀元像霹靂一聲驚醒他迷古的美夢：

若玄同者，於新學問、新智識，一點也沒有；自從十二歲起到二十九歲，東撞西摸，以盤為日，以康瓠為周鼎，以瓦釜為黃鐘，發昏做夢者整整十八年。自洪憲紀元，始如一個響霹靂震醒迷夢，始知國粹之萬不可保存，糞之萬不可不排泄：願我可愛可敬的支那青年做二十世紀的文明人，做中華民國的新國民。[12]

民國元年（一九一二）畫出了一個民主共和國的畫餅之後，緊接着是一連串因對比而形成的失望，而失望與希望的力量至少是一樣大的。新思想家們敏感地認為中華民國是「一團矛盾」，對於在共和國體之下實際上卻是專制政治一事大感奇怪。[13] 陳獨秀說：

吾人果欲於政治上採用共和立憲制，復欲於倫理上保守綱常階級制，以收新舊調和之效，自家衝撞，此絕對不可能之事。蓋共和立憲制，以獨立平等自由為原則，與綱常階級制為絕對不可相容之物，存其一必廢其一……[14]

平等自由、共和立憲的中華民國，卻同時持守倫理上的綱常階級制，這是一個大矛盾。陳氏又說，共和立憲如不出於多數國民之自覺，是「偽共和」、「偽立憲」。[15]這就好像一九二一年瞿秋白（一八九九－一九三五）在提到辛亥革命時所說的，那次革命「成立了一個括弧內的『民國』」。[16]

李大釗（一八八九－一九二七）〈新的！舊的！〉中，則說當日的中國是一團「矛盾」：

> 中國今日的現象全是矛盾現象。舉國的人都在矛盾現象中討生活。矛盾生活，就是新舊不調和的生活。[17]

在所有矛盾中，《天壇憲法草案》第十九條附以尊孔之文當然是最刺眼的。一九一六年十一月陳獨秀在〈憲法與孔教〉中說：

> 吾見民國憲法草案百餘條，其不與孔子之道相牴觸者，蓋幾希矣，其將何以並存之？[18]

同文又說：

惟明明以共和國民自居，以輸入西洋文明自勵者，亦於與共和政體西洋文明絕對相反之別尊卑明貴賤之孔教，不欲吐棄，此愚之所大惑也。[19]

二十世紀初年以來的廢科舉、廢讀經、廢祭孔，事實上已經將原來是一個有機整體的孔教與國家，分成文化與政治兩個不同的領域。這兩個領域如果各自活動，問題並不大，甚至是值得讚許的。蔡元培說「孔子是孔子，宗教是宗教，國家是國家：義理各別，勿能強作一談」，即是這個意思。[20] 陳獨秀在〈憲法與孔教〉中也說：「使孔教會僅以私人團體，立教於社會，國家固應予以與各教同等之自由。使僅以『孔學會』號召於國中，尤吾人所讚許。」[21] 現在的問題是它們的活動太過接近，也就是李大釗所說的「新舊的性質相差太遠，活動又相鄰太近」。[22] 因為「活動又相鄰太近」，尤其是這兩個已經切開的領域，是因為政治強力介入才又合在一起的，更令人產生荒謬的、不能並存、不能調和的感覺。

一種文化符號的形象，與提倡或闡釋它的人的身份與形象，不能沒有關係。而當提倡孔教的是清一色的軍閥時，儒家不可避免地被政治標籤化，更增一般人的惡劣印象。

「孔教」與「共和政體」這兩個矛盾太大卻又相鄰太近的領域，催發出一種思維，這種思維認為社會文化是一個整體，不可能以舊心理去運用新制度，所以要求全人格的覺悟。梁啟超（一八七三—一九二九）在〈五十年中國進化概論〉中敏感地說：

> 覺得社會文化是整套的，要拿舊心理運用新制度，決計不可能，漸漸要求全人格的覺悟。[23]

而在所謂「社會文化整套」觀之中，新與舊不但沒有漸進調和之可能，甚至是勢不兩立的。陳獨秀借用韓愈〈原道〉中的話強調說「不塞不流，不止不行」，[24]學生一輩的傅斯年發表於一九一九年的〈破壞〉一文也說：「一個空瓶子，裏面並沒多量的渾水，把清水注進就完了。假使是個渾水滿了的瓶子，只得先把渾水傾去，清水才能鑽進來。」[25]

為了解決「相鄰太近」、矛盾太大的問題，他們所想到的解決辦法，有相當的一致性。李大釗說：「打破矛盾生活，脫去二重負擔」。[26]陳獨秀所得到結論也相近：

這腐舊思想佈滿國中，所以我們要誠心鞏固共和國體，非將這班反對共和的倫理文學等等舊思想，完全洗刷得乾乾淨淨不可。[27]

他在〈答錢玄同〉中又說《十三經》不焚，孔廟不毀，則「共和」的招牌掛不長久：

> 全部《十三經》，不容於民主國家者蓋十之九九，此物不遭焚禁，孔廟不毀，共和招牌，當然掛不長久……[28]

為了掛穩「中華民國」這塊招牌，必須毀棄孔廟，焚燒《十三經》、必須將舊的倫理文學洗乾淨。所以他們反對在許多人看起來要比較合理的新舊調和說（杜亞泉）或漸進改良的觀念。

我們知道從晚清以來，非儒反孔的言論已經屢見不鮮了，而且這方面的資料愈發掘愈多，[29]不但思想一線延續，連人物也相重疊，[30]使得人們不自覺地要認為晚清思潮與新文化運動時期沒有什麼改變。然而只要細心觀察，仍可以看出一些微妙的差異。先前偏重在解決黑暗專制的政治是改造舊思想、舊文化的前提，民國初年，人們也多認為專制政權或軍閥是一切問題的惡因；但是到了此時，新文化運動的領袖卻得出一種相當微妙的新思維：軍閥是「惡果」不是「惡因」。袁世凱死後，上海中西報紙盛傳袁世凱未死，陳氏說他也「堅信袁世凱未死」，而且認為如果不能鏟除惡因，還有無數的袁世凱：

> 袁世凱之廢共和復帝制，乃惡果非惡因；乃枝葉之罪惡，非根本之罪惡。若夫別尊卑，重階級，主張人治，反對民權之思想學說，實為製造專制帝王之根本惡因。吾國思想界不將此根本惡因鏟除淨盡，則有因必有果，無數廢共和復帝制之袁世凱，當然接踵應運而生。[31]

同時，他們也開始從新的角度來看當時的政治問題。在此之前，解決政治問題的辦法無非是政論。

一九〇五年至一九一五年是政論發達的時代，但在袁世凱稱帝之後，連篇累牘的政論卻退潮了，許多政論機關也煙消雲散。胡適在〈五十年來中國之文學〉中觀察說：

民國五年以後，國中幾乎沒有一個政論機關，也沒有一個政論家；連那些日報上的時評也都退到紙角上去了，或者竟完全取消了。這種政論文學的忽然消滅，我至今還說不出一個所以然來。[32]

政論文章退潮的徵象，是一向以政論生色的《甲寅》在一九一五年底停刊。政論文章之退潮，當然與袁世凱的壓制有關，但它還有更深層的理由，也就是政論家們的無力感，一邊是政治評論家們成篇累牘地徵引西方各種政治理論來討論中國的政治，另一邊是梁士詒（一八六九—一九三三）、楊度、孫毓筠（一八七二—一九二四）們把憲法踏在腳底下。[33]所以黃遠庸（一八八四—一九一五）在《甲寅》的最後一期說：

愚見以為居今論政，實不知從何處說起。……至根本救濟，遠意當從提倡新文學入手……[34]

黃遠庸認為「居今論政，實不知從何處說起」，認為根本解決政治的辦法在提倡新文學。章士釗（一八八一—一九七三）的答書代表另一種思想，那是民國成立以來的主流觀點。他不贊成黃遠庸。他認為政治好了，「而後有社會之事可言。文藝其一端也」。[35] 由這樣一封簡單的信可以看出當時的兩條路：一條是以新文學來解決中國政治問題；一條是十年來政論文字的老路，以為政治是解決政治及包括文藝在內的所有問題的根本。從此之後，新思想領袖們有了新發現：解決政治的問題靠倫理與文學。倫理與文學對當時中國的意義，到這時候才被以一種全新的方式去了解，從此，談民初政治的亂象才有了一個新的起點。

陳獨秀顯然是與黃遠庸同路的。所以在《青年》的第一卷第一號中，他在答王庸工談籌安會等問題的來信時，便宣稱「批評時政非其旨也」。[36]《甲寅》時期的陳獨秀，一直相信多數國民的愛國心與自覺心是解決政治問題的辦法，[37] 他後來雖然沒有完全放棄這個主張，但是重心開始轉移到別處，認為「學術」、「政治」已經不夠了，認為繼今以往，應該是倫理革命以及文學革命。故他說「倫理的覺悟，為吾人最後覺悟之最後覺悟」，[38] 認為倫理問題不解決的話，「則政治學術，皆枝葉問題。縱一時捨舊謀新，而根本思想，未嘗變更，不旋踵而仍復舊觀者，此自然必然之事也」。[39] 又主張：「今欲革新政治，勢不得不革新盤踞於運用此政治者精神界之文學」。[40] 陳獨秀堅持文學、倫理、政治是「一家眷屬」。所以當易宗夔投書《新青年》表示目前文學革命只要限於言文一致即可，不必推翻孔學，不必改革倫理時，陳的回答是「舊文學、舊政治、舊倫理，本是一家眷屬，固不得去此而取彼。」[41]

當時，《新青年》的路數顯然相當新穎，所以成都的孫少荊有這樣的印象：該刊三卷二號上特書一行字——「主張倫理改革、文學改革唯一之雜誌」。[42]我在《新青年》三卷二號上並未能發現這一行字，孫少荊不知何所據而言然，但是孫氏的話似乎間接說明了當時人已清楚感覺《新青年》是提倡倫理革命及文學革命的刊物，而且是唯一的刊物。

《甲寅》停刊，《新青年》繼起，《甲寅》的陳獨秀、李大釗、高一涵（一八八四—一九六八）也都成為《新青年》的編者或作者，但在這兩個時期，他們所寫文章的重點有相當的不同。從《甲寅》到《新青年》，其實代表着對民初政治現象兩種不同的認知。而這一個思維上的變化，與袁世凱稱帝的刺激是分不開的。

一九一七年七月間的張勳復辟，則是牽動思潮變化的另一事件，它為《新青年》的擴大影響與深化提供了助緣。周作人《知堂回想錄》說，此後蓬勃發展的文化運動，多是受復辟的刺激而興旺的：

復辟這齣把戲，前後不到兩個星期便收場了，但是它卻留下很大的影響，在以後的政治和文化的方面，都是關係極大。……因為以後蓬蓬勃勃起來的文化上諸種運動，幾乎無一不是受了復辟事件的刺激而發生的、而興旺的。

周作人還以《新青年》前後的發展為例，說明這個歷史事件：

即如《新青年》吧，它本來就有，叫做《青年雜誌》，也是普通的刊物罷了，雖是由陳獨秀編輯，看不出什麼特色來。……我初來北京，魯迅曾以《新青年》數冊見示，並且述許季茀的話道：「這裏邊頗有些謬論，可以一駁。」大概許君是用了民報社時代的眼光去看它，所以這麼說的吧。但是我看了卻覺得沒有什麼謬，雖然也並不怎麼對，我那時也是寫古文的，增訂本《域外小說集》所說梭羅古勃的寓言數篇，便都是復辟前後這一個時期所翻譯的。[43]

周作人告訴我們在復辟之前，他自己是寫古文的，而《新青年》是「普通的刊物」，許壽裳（一八八三—一九四八）認為其中有許多謬論，周作人本人雖不認為是謬，但也不認為怎麼對。經過復辟事件的刺激，他們翻然改變，「因為經歷這次事變，深深感覺中國改革之尚未成功，有思想革命之必要。」[44]周氏還說：

經過那一次事件的刺激，和以後的種種考慮，這才翻然改變過來，覺得中國很有「思想革命」之必要，光只是「文學革命」實在不夠，雖然表現的文字改革自然是聯帶的應當做到的事，不過不是主要的目的罷了。[45]

魯迅（一八八一—一九三六）也是在復辟之後，才決定告別隱默抄碑的日子，寫起小説來——「這也是復辟以後的事情」，「結果是那篇《狂人日記》，在《新青年》次年四月號發表，……如眾所周知，這篇《狂人日記》不但是篇白話文，而且是攻擊吃人的禮教的第一炮，這便是魯迅、錢玄同所關心的思想革命問題，其重要超過於文學革命了」。[46]

二

在北京這個全國思想的中央舞台，沸沸揚揚進行中的新文化運動，牽動了各地的知識分子。許多地方都有「新」「舊」兩派人在爭執、對立，它也吸引了一些呼應新文化主張的人向北京發展，其中包括遠在四川的一個不得意的讀書人吳虞（又陵）。

被胡適稱為「隻手打倒孔家店的老英雄」吳虞，靠着《新青年》中的幾篇文章，在新文化運動之後，從一個不見容於成都的士人，一躍而為全國思想舞台中央的重要人物，並於一九二一年離開四川，成為北京大學教授。一九一七年《新青年》三卷一號中，將一、二卷目錄特列一頁，上署大名家數十名執筆，其中赫然有吳虞的名字。吳虞在日記中寫下這樣一段感受：

> 不意成都一布衣亦預海內大名家之列，慚愧之至。然不經辛亥之事，余學說不成，經辛亥之事而余或不免，四川人亦無預大名家之列者矣，一嘆。[47]

這一段告白很可玩味，它透露了幾層意思：吳虞認為他非儒反孔、痛批中國傳統家族主義的思想言論，與辛亥年的經歷有關，此即「不經辛亥之事，余學說不成」[48]之意。第二，辛亥年之事是有生命危險的，故說「經辛亥之事而余或不免」。[49]吳虞經辛亥年之事而發展成的學說是什麼？非常賞識這位「老英雄」的胡適在為《吳虞文錄》作序時曾特別指出吳氏思想的兩個重點：第一是指出孔子之道與現代生活不合，並主張「非孝」；第二便是批評中國的法律因為受傳統綱常名教的影響而異常落後。[50]吳虞在新文化運動中最為人們重視的這兩種論點，都有其「存在的基礎」（existential basis）。吳氏在辛亥年前後與其父吳士先之間慘酷的爭執，與其「非孝」思想有關。就在父子爭訟的過程中，他因痛感舊律將「不孝」置於「十惡」之中，而對《大清律例》產生嚴重的不滿。

吳虞在他的日記中一貫以「老魔」稱呼自己的父親，他們父子究竟因何啟釁？同為川人的李璜（一八九五—一九九一）說，辛亥年吳虞曾在成都散發傳單，攻擊其父對媳婦之醜行。[51]不過，除了李璜之外，目前還未見到相同的說法。我們可以確定的是一九一〇年十一月吳虞因為不滿其父的行為而發生衝突，被父親告到官府，成了轟動成都教育界的大事。雖經審斷理虧的是他父親，但卻遭到四川教育文化界譴責，認為是大逆不道的行為，吳虞乃油印了〈家庭苦趣〉一文散發各學堂。時任四川教育總會長的徐炯（一八六二—

一九三六）特別召開了一次教育會，申討這個「投畀豺虎，豺虎不食，投畀有北，有北不受」的名教罪人，將之公逐出教育界，諮議局亦進行糾舉。[52]

〈家庭苦趣〉一文曾刊於《蜀報》第八期，[53]述及其父與前後兩個續娶婦人的種種醜穢以及父親、繼母對他們夫婦的虐待，這就是他後來所說的「家庭慘酷，……外遭社會之陷害，內被尊長之毒螫」[54]及「早受家庭嚴酷摧殘，幾不免於死」。[55]

但吳虞還和父親爭奪財產。吳虞在一九一一年從逃遁的山間回到成都後，曾向妻弟借了一本《大清律例》，翻查卷九〈田宅條例〉：

> 告爭家財、田產但係五年之上，並雖未及五年驗有親族寫立分書已定出賣文約是實者，斷令照舊管業，不許重分，再贖告詞立案不行。[56]

查完此律之後，吳虞在日記中抄錄光緒十九年（一八九三）其父在親友見證之下所立的約定：

> 憑族眾親友議定，以新繁祖遺龍橋場水田一百零三畝零載糧一兩五錢三分，正房屋俱全合付與兒子永寬一手掌理，至士先手內自置水田六十餘畝留作養膳。將來如再有子息，此項兒子永寬即不得與聞；……。[57]

光緒十九年的這個約定，是其父第一次再娶之後所立定的。[58] 也就因為先前立有此約，所以吳虞在武昌起義之後返回成都，急忙查《大清律例》卷九〈田宅條例〉，確定「但係五年以上，並雖未及五年，驗有親族寫立分書已定」者，「不許重分再贖」。照吳虞在〈家庭苦趣〉中的說法，其父子第二次再娶後，繼母即將田房衣服器具變賣罄盡，兩人並作文書於東岳廟詛咒吳虞夫婦死亡。此時吳父顯然不願遵照光緒十九年所立約定實行，而希望最少能再分得部分財產，但脾氣強硬乖拗的吳虞堅不同意，《吳虞日記》上說：「老魔欲分租房押銀百金，吳〔慶熙〕搖手止之曰：『不行。』老魔又欲請斷田五十畝。吳復曰：『他尚有一大家人，要繳你二人一月十二元盡足用了。』」[59] 從光緒十九年（一八九三）到一九一一年已經超過法律規定的五年，當時武昌起義雖已成功，但仍沿用舊律，所以如依舊律審斷，則對吳虞有利。但是在傳統中國，兒子控告父親是不得了的罪狀，不管法律如何，「不孝」的罪名是沒有人承受得起的，更何況吳虞不單將父親的醜行印成傳單，並且公然刊於報紙。除了和父親爭訟外，一九一〇年，吳虞因為編《宋元學案粹語》，在例言中引李卓吾的話，清政府曾令四川學政趙啟霖（一八五九－一九三五）查禁，不准發售。一九一一年他又為文反對儒教及家族制度，四川護理總督王人文（一八六三－一九四一）曾移文各省逮捕，其中有「就地正法」之語，吳虞乃逃出成都到山間避難。[60] 而所謂避難山間，似乎是逃到其舅劉藜然家，劉是哥老會首領。[61]

從以上看來，吳虞所謂「辛亥之難」有兩個層次，第一個罪狀是發表非孔非孝的言論，這些言論在辛亥以前幾年陸續隱現在他的詩注中，但在辛亥年前後卻公開發表出來。他的第二個罪狀是不孝，為了爭田產而與父親大吵，被父親狀告官府。這兩個罪狀都使他不見容於成都以禮教自持的舊派人物，以徐炯為首的舊派人物，發起成都教育界將他公逐。同時他也不見容於清朝政府的大僚，欲將他「就地正法」。當然他也不能在一開卷便是五服圖及以「不孝」為「十惡」之一的舊律中得到公平的審判，而必須逃離成都，遁居山中。

但是武昌起義的消息卻使這個罪人一步一步離開山中，一步一步接近成都，也使得個人的問題與歷史的劇變發生交會。細察他的日記，可以看出舊政權的崩裂，如何鬆動了禮教秩序，如何使得以它為憑藉的舊知識分子、舊官僚失去依恃，也使得舊思想失去建制性的依靠，使得非孝、非孔的罪人，可以逐漸去除頭上的緊箍咒。

四川鐵路國有之爭是辛亥革命的前奏，從這年八月起，四川政局便已激烈動蕩。一九一一年九月十六日，當時不在四川的一個年輕學生在日記上便記着：「前數日報上固已有四川宣告獨立之電矣，何以獨立之旗猶未見拂拂於蜀山頂上也？」[62] 九月二十二日，他的學堂監督在訓話中便已「勸吾儕剪指爪去髮辮也」。[63] 到了十月十二日，便有：「課畢後閱報紙，見專電欄中有云：武昌已為革黨所據，新軍亦起而相應，推黎元洪為首領，……此事也，甚為迅速與機密，出其不意，遂以成事。武昌據天下上游，可以直搗金陵，北通燕趙。從此而萬惡之政府即以推倒亦未可知也。」[64] 十月二十八日記：「匯各報而統計之，則十八省省城，只一南京尚未動也」，「從此以後，腥羶盡滌，大恥一洗，漢族同胞共歌自由，當即有一共和政體之中華民國發現於東半球之東，樂矣哉！」[65] 這份日記，大致反映當時人從報紙所了解的革命發展情況，因為它所記的消息得自新聞報導，與實際歷史發展有不吻合之處，尤其是「十八省省城，只一南京未動」並不確實。但是到了十月二十八日，幾個省城都已易幟。成都光復雖晚，然而全國局勢已定，人們主觀上也相信「中華民國」將出現於東亞。我們再回過頭來看看《吳虞日記》。

現存《吳虞日記》的第一條是十月三十一日，「同白仲琴由谿廠起身，轎子雇至眉州」，然後至彭山城外，然後到成都，暫住其妻弟處，與其妻見面。[66] 由他的行止可見他因見到舊政權已近崩潰，通緝令失效，故決定回到滿佈敵人的成都。選在這個時候回到成都，當然是出於一種估算：隨着舊政權的崩潰，舊官僚、舊人物、舊道德、舊法律皆將動搖，對他這個「大逆不道」的新派人物是有利的。

在新舊政權遞嬗中，舊官僚階層暫時失勢。他們之中的許許多多人後來雖然都以不同的方式回流，不過已經不再能享受滿清時代的權威。吳虞在一九一一年十二月二十二日的日記中這樣寫着：「早飯後聞趙季鶴、王寅伯已就戮。周孝懷正在逮捕中，此人上半年欲殺余，不意今日竟不能免，此亦積惡之報也。後悉周王二人十八日之變即遠行，未常【嘗】獲也。」[67] 這一段話中説周孝懷、王人文在辛亥革命成功後不久遁逃，[68] 周、王是晚清時代四川的主政者，他們兩人曾是晚清時代的新派人物，但是每一代「新」的尺度不同，他們並不「新」到可以接受吳虞的行為的程度，故曾經要把吳虞「就地正法」。在晚清，當新舊兩種思想態度激烈衝突時，政府常常是當時正統派的憑藉，但是因為辛亥巨變，使得正統派的守護者成為通緝犯，而非儒非孝的舊通緝犯吳虞卻危機頓除。

除了官僚階層因政權之更迭而有起落處，地方上的文化菁英也一樣。四川與當時中國所有地方一樣，有新舊兩種文化菁英，而改朝換代卻使舊派人物頓失依靠。在一九一二年一月五日的日記中，吳虞寫下：「周擇、劉彝銘、賃溶、康千里、曾頤、周邦勤、葉茂林、徐炯、朱華國，以上諸人皆小人之尤，不能再與修好。且此等小丑本不足道，與之往還徒污人耳。周善培、唐汝聲外間自有公論，亦不足較也。此後外交，注意歐陽黨、客藉【籍】黨、蒲黨，或聯絡之或解釋之，則周擇、徐炯之黨勢自孤耳。」[69] 前述九位也就是他所謂「小人之尤」者，其實就是他在四川教育文化界的死對頭，其中徐炯曾發起將他公逐出教育界。徐炯是四川華陽人，字子休，號霽園，學者稱為霽園先生，擁有舉人的功名，在四川以道學聞名。後來袁世凱當國，孔教運動高漲，徐炯在四川成都及華陽兩縣成立孔教會的支會，而且在北京孔教總會發表尊孔演講，攻擊民國。一九一四年一月的《孔教會雜誌》（卷一第十二號）刊載他批評民國「其污俗者乃不惟不變，又加甚焉」，又說「孔子之教真足使國利民福」。一九一八年，他創「大成會」，擔任會長，一九二三年辦大成中學校並自任校長，足見他是尊孔復古派的代表。[70] 在政治上，他親近滿人，辛亥年四川軍政府誅殺趙爾豐時，成都八旗官民極為疑懼，軍政府曾派他出面勸諭旗兵投降，[71] 足見他的社會網絡之一斑，故吳虞說「旗人多依附徐炯」。[72]徐氏後來曾經是袁世凱稱帝的勸進者，所以吳虞曾印刷《四川勸進人表》，藉以揭露徐炯等人擁袁的事跡來保護自己。[73]

徐炯所代表的舊知識群體很快地失勢了。徐氏當時是通省師範監督，一九一二年四月二十六日，該校學生在橋工公所開大會，「研究徐炯」，說他「引用私人，朋比宵小，敷衍學務，假充道德」，並且聲言徐炯「如敢再來，必全體輟學，並通告教育司、教育總會及中央教育部云」，[74]四天後，吳虞於午飯後遊公園，「見各處貼通省師範學生宣佈偽道學徐炯罪狀書」，[75]隔天，「早起往半邊橋看徐炯罪狀書，則已撕去。飯後遊公園，沿途罪狀書尚多」，兩天後，「《公論日報》登通省師範學生昨日於教育總會召集全體學生開會，到者千餘人，議決徐炯罪狀……」。[76]五月十八日，吳虞高興地記下：「徐炯已倒，由沈與白代理。」[77]徐炯被學生以「假道學」等罪名，逐離通省師範監督之職，足見新舊政權之更迭，也為舊派文化菁英的消逝，提供了社會條件。

此外，政權更迭也導致新舊刑律的改換。這使得在舊刑律之下，犯了「十惡」之一「不孝」之罪的吳虞，突然間得到了生機。

關於新舊刑律的更迭，有一段複雜曲折的歷程，其中牽涉到舊禮教與舊道德之處甚巨。這裏需要將《大清新刑律》的內容及引起的爭論稍作說明。《大清新刑律草案》是在清朝最後幾年由沈家本主持，請日本法學家岡田朝太郎等人所起草。它雖也參考了中國的舊律，但主要是依據德國的最新刑法，其特色便是法律與禮教分離，及法律之前人人平等。但是這一部新刑律命運多舛，從一開始便引起道德禮教派的激烈攻擊，認為它將法律與禮教分離，違背三綱，不合國情。張之洞（一八三七－一九〇九）代表學部對這份草案逐條簽駁。他認為自古以來因倫制禮，據禮制刑，刑之輕重等差，根據「倫之秩序，禮之節文」，故無禮於君、父、刑罰特重，而西方各國因主張平等，故父子可以同罪。《新刑律》不牽涉服制，張之洞則主張將《五服圖》重新列入。[78] 勞乃宣、劉廷琛等人也加入攻擊的行列。[79] 沈家本所代表的法治派雖加以反擊，但由禮教派訂了五條《暫行章程》附在《大清新刑律》之後加以頒行。[80] 這五條暫時性章程附於正條之後，可以在適當時候更改或取消。但《新刑律》在清朝最後幾年，並未執行，民國元年三月，袁世凱就職臨時大總統，下令暫行《大清新刑律》，司法總長伍廷芳（一八四二－一九二二）則於元年三月二十四日，要求刪去侵犯帝室之罪全章及關於內亂罪之死刑等「與民國國體牴觸」之條文，並取消該律後面所附的五條暫時章程，其餘均由國民政府聲明繼續有效，並由參議院議決通過，易名為《暫行新刑律》。[81]

吳虞本來就是留日學習法政的，他說在日本時，即已「聞憲法，民、刑法，歸國後，證以《大清律例》、《五禮通考》及各史議禮、議獄之文，比校推勘，粗有所悟入」——他所悟出的當然就是《大清律例》等與西方民、刑法之根本差異。而在辛亥年逃遁山間、幾遭不測時，新舊刑律的不同，對他有現實的利害關係。他自謂日讀《莊子》、孟德斯鳩《法意》，對於專制立憲之優劣、儒家立教之精神，「大澈大悟，始確然有以自信其學矣。」[82]《大清律例》以儒家的禮教綱常為基礎，與立憲國家法律之平等精神南轅北轍。而《大清新刑律》因通篇不見一個「孝」字，所以對揹負不孝罪名的吳虞而言，《大清新刑律》的命運，其實也就是他個人的命運。民國伊始，他就密切注意與這部新刑律有關的消息。

一九一二年三月三日吳虞在日記寫着，「孫逸仙以改訂法律為第一要事，可謂知本。以伍廷芳任司法卿，因其曾改訂新律也。」[83]後又記「《公論日報》登：《中央臨時約法》，及此間〈法制局呈請實行新刑律文〉，皆有絕大關係。」[84]六月十二日則以欣喜興奮之情記「昨日《共和報》載：『中央法部暫行新律頒到，現行刑律廢止。』真第一快事。去年新律後附暫行章程五條概行刪去，尤快也。」[85]這部通篇四百一十條不見一個「孝」字的新刑律，[86]對吳虞非常有利，六月十五日的日記又記「司法司令通行新刑律」，又記商務印書館新出書可買者即有《新刑律釋義》，[87]此後更不時看到他看新刑律或買新刑律的記錄。[88]

這部新刑律確實使舊禮教綱常失去其建制性的憑藉。吳虞特別當留意與《新刑律》有關之判例，譬如姦通無夫之婦女，在《大清律例》中要治罪，而且親族都可以舉控，但在《新刑律》中，因為根據外國法典的精神，故不治罪。他說根據報載「新繁孀婦陳姓某氏，少年失偶，暗中與馮定國往來，日前被族人陳浩查覺，捉赴地方檢查廳呈控。惟按照新律無夫姦律無正條，判事訊明認為無罪。此實用新律殊可喜也。」[89]由吳虞對姦通無夫婦女獲判無罪而感到「殊可喜」，足見其意態。[90]

又如毆父，在舊刑律中是滔天大罪，但吳虞記：「王意先來，言成都一瘋子毆死其父，擬辦永遠監禁。法部駁下謂精神病者無罪。」吳虞高興地評論說瘋子殺父而判無罪，是「此家族制將消滅之徵也。然成都人驚矣！」[91]

上述兩個案件，一通姦，一殺父，在舊律中都是重罪，但在新刑律中卻有完全不同的判決。這對受困於禮教綱常的吳虞，不啻是感同身受，也難怪他鼓掌叫好，又不無幸災樂禍地說「成都人驚矣」。就在《新刑律》之下，吳虞的父親雖仍屢次告他，卻都有驚無險地度過了。[92]

但是，就像法國大革命之後新舊勢力糾纏不息，一九一二年四月一日袁世凱就任臨時大總統之後，四川政治文化界中的舊勢力也跟着復甦。這年夏天，吳虞還一度為了躲避風聲，到四川嘉定擔任縣政府的科長。一九一四年，吳氏在成都《醒群報》投稿，發表家庭革命與宗教革命的文章，被四川尊孔的邵從恩（一八七一－一九四九）、羅綸（一八七六－一九三〇）向內務部報告，內務部長朱啟鈐（一八七二－一九六二）還電令四川總督胡景伊封禁該報。[93] 袁世凱提倡尊孔時，徐炯等舊派人士也在四川熱熱鬧鬧地辦孔教支會，當時批判孔教顯然有某種程度的危險，所以廖平（一八五二－一九三二）一度勸吳虞言論宜稍平和，以免觸忌。[94] 但是已經推倒在地的，雖然有時捲土重來，其威信早已失去，雖然造成騷擾與不安，卻不會再有「就地正法」的危險了。

吳虞「發跡變泰」，從地方上的不祥人物上升到全國舞台的轉捩點，是與全國思潮變化，尤其是《新青年》密切相關的。

劉師培早就已經說過，四川思想風氣的開通比其他省份要晚十年。[95] 民國初年，吳虞首先是在四川《醒群報》刊〈李卓吾別傳〉，再者是在上海、日本等地的《婦女雜誌》、《進步》、《小說日報》、《甲寅》發表文章。到了一九一六年底，他因為看了《新青年》中刊有〈孔子平議〉這類激烈文字，覺得主張相近，故與《新青年》的主編陳獨秀聯絡上了。陳獨秀回信贊同他說儒術孔道與近世文明決不相容，認為儒學一貫的倫理政治綱常階級之說如不「攻破」，則「吾國之政治、法律、社會道德，俱無由出黑暗而入光明」。[96] 此後，《新青年》在二卷六號及三卷的一至五號，連續發表吳虞攻擊儒家及家庭制度的文章。這幾篇文章都在他主動與陳獨秀聯絡前後陸續寫成，[97] 而「成都報紙，不甚敢登載」，[98] 一旦它們陸續披露在《新青年》，吳虞的大名遂不脛而走。

非孝、反孔這些幾乎奪去他生命的思想觀點，卻在新的風潮下成為思想進步、到處受人讚美的資本，陳獨秀即盛稱他為「蜀中名宿大家」。[99] 過去是要命的壞思想，如今成為了不得的長處；過去是罪案，如今成為敲門磚。吳虞那些「成都報紙，不甚敢登載」的文章，一旦連續披露在《新青年》這份舉國聞名的文化刊物時，作者馬上成為名震全國文化界的大人物。而且，在一九一七年八月以後，長期被排斥在教育界之外的吳虞，又重新在四川的幾個學校教書。

從一九一七年上半年連續刊在《新青年》中的〈家族制度為專制主義之根據論〉、〈禮論〉、〈儒家主張階級制度之害〉、〈儒家大同之義本於老子說〉、〈讀荀子書後〉及〈消極革命之老莊〉，以及一九一九年在《新青年》發表的〈吃人與禮教〉都猛烈抨擊傳統，而其根源則皆與其父有關。在一九一〇年底散發的傳單〈家庭苦趣〉的結尾中，吳氏已批評中國倫理綱常的不平等——「中國偏於倫理一方，而法律亦根據一方之倫理以為規定，於是為人子者，無權利之可言，惟負無窮之義務。而家庭之沈鬱黑暗，十室而九。」[100] 他後來不斷地在傳統中搜尋與自己的經歷有關的歷史事跡。譬如明代的鄭鄤，因為被誣為「不孝」而被磔死，吳虞便對他發生興趣，到處搜尋相關材料。[101] 為了非孔，他也到處搜尋明代激烈思想家李卓吾的事跡，[102] 最後寫成〈明李卓吾別傳〉。翻前人之案，實即所以翻自己之案，這些舉措都不是偶然的。

在他行諸理論的文字中，譬如膾炙人口的〈家族制度為專制主義之根據論〉，便對「五刑之屬三千，罪莫大於不孝」以及《大清律例》於「十惡」之中列有「不孝」深為不滿，說：「蓋孝之範圍，無所不包，家族制度之與專制政治，遂膠固而不可以分析。……其於銷弭犯上作亂之方法，惟恃孝弟以收其成功。」「其主張孝弟，專為君親長上而設。但求君親長上免奔亡弒奪之禍，而絕不問君親長上所以致奔亡弒奪之故，及保衛尊重臣子卑幼人格之權。」他主張廢棄孔子孝弟之義，代之以老子的「六親不合有孝慈」——「然則六親苟合，孝慈無用，余將以『和』字代之。既無分別之見，尤合平等之規，雖蒙『離經叛道』之譏，所不恤矣。」[103] 在〈說孝〉一文中說：「我的意思，以為父子母子不必有尊卑的觀念，卻當有互相扶助的責任。同為人類，同做人事，沒有什麼恩，也沒有什麼德。要承認子女自有人格，大家都向『人』的路上走。」[104]上面幾段引文彷彿都是他對自己痛苦遭遇的告白，而一九一九年十一月在《新青年》六卷六號刊出的〈吃人與禮教〉，語氣更激烈——「孔二先生的禮教講到極點，就非殺人吃人不成功，真是慘酷極了！一部歷史裏面，講道德說仁義的人，時機一到，他就直接間接的都會吃起人肉來了。」「吃人的就是講禮教的，講禮教的就是吃人的呀！」[105]彷彿是在說那些想將他「就地正法」，想將他逐出教育界的所謂「偉人大儒」們。[106]

前面已經說過，吳虞對新舊刑律中與「孝」有關的文字特別敏感。在〈家族制度為專制主義之根據論〉中，他深為新刑律中把《大清律列》「十惡」中的「不孝」諸條「一掃而空之」喝采，表示「此即立憲國文明法律與專制國野蠻法律絕異之點」，[107]甚至狂熱到要把整部《新刑律》翻過，看到它從頭到尾不見一個「孝」字，而在文中大加喝采，[108]那種歡欣鼓舞，也多少反映了這個一直被「不孝」罪名纏身的人的境遇。

當他的〈家族制度為專制主義之根據論〉在《新青年》刊出後，他在日記上寫着：「余之非儒及攻家族制兩種學說，今得播於天下，私願甚慰矣。」[109]顯示除了純思想的興趣之外，還密切地關聯着個人的存在境遇。

其實像吳虞那樣有家庭苦趣之經驗的人，是無時無刻不存在的，可是在一個禮教秩序及政治秩序相對穩定的時代，這些境遇通常壓在社會及意識的最底層，即使爆發出來，也馬上被文化、政治或法律規範撲滅，像旋起旋滅的泡沫。但是當禮教及政治秩序鬆動，而舊禮教與綱常的建制性憑藉逐漸消失之時，那些可能是千年以來無時不有的生活境遇，卻可能從社會及意識的底層解放出來，形成反思性的言論，並匯聚點滴成為江河。一旦蟄伏的點滴形成思潮，走到舞台的中央，它又像是一個「乾坤袋」般，把各地零星的力量吸納進去。新思潮一旦成了氣候，它便像是一頂保護傘，為人們正當化（legitimize）了許許多多的行動；它也提供了一套語言，使得原先不知如何說，也不知如何解釋的生活經驗有了一套反思性的說辭。新思潮甚至也提供了新出路，使得反傳統成為社會名利的敲門磚。此後，不一定是理想，而可能是人們的自私自利，使某些思想擴大渲染，蔚為風潮。思潮的歷程當然遠比上面說的要複雜得多，但是上面這些也不能不考慮進去。

思想不能與「存在的境遇」劃上等號，一個思潮的形成，更不能簡約地與一代人的存在境遇，輕易地聯結在一起。不過，近代「去傳統化」的過程中，起過決定性角色的譚嗣同（一八六五—一八九八）、錢玄同、吳虞、施存統（一八九八—一九七〇）的存在境遇卻不能忽視。譚嗣同自述「吾少至壯，遭綱倫之厄」，[110] 在相當程度上轉化為《仁學》中的衝決三綱五常之網羅。而錢玄同的「鏟倫常、覆孔孟」也不能說與他少遭倫常之厄無關。[111]浙江施存統提倡「非孝」，鬧出杭州一師風潮，[112]也與其父在家庭中的暴虐有關。吳虞亦復如此。我們還可以舉出其他不少例子。同樣的，「五四」青年中，也有許許多多人是因為目睹舊家庭的黑暗而批判家族制度，也有許多人是受害於舊式婚姻，轉而批判傳統婚姻制度。上述種種生活世界中的不滿與反抗，在大變動的時刻與歷史會遇，生活史與思想史便融合為一了。

此處還要特別說明的，科舉制度的崩潰，使得廣大讀書人與舊的管道斷絕聯繫，大量舊讀書人被拋擲出來，成為「自由流動的資源」，他們從儒家正統及官方意識型態漂離，尋找新的「成功的階梯」(ladder of success)，而漸成氣候的新思想便提供了一個「階梯」，吸引許多前途未定的年青人。

在新舊轉變的過程中，有許多地方上的人物因為與軸心思潮相應而上升到全國舞台，吳虞是一個例子。劉半農(一八九一—一九三四)是另一個例子。劉氏原來是在上海《禮拜六》之類鴛鴦蝴蝶派刊物上寫文章的油滑少年，也因為《新青年》中幾篇響應文學革命的文章而洗盡洋場孽少的習氣，頓時從地方走向全國舞台，執教北大，成為新文化運動的旗手。[113]

三

一種思想運動，產生困難，維持與擴散亦不易，而研究者們卻常常忽視這一點。在維持與擴散方面，當然也牽涉到社會政治條件等複雜的問題。「五四」與新文化運動，一個是政治運動，一個是文化運動，它們通常被視為一體，但也有人主張應該細分為二，至少親歷其境的胡適是這樣主張的。而「五四」這個政治運動，也確實為新文學運動的傳播，提供有利的條件。胡適說：

民國八年的學生運動與新文學運動雖是兩件事，但學生運動的影響能使白話的傳播遍於全國，這是一大關係；況且「五四」運動以後，國內明白的人漸漸覺悟「思想革新」的重要，所以他們對於新潮流，或採取歡迎的態度，或採取研究的態度，或採取容忍的態度，漸漸的把從前那種仇視的態度減少了，文學革命的運動因此得自由發展，這也是一大關係。因此，民國八年以後，白話文的傳播真有「一日千里」之勢。[114]

一九一九年這一年中，至少出現了四百種白話報。白話文學的力量甚至渲染擴大到舊勢力中——「時勢所趨，就使那些政客軍人辦的報也不能不尋幾個學生來包辦一個白話的附張了。」一九二〇年，白話文終於得到建制性的支持，教育部頒了一個部令，要求國民學校一、二年的國文，從該年秋季起，一律改用國語。[115] 同時因為新文化運動帶出了一個新的「閱讀大眾」（reading public），為了營利，出版商也隨機而變。以商務印書館為例，它的領導階層很快就北上向新人物們請教，它的幾個持重的大雜誌《東方雜誌》、《小說月報》漸漸改成白話，並出版合於新潮流的書籍。同時，許許多多的出版業者也都有類似的轉向。

在五四新文化運動之後，幾乎全國各地都有「新」、「舊」之分，校園中尤其不同。「新學生」與「舊學生」，對許許多多事情的看法都不同，除了我們所習知的家庭、婚姻、愛情等問題外，連讀書做學問的方式也不一樣。青年馮友蘭（一八九五—一九九〇）便親眼觀察到：

（一）新學生專心研究學問，舊學生專心讀書。

（二）新學生注意現在與未來，舊學生注意過去。

（三）新學生之生活為群眾的，舊學生之生活為單獨的。

（四）新學生注重實際，舊學生注重空談。[116]

這一類事情，也就是新文化運動在小地方、小範圍中運作的情況，從未像佔據全國舞台中央的《新青年》或《新潮》那樣引起足夠的注意，但它們都是使這個思潮擴散深化的要素，也都展現了一種新的「說服」、「壓倒」舊的過程。而當新力量取得優勢之後，「五四」也慢慢成了一塊敲門磚，後來甚至有人觀察道：「北伐成功以來，所謂吃五四飯的都飛黃騰達起來，做上了新官僚。」[117]

「五四」帶來一種新的政治文化。政治家與軍閥們認識到，不只是軍隊和政黨是一種政治力量，在物理力量之外，還有一種新的政治力量，那便是學生、思想、文化。孫中山在五四運動之後的告海外同志書中，要求募款建立一個像商務印書館那樣的出版機關來從事宣傳，而且馬上辦了《建設》。我覺得胡適的觀察非常值得注意。他說：「到了『五四』之後，大家看看，學生是一個力量，是個政治的力量，思想是政治的武器，從此以後，不但國民黨的領袖孫中山先生，後來國民黨改組，充分的吸收青年分子。在兩年之後，組織共產黨，拚命拉中國的青年人。同時老的政黨，梁啟超先生他們那個時候叫研究系，他們吸收青年。……所以現在那些小的政黨都是那個時候出來的。中國國民黨的改組和共產黨都是那個時候以後出來的。」[118]嚴格說來，北伐的勝利，也與這一般青年文化的運動有密切的關係。

「五四」以後，思想界很快地分裂了。新文化運動與俄國大革命（一九一七年）及一次大戰的結束（一九一八年）幾乎同時。一次大戰歐洲文化的破產，使得許多中國知識分子對一八四〇年以來所追求的西方開始有所懷疑。受梁啟超《歐遊心影錄》影響，思想界出現了一個所謂「東方文化派」。在當時人心目中，梁啟超、張君勱（一八八七—一九六九）、張東蓀（一八八六—一九七三）、梁漱溟（一八九三—一九八八）、章士釗都可以算進這一派。他們雖然不是舊式的保守主義者，但是希望能以東方的思想文化來補西方之不足。同時，因為俄國大革命的成功，馬克思主義對西方資本主義文明不留情的批判，並提出構建一種新社會的理想，也使得另一部分知識分子在英、美、法為代表的「西方」之外，發現了另一個「西方」，使得原本非常單純的模仿、參照系統發生了變化。同時，對於「德先生」、「賽先生」的詮釋很快地發生分裂。究竟是誰的「民主」，究竟是哪一種「科學」?「民主」是不是就是西方議會式民主?民主是某一階級的事，或應該是全世界、全社會、各民族、各階級「實現真正的民主」?[119]「科學」究竟應該是像「實驗主義」那種西方資產階級的科學，還是馬克思主義的社會科學？

「五四」提倡個人主義，提倡批判傳統，但是到了「五卅」（一九二五年），思想界已明顯地由批判傳統轉移到反帝國主義，從個人主義的立場轉移到反個人主義的立場。[120] 對於一八四〇年代以來所追求的「富強」也產生了根本的懷疑，轉而反對資本主義（富）與帝國主義（強）。以俄國為代表的另一個「西方」吸引了許多新知識分子的注意力，而新文化運動所爭論的許多盤根錯節的問題，皆可以用一個更犀利有效的武器來解決，那便是馬克思主義。

我們讀《獨秀文存》時會得到一種印象，先前許多困難的問題或兩端的意見，後來都逐漸找到一個會通解決的辦法，那便是用社會主義來重新考量那個問題；原先是泥中鬥獸，此時都有另進一境豁然開朗的感覺，而《獨秀文存》竟像是一部《天路歷程》般。就以科學與人生觀論戰來說，「科學派」與「玄學派」在那邊爭得不可開交，但陳獨秀卻以馬克思主義的理論概括而通解之。在〈科學與人生觀序〉的最後，陳獨秀說：「我們相信只有客觀的物質原因可以變動社會，可以解釋歷史，可以支配人生觀，這便是『唯物的歷史觀』。我們現在要請問丁在君先生和胡適之先生：相信『唯物的歷史觀』為完全真理呢，還是相信唯物論以外象張君勱等類人所主張的唯心觀也能夠超科學而存在？」[121]

青年們努力尋找另一個「根本的覺悟」，「社會」是他們的答案。「社會」才是解決一切問題的關鍵。而且這個社會基本上不是繼承自傳統的社會，而是用人的理性能力規劃的新「社會」。當時許許多多新青年們毫不遲疑地主張建造一個「新社會」才是「徹底」解決所有問題的辦法，建造一個新的社會才是「吾人最後覺悟之最後覺悟」。舊倫理、舊思想、舊文學、舊秩序的權威都一掃而空了，那麼，在這個全新的社會中，合理的規範與秩序，究竟應該是什麼？舊道統去了，補充空虛的「新道統」是什麼？「主義」的崇拜成了一個「新道統」。新青年們認為有主義總比沒有主義好。王光祈（一八九二－一九三六）在〈少年中國學會之精神及其進行計劃〉中說，少年中國學會的工作，是訓練使用各種「主義」的人。他說：「我們學會會員對於各種主義的態度，極不一致，而且各會員對於他自己所信仰的主義，非常堅決，非常徹底，這是有目共睹的。但是我們有一個共同的趨向，就是承認現在中國人的思想行為，無論在什麼主義之下，都是不成功的。若要現在的中國人能有應用各種主義的能力，必先使中國人的思想習慣非徹底的改革一番不可。」「少年中國學會的任務便是從事各種主義共同必需的預備工夫。」[122] 目迷五色的各種「主義」在中國競逐，再理想、再荒謬的「主義」都有人提出過，而且帶有異常濃厚的實驗色彩。如所周知，在各種「主義」的競逐聲中，最後是馬克思主義脫穎而出。

註釋

1 陳獨秀，〈敬告青年〉，任建樹、張統模、吳信忠編，《陳獨秀著作選》（上海：上海人民出版社，1993），第1卷，頁133。

2 胡適，〈五十年來中國之文學〉，《胡適文存》（台北：遠東出版社，1975），第二集，頁246。

3 同上。

4 陳獨秀，〈憲法與孔教〉，《陳獨秀著作選》，第1卷，頁229。

5 傅斯年，〈《新潮》之回顧與前瞻〉，《傅斯年全集》（台北：聯經出版，1980），第4冊，總頁1206。

6 周作人，《知堂回想錄》（蘭州：敦煌文藝出版社，1998）說他在1919年作了一篇〈思想革命〉，「彷彿和那時正出風頭的『文學革命』即是文字改革故意立異，實在乃是補足它所缺少的一方面罷了」（頁254）。案〈思想革命〉一文原刊《每周評論》第11號，後載《新青年》第6卷第4號，筆名仲密。當時人清楚覺察到這是一個新方向，如傅斯年〈白話文學與心理的改革〉中便響應「仲密」（周作人）的這篇文章（《傅斯年全集》，第4冊，總頁1176–1186。

7 中國革命博物館整理，榮孟源審校，《吳虞日記》上冊（成都：四川人民出版社，1984），頁300，1917年4月13日條。

8 關於《新青年》之銷售量，見中共中央馬克思恩格斯列寧斯大林著作編譯局研究室編，《五四時期期刊介紹》（北京：三聯書店，1978），第1集上冊，頁37。

9 陳獨秀，〈吾人最後之覺悟〉，《陳獨秀著作選》，第1卷，頁176。

10 周作人，《知堂回想錄》，頁 222。

11 以上全部引自劉志琴主編，羅檢秋編，《近代中國社會文化變遷錄》（杭州：浙江人民出版社，1998），第 3 卷，頁 1–256。

12 〈保護眼珠與換回人眼〉，《新青年》，第 5 卷第 6 號（1918 年 12 月），總頁 627。

13 陳獨秀說：「三年以來，吾人於共和國體之下，備受專制政治之痛苦。」〈吾人最後之覺悟〉，《陳獨秀著作選》，第 1 卷，頁 176。

14 同上，頁 179。

15 「共和立憲而不出於多數國民之自覺與自動，皆偽共和也，偽立憲也，……以其於多數國民之思想人格無變更，與多數國民之利害休戚無切身之觀感也。」見〈吾人最後之覺悟〉，同上，頁 178。

16 瞿秋白：「政治上，雖經過了十年前的一次革命，成立了一個括弧內的『民國』，而德謨克拉西（La democratie）一個字到十年後再『發現』。」見〈餓鄉紀程〉，《瞿秋白詩文選》（北京：人民文學出版社，1982），頁 36。

17 收在蔡尚思主編，《中國現代思想史資料簡編》（杭州：浙江人民，1986），第 1 卷，頁 125。

18 《陳獨秀著作選》，第 1 卷，頁 229。

19 同上。

20 陳獨秀〈再論孔教問題〉中所引，《陳獨秀著作選》，第 1 卷，頁 254。

21 陳獨秀，《陳獨秀著作選》，第 1 卷，頁 225。

22 〈新的！舊的！〉，《中國現代思想史資料簡編》，第 1 卷，頁 126。

23 梁啟超，〈五十年中國進化概論〉，《飲冰室文集》，第 39 冊，（台北：中華出版社，1978），頁 45。

24 《新青年》，第 2 卷第 3 號（1916 年 11 月），〈憲法與孔教〉，《陳獨秀著作選》，第 1 卷，頁 229。

25 《新潮》，第 1 卷第 2 號，在《傅斯年全集》，第 5 冊，總頁 1585。

26 〈新的！舊的！〉，《中國現代思想史資料簡編》，第 1 卷，頁 134。

27 〈舊思想與國體問題〉，《陳獨秀著作選》，第 1 卷，頁 297。

28 〈答錢玄同（世界語）〉，《陳獨秀著作選》，第 1 卷，頁 320。

29 關於這方面的研究，如筆者的《章太炎的思想》（台北：時報文化，1985）；陳萬雄，《五四新文化的源流》（香港：三聯書店，1992）。

30 見陳萬雄，《五四新文化的源流》，第 1 章，〈《新青年》及其作者〉。

31 《陳獨秀著作選》，第 1 卷，頁 239–240。

32 《胡適文存》，第 2 集，頁 226–227。

33 同上。

34 黃遠庸給章士釗的信，在《甲寅》，第 1 卷第 10 號，〈通訊〉，頁 2。同時收入《遠生遺著》（台北：文海出版社，1968），卷 4，頁 189。

35 《甲寅》，第 1 卷第 10 號，〈通訊〉，頁 5。

36 《新青年》，第1卷第1號（1915年9月），〈通訊〉，頁2。

37 如發表在《甲寅》，第1卷第4號，〈愛國心與自覺〉，《陳獨秀著作選》，第1卷，頁113–119。

38 〈吾人最後之覺悟〉，《陳獨秀著作選》，第1卷，頁179。

39 〈憲法與孔教〉，《陳獨秀著作選》，第1卷，頁224。

40 〈文學革命論〉，原刊《新青年》，第2卷第6號，《陳獨秀著作選》，第1卷，頁263。

41 他們的討論見1918年10月《新青年》，第5卷第4號，總頁431–433。

42 吳虞引其友孫少荊語，《吳虞日記》，上冊，頁313，1917年6月1日條。

43 《知堂回想錄》，頁224。

44 同上，頁215。

45 同上，頁224。

46 《知堂回想錄》，頁225。

47 《吳虞日記》，上冊，頁310，1917年5月19日條。

48 同上，頁208，1915年8月31日條。

49 同上，頁342，1917年9月5日條。

50 本文完成後，偶然發現小野和子有〈吳虞與刑法典論爭〉一文，刊在《中國文化》，11（1995年7月），頁230–241，敬請讀者參看。

51 《學鈍室回憶錄》（台北：傳記文學出版社，1973），頁12–13。

52 趙清、鄭城編，《吳虞集》（成都：四川人民出版社，1985），〈前言〉，頁4。余英時，〈中國現代價值觀念的變遷〉中提到吳虞與其父公開爭訟是受清末新思潮影響的結果，見余先生的《現代儒學論》（香港：八方文化，1996），頁85。

53 以下所引〈家庭苦趣〉一文俱見《吳虞集》，頁18–20。

54 《吳虞日記》，上冊，頁83，1913年4月19日條。

55 同上，頁335，1917年8月20日條。

56 《吳虞日記》，上冊，頁9，1911年冬月日條，惟日記中標點有誤，此據新校本《大清律例》（天津：天津古籍出版社，1995），頁212改正。

57 同上，頁10，1911年冬月9日條。

58 而此約顯然大有講究，也就是將「祖遺」與吳父自置的田產分開。依照當時的慣習，一家之長雖有權支配財產，但是祖先留下的田產仍宜由子孫繼承，一家之長不便任意處置，而「自置」的部分則可以自由處分。關於「祖遺」與「自置」財產的問題，此處參考了滋賀秀三，《中國家族法の原理》（東京：創文社，1990），頁211–212。

59 《吳虞日記》，上冊，頁11，1911年冬月11日條。

60 〈吳虞略歷〉，在《吳虞日記》，頁1–2。

61 《吳虞集》，〈前言〉，頁5。

62 樂齊編，《葉聖陶日記》（太原：山西教育出版社，1998），頁11。

63 同上，頁13。

64 同上，頁22。

65 同上，頁32。

66 《吳虞日記》，上冊，頁3，1911年9月10日條。《吳虞日記》以舊曆記載，以上引用皆換成新曆，以便比較。

67 《吳虞日記》，上冊，頁7，1911年冬月3日條。

68 案：四川軍政府成立之後，原總督趙爾豐擁兵駐於舊督署，在1911年12月8日乘機唆使屬於舊勢力的巡防軍譁變，四川軍政府遂攻入督署中槍殺趙氏。吳氏日記所謂十八日之變，即指巡防軍之變。

69 《吳虞日記》，上冊，頁12，1911年冬月17日條。

70 以上引隗瀛濤等著，《四川近代史》（成都：四川省社會科學院出版社，1985），頁667–668。

71 同上，頁579。

72 《吳虞日記》，上冊，頁288，1917年3月2日條。

73 唐振常，《章太炎吳虞論集》（成都：四川人民出版社，1981），頁96。

74 《吳虞日記》，上冊，頁34，1912年3月10日條。

75 吳虞又說：「甚為痛快。各學生尚須在教育總會開特別大會，研究處理徐炯之方法。已貼廣告矣。」同上，頁35，1912年3月14日條。

76 同上，1912年3月17日條。

77 同上，頁 36，1912 年 4 月 2 日條。吳虞在四月二十八日（6 月 13 日）特地將徐炯罪狀書寄上海商務館編輯所（《吳虞日記》，上冊，頁 39），欲將他的「惡名」播於外省。

78 以上根據潘念之主編，華友根、倪正茂著，《中國近代法律思想史》（上海：上海社會科學院出版社，1992），上冊，頁 210–215。

79 勞乃宣、劉廷琛在〈奏新刑律不合禮教條文請嚴飭刪盡摺〉中說，新刑律不合禮教處甚多，而最為悖謬的，是子孫違犯教令及無夫婦女犯姦不加罪數條。倪正茂著，《中國近代法律思想史》，頁 219。

80 五條《暫行章程》的第一條是凡侵犯皇室罪、內亂罪、外患罪、殺或傷親屬罪處死刑的，由原來的絞刑改為斬刑。第二條，凡犯發冢和損壞遺棄盜取屍體、遺骨、遺髮及殮物罪，包括對尊親屬在內的罪，本處二等以上有期徒刑或無期徒刑的，改處死刑。第三條是強盜罪應處一等有期徒刑，以及強盜行為應處無期徒刑或二等以上有期徒刑的，改為死刑。第四條是無夫婦女犯姦，由無罪改為有罪，而且上告論罪與否，完全由此婦女的尊親屬決定。第五條是對尊親屬有犯，不得適用正當防禦的條例，即使對尊親屬行正當防禦，亦應治罪。以上見倪正茂著，《中國近代法律思想史》，頁 227–228。

81 張國福，〈關於暫行新刑律修訂問題〉說，《暫行新刑律》不是公佈於 1912 年 3 月 30 日，南京臨時政府法制局未對《大清新刑律》進行刪修，孫中山也未曾公佈暫行新刑律，根據民國元年 10 月 15 日北洋政府《司法公報》及同年 4 月份北洋政府《臨時公報》之記載，可以認定其為袁世凱公佈的。見《北京大學學報》（哲學社會科學版），第 6 期（1985 年），頁 123–124。

82 《吳虞日記》，上冊，頁 208，1915 年 8 月 31 日條。

83 同上，頁 24，1912 年正月 15 日條。

84 同上，頁34，1912年3月10日條。

85 同上，頁39，1912年4月27日條。

86 吳虞，〈說孝〉，《吳虞集》，頁177。

87 《吳虞日記》，上冊，頁40，1912年5月1日條。

88 同上，頁47（1912年6月9日條）、56（1912年8月4日條）、61（1912年8月23日條）。

89 同上，頁93，1913年6月12日條。

90 又如1912年8月18日條，其友方琢章判一重婚案監禁兩年，也是用新刑律。《吳虞日記》，上冊，頁60。

91 同上，頁66，1912年9月16日條。

92 新的執法者對吳虞也處處顯得通融。1911年底當吳虞的父親控告他時，步軍統領吳慶熙便帶兵多人到吳虞處，表示他「當為余將此事了結，以便出來做事。」然後吳慶熙當着吳父之面作出完全偏向吳虞的判決，並宣佈：「吳氏父子之事，我已了息。吳又陵並非不孝之士，此後諸人不得譏侮人，違者我即不能答應。」《吳虞日記》，上冊，頁10–11，1911年冬月11日條。

93 〈致陳獨秀〉，《吳虞集》，頁385。又參隗瀛濤等，《四川近代史》，頁669。

94 〈哭廖季平前輩〉詩：「四十非儒恨已遲（予非儒之論，年四十始成立），公雖憐我眾人嗤（袁世凱尊孔時，公與予步行少城東城根，勸予言論宜稍和平，恐觸忌）。」《吳虞集》，頁378。

95 《吳虞日記》，頁48–49，1912年6月19日條：「（民國元年）劉申叔請余勿辭《公論報》社事，余以川人知識茫昧，於近處法學尚不能研究，真難與言。申叔謂余言在南邊十年前或有詫者，今日則固不怪矣。川人到南人程度尚待十年後也，悲夫。」

96 1917年1月1日，《新青年》，第2卷第5號，頁4。又見於《陳獨秀著作選》，第1卷，頁258。

97 故吳氏〈致陳獨秀〉中已列篇名，並表示「暇當依次錄上，以求印證」。《吳虞集》，頁385–386。

98 吳虞，〈致陳獨秀〉，《吳虞集》，頁385–386。

99 《吳虞日記》，上冊，頁311，1917年5月22日條。

100 《吳虞集》，頁20。

101 《吳虞日記》，上冊，頁200、201，1915年7月28至29日條。

102 同上，頁206（1915年8月23日條）、214（1915年9月13日條）。

103 以上皆見1917年2月1日《新青年》第2卷第6號。又見《吳虞集》，頁61–66。

104 《吳虞集》，頁177。

105 同上，頁171。

106 關於吳氏筆下的「偉人大儒」，見《吳虞日記》，上冊，頁316，1917年6月16日條。

107 《吳虞集》，頁64。

108 〈說孝〉，《吳虞集》，頁177。

109 《吳虞日記》，上冊，頁295，1917年3月25日條。

110 關於譚嗣同的存在境遇，見張灝，《烈士精神與批判意識》（台北：聯經出版，1988），頁14–15。

111 黎錦熙，《錢玄同先生傳》，在沈永寶編，《錢玄同印象》（上海：學林出版社，1997），頁 69。

112 關於施存統〈非孝〉一文與浙江一師之風潮，可參夏衍，《懶尋舊夢錄（增補本）》（北京：三聯書店，2000），頁 29–30。

113 鮑晶編，《劉半農研究資料》（天津：天津人民出版社，1985），頁 69–71。

114 胡適，〈五十年來中國之文學〉，《胡適文存》，第二集，頁 255–256。

115 同上。

116 馮友蘭，〈新學生與舊學生〉，原刊《心聲》，創刊號（1919 年），《馮友蘭全集》（鄭州：河南人民出版社，1994），卷 13，頁 619–623。

117 周作人，〈紅樓內外〉，《知堂乙酉文編》（台北：里仁出版社，1982），頁 122。

118 〈五四運動是青年愛國的運動〉，《胡適講演集》（台北：胡適紀念館，1970），中冊，頁 134–135。

119 瞿秋白 1919 年 11 月所寫的〈革新的時機到了〉，蔡思尚主編，《中國現代思想史資料簡編》，第 1 卷，頁 643–644。

120 阿英，〈小品文談〉，《阿英文集》（香港：三聯書店，1979），上冊，頁 100。

121 陳獨秀，〈科學與人生觀序〉（1923 年 11 月 13 日），《陳獨秀著作選》，第 2 卷，頁 554。

122 蔡思尚主編，《中國現代思想史資料簡編》，第 1 卷，頁 449、452。

第二章

五四歷史的兩條線索

「五四」與歷史上許多重大事件一樣，在事發當時，人們並不認為它必然是一個重大的思想運動。事實上，當時人們提到五四時，往往把它當作一個學生愛國運動，而很少提到它的思想層面。在五四新文化運動期間，人們並不認為它必然成為一個轉動歷史的大事。幾乎所有的回憶，提到五四時，都是生氣勃勃、勢頭極大，但是事實上在最初只有很少數的支持者。傅斯年（一八九六—一九五〇）回憶說，當時的支持者是非常少的。[1]張國燾（一八九七—一九七九）《我的回憶》中則是這樣說的，「當時同學中尊重孔子學說、反對白話文的還佔多數。無條件贊成新思潮、徹底擁護白話文者雖佔少數，但他們具有蓬蓬勃勃的熱烈精神。」[2]

一如辛亥革命成功之後，周作人（一八八五—一九六七）的回憶中說：「中華民國也居然立住」，[3]足見人們並不認為革命必然會成功。同樣的，當時人也認為新文化運動是一批沒有學問的人乍起乍落的遊戲。《草堂之靈》的作者楊鈞（一八八一—一九四〇）在〈說新文化〉的條目下便說，新文化運動的產物很快就會灰飛煙滅，他認為這是一群懶惰兒，用十金「購東偷西抹之淺說」，不到一年時間，「為俚詞穢語之搜求，登之報端，自命作者。」他認為這種東西不可能持久，「凡無益之事，斷無永久能存之理。數年之後，人必厭之，即可冀其消滅也。」他說：「提倡新文化者，亦可廢然返矣。」[4]從《草堂之靈》的編排，看不出「論新文化」這一條確切成於何時，不過我們可以確定的是楊鈞的話全錯了，「五四新文化運動」不但存留了下來，而且影響了中國近百年的命運。[5]

我想將「五四」考慮成席捲時代的「天上大風」，但「風」未必吹拂到所有的角落。[6]事實上，歷史上也很少有思想運動真正影響到每一個地方，但經此一震盪，一旦核心內容形成，價值層級確立，它就一直像「風」般來回吹盪着，不停地發揮着各種影響。

討論五四，有的從類似「擁護者」的角度繼續闡發民主與科學等等之深刻意涵，也有的是從「歷史」的角度，對它之所以成為一個縱深極大的思想運動進行討論。這個事件可以化約成幾個很簡單的口號，譬如「白話文」、「民主」、「科學」，或單純的愛國運動。但也可以極度複雜化——這裏面有許多複雜的層次與意涵，而且各種思潮像捲麻花一樣在某個時期中捲在一起，成為一個複合體，可是後來又在某一個時間點鬆開了，如此週而復始。

檢視五四當事人的回憶文字，我們可以看出當時至少有兩個層面同時在流行着。陳友生（一九一四—二〇〇一）回憶道：「公開流行者，如《新青年》、《每週評論》是；秘密流行者，如《自由錄》、《民聲》、《進化》等雜誌是。」[7] 所以，學生受到的刺激也是多層次的，「前者重在批評中國的朽腐制度，及衰舊的文化；後者重在剷除人類的梏桎，及改造社會的生活，並且公開的文字之刺激性弱，秘密的文字之刺激性強」[8] 在政治思想方面，葉青（一八九五－一九九〇）與前面所說的一樣，強調當時有不同的層次同時並存且競逐著。他說：「在反對封建反對帝國主義的聲中，隱隱約約地夾雜着反對資本主義的聲音。因此國民革命自來就帶着社會主義性，包有兩種可能。」[9]

對於五四這一道豐盛的習題，可以當作一個事件來處理，也可以如余英時先生所說的，是一個長達十年以上思想、文化或知識的革新運動；[10] 可以研究一些里程碑的文獻及人物，但它也可以是立體地，縱深地加以探討。我們可以關注個別的核心觀念（尤其是民主與科學），但也可以試着把握整個「語意領域」（semantic field）的「概念叢聚」的作用。既然是一套語言或概念，它們隨時可以跨界影響，不只是思想、文化的，也可以用來想像、評估政治、生活等各種方面。我們可以用一些嚴格的定義，審視哪些人才算是真正的五四新文化人物，但是這樣一個具有宏大意義的歷史事件，是「正信者」與「半信者」（這裏的「半」是約略之詞，包含各種光譜濃淡之別）共同參與的。當然這裏必須強調，沒有「正信者」的推動，便沒有這個運動。但是，歷來有關五四的討論多半着重在「正信者」，而對可能佔更大多數的參與者（「半信者」）卻所知甚少。事實上，思想運動與政治運動有些相似之處，在政治運動中，往往是「正信者」與「半信者」合奏而成的樂章，特別是在情勢底定之後，從各個角落出現的「半信者」實際掌握的影響力每每超過最初的那些「正信者」。

在五四擴大戰果的過程中，形形色色的「半信者」形塑了這個重大的歷史事件。對模糊而無法以清楚的判教式語言說出的五四或五四人物的掌握，是了解五四在廣泛參與中逐步擴大實際影響中不可或缺的部分。事實上，如果從歷史參與者的角度看，這些履歷不清的追隨者，往往才是歷史中重大運動的最大多數參與者。在思想運動的過程中，這些人的曖昧性、不確定性在運動過程中，不定向漂移、處於灰色地帶，甚至是技巧地運用沈默的態度，或是由各路而來混雜在一起的情況，正是一個重大的思想、政治、社會運動中常見的現象。在這個模糊、變化，時時會給人投機之感的過程中，常常有意想不到的背離或新創。

像五四這樣重大的思想運動，它的「起源」非常重要，但它的「過程」也不可忽略。為了掌握重大變化過程中複雜而模糊的現象，我想試着用“confused period”（模糊階段）來理解像這個巨大歷史運動的過程。[11]

“Confused period”包含的內容甚為複雜，稍後會有進一步的討論。此處先從在“confused period”中一種非常值得注意的現象，即在巨變的過程中每每呈現兩條線索相互交織的情形。

從晚清以來，許多重大的政治、思想變動，基本上都可以想像成“confused period”。從戊戌前後的諸多文字中，可以看出一種特殊現象，即在「新思潮」如颶風般的吹盪之下，大致會出現兩條線索。第一條是轉動時代軸心的新思想推動者，以及許許多多受到他們影響的真誠的信仰者（true believer）。前面已經約略提及，沒有這條主線，便沒有五四。另一條線索則是在模糊、頓挫不定的過程中，因各種原因而皈附的各類「半信者」，以及在此過程中所發生的許多非線性、非目的性的、模糊的力量移轉。如果我們的眼光只侷限於「全信者」，則對歷史實際發展的認知會有所缺陷。在許多情況下，人們並不真的喜歡

「全信者」。事實上，有時只要願意使用「維新」的語言表示靠攏，藉由演示某些帶有新派的符號，並得到一種可識認的標籤、承認或賞識也就足夠了。

為了減少枝蔓，我僅以阿英（一九〇〇—一九七七）《晚清小說史》中描述的「維新者」為例。阿英在書中廣泛地描述晚清小說，其中最常出現的是靠着「假維新」而一步一步向上的投機者。阿英提到《文明小史》中描述謀不到官職的人，總要「借興學以納交官場」，因為辦學校在當時是最時髦的。他也說當時的小說時常諷刺那些假維新之名，以謀自己升官發財的人物。政府需要的也不一定是「真維新」的人，而是「半信者」，「庶不致真的維新起來，以危害自己統治。」[12]當然也有許多投機分子，是藉「維新」這個各種實際利害競逐的共同語言平台、甚至是工具箱來做欺騙的事。如當時一般商人在「振興工商業」的美名下，幹一些騙人的事。《負曝閒談》中也有許多以維新的名譽買空賣空的人物。[13]但是從結果來看，這些人其實幫忙把維新的氣勢炒熱、炒火，這也是歷史上凡遇重大政治、意識形態變動時常見的現象。

我之所以未用“transition”、“transformation”等詞，而是大膽使用“confused period”來指稱這種思想、政治等大變動的時期，是因為我對“confused period”最基本的想法是：包括“transition”、“transformation”在內的概念，往往代表的是一組階段變化的觀念，通常也蘊含着兩個清楚的穩定狀態（steady-state），而在它們「之間」的是過渡的變化。這個過渡的變化，本身是線性的。而且變化或過渡，隱然是一個有目的的運動，或是筆下寫來覺得時局中人隱然知道「未來」是什麼，或「看起來」未產生結果的。事實上，身在事局中間的人，其內心狀態非常不穩定，充滿了"contingency"與"accident"。而歷史研究中之所以過度拘執於對從一個清楚的端點到另一個端點的敘述，每每是因為史家選出有興趣的點作為敘述的對象所產生的。

我認為"confused period"並不一定沒有一個大致的發展方向，但它經常在模模糊糊中包含了兩個部分，一個是當強而有力的鋭鋒出現時，不管是思潮的、政治的或其他物理力量，它會形成一股模模糊糊的方向感，使得局面如潮流般，要推向某個方向，或可稱之為A線索。同時，包含着另一條（或多條，此處乃約略言之）線索，即模模糊糊的脈絡，或可稱為B線索，這個部分等會兒還要比較詳細談到。而且某一方向大致穩住，或舊的已經喪失吸引力，則即使中途反反覆覆，如無大的力量介入，仍可以維持着大致的走向，如清帝國被推翻之後的張勳復辟，當時北洋軍閥中真正跟隨他的人便相對有限，而顯得提不起勁來，甚至公開反對他是「逆世界進化之潮流。」[14]

我認為，歷史變化不只發生在兩極的純粹狀態，不一定是只在「守舊」與「新潮」之間，而只將兩者之間視為暫時的、瞬間即逝的、過眼雲煙的，或只是為了邁向下一個新的穩定的階段的墊腳石，故只在與下一個目的性的階段有關的時候，才有記述的意義，而是將之加以觀察、凝視，正面對待。這一眼光的轉換有其重要性，因為我們要處理的是在去留未定、曖昧不明之時，所產生的混亂知識，在這個未定的、混亂的階段，知識與權力的分佈狀態，知識與感知的分佈非常複雜，而這個混亂的狀態，不因其混亂而沒有意義，它可能影響到下一個階段。[15] 但不一定是目論式的、定向的，有許多臨時起意的、前途未定的摸索，有些曾經發生影響，而後來瞬間隱而不見，以致人們從後面回頭建立歷史脈絡時，完全忽略其實際因果關係。“confused period”是一個新舊標準、事物混在一起曖昧不明的階段。舊概念失去意義，新觀念迅速流行，無時不在地重構，是一個軌跡不定的運動，所以不能用處理它再度回到穩定時期的態度來面對它。

前面提到，在“confused period”中，有兩種力量，一種是新興起的、強大的、颶風般的論述；另一種是如前面所述的：模糊、頓挫、懸疑的狀態，在“confused period”中，人們常為了給自己安排一個有利的位置，不停地在新的大論述下作各種調整，包括設法獲得雙重保險，找到一個突然轉變立場的機會，或是透過點滴的安排做複雜的適應，或是發展出各式各樣的立場，方便與各種新、舊勢力接頭。或是在新、舊兩個標準之間循環取利。[16]

二

如果以“confused period”的概念去把握五四，則過程中的複雜性便較不會被忽略。一方面是如胡適（一八九一—一九六二）、陳獨秀（一八七九—一九四二）、傅斯年等這一批「正信者」，在轉動時代、在不容反對者有任何辯駁餘地地推動五四新文化運動；另一方面，有一條隱含的、模糊的，以難以名狀的形形色色的方式在集結動員、回應並成為這個歷史大流的一部分。在這個“confused period”中有許多容易被忽略的現象，譬如：思潮的非線性的擴散，在新思潮運動下轉變態度的「說辭」，以及各種不同層次的文化線索與新文化運動的匯流。為了說明上述的情形，我將以下述三種現象來說明，它們分別是「思潮的非線性擴散」（包括「銅山崩而洛鐘應」）、「過渡時代」的說辭、「合兩個人格為一個人格」式的匯流。

首先是「思潮的非線性擴散」，當歷史進入這樣一個「心靈轉變的關鍵時代」，則產生了思想擴散的毛細管作用，雖然有許多地方遠遠為其勢力所不及，但它沁入許多角落的情形，也往往難以想像。思想的毛細管作用，至少以三種方式出現。

首先是如同 T. S. Eliot（一八八八－一九六五）在〈傳統與個人才能〉中所說的：「現存的不朽作品聯合起來形成一個完美的體系。由於新的（真正新的）藝術品加入到它們的行列中，這個完美體系就會發生一些修改。在新作品來臨之前，現有的體系是完整的。但當新鮮事物介入之後，體系若還要存在下去，那麼整個的現有體系必須有所修改，儘管修改是微乎其微的。於是每件藝術品和整個體系之間的關係、比例、價值便得到重新的調整」，[17] 這是種非直接影響而連動式的改變。

第二、產生影響的，除了個別文本或個別的概念之外，也有可能是以多個文本、概念形成一個個「網絡」的方式產生影響；當然也有可能如 Reinhart Koselleck（一九二三－二〇〇六）所說的該觀念周圍會形成 “semantic field”（語意叢聚），並以「網絡」或「叢聚」的方式產生作用。譬如，在一個極少或幾乎沒有人真正讀過任何有關「民主」、「科學」的文字時，圍繞着「民主」、「科學」，前後左右，各種相近、相反、相對照、衍生而出，或因望文生義，或因誤會而產生的種種思想概念叢聚。以下是我隨機從《中國新文學大系》及《五四時期的社團》中選取的三組「概念叢聚」。

一：覺悟、進化、無窮、世界、無政府主義。

二：平民、平等、自由、人生、戀愛、學理、留學、人道主義、道德、智識、組織、非政治、無意識、是否合於「現代進化」、「人」的生活、問題、社交公開、不應受環境的支配應支配環境、科學、文化、實業、為真理而真理、點滴改造文化運動、思想革命、專門學者的培養、人生觀、世界觀、世界問題。

三：反抗帝國主義、資本主義、社會思想、貧困、階級、社會革命、改革惡社會、工人同智識階級合作、釋放全人類、「造一種新生活」、「各盡所能、各取所需」、「共同生活」、真理進化、向上進化、向上、「血」洗出一個新紀元（俄國）、不可抗拒的世界革命潮流。

這三組概念並未窮盡當時的流行思潮，我的分類也是極粗略的，看來第一組與無政府主義有關，第二組是新文化運動主流派的主張，第三組則是新文化運動左翼的觀念。如果把當時刊物、小說中，那些當時青年認為正面的、模模糊糊地屬於「新文化」的「概念叢聚」抄摘在這裏，是各種當時像「新事物」如水之趨壑而走到一起，且隨時重組或分道揚鑣的。

第三，是「銅山崩而洛鐘應」效應。[18] 五四這一個颶風，使得人們歷經一度或多次的震盪與盤整。人們不一定要直接接觸它，便可能受其震波之影響，或是被逼着要對它所提出的重大議題有所回應——不管是吸納，重塑自己或是反對——才能再安然存立。這一道道習題包括許多方面，但以政治與文化兩方面最為重要。以政治的來說，當時甚囂塵上的是「愛國」及「外爭國權，內懲國賊」的口號，那麼各方面的人都要自問自答，在這一道習題之下我要如何通過測試。譬如教會、教會學校等與西方「帝國主義」有所交涉的，便每每要反躬自問，在五四愛國主義之下，我們是不是需要調整某些教義、規章或立場。

文化方面，像批判傳統、個人解放、戀愛、婚姻自由，除非別過頭去不予理睬，否則即使是原先教《禮記・內則》的女校，也要問一問自己所教授的〈內則〉如何回應五四的戀愛自由、婚姻自由、家庭解放，是略作調整，還是悍然不顧，或是重新論述一番？這方面的例子最多，它們像思想的毛細管作用，在各個角落中，那些模糊的，如調色盤中漂來漂去的色塊，不斷流動、混溶，隨時挪移身軀，形成各種適應新論述的姿態。

連五四諸人早年所崇仰的思想先驅，在五四鑼鼓喧天的勢力下，也不能不有所回應。五四是後來者，但後來者卻要左右前驅者，他們墊高了標準，使得前驅者亦不得不有所回應，才能安穩地再坐下。梁啟超（一八七三—一九二九）即是一個例子。五四人物早年每每受到梁氏的影響，可是當五四如日中天時，梁氏也受其震盪而回頭盤整自己。在《論中國學術思想變遷之大勢》中，梁氏大佩西方，達爾文、斯賓塞不絕於言。而在歐遊回來後，他宣稱科學破產，要重估東方文明之價值，故此時他在《清代學術概論》中，已不再強調西方、科學、達爾文、斯賓塞。但因五四提倡「民主」與「科學」，故使得梁啟超不得不產生了一種自我矛盾性。一方面宣稱歐洲文明破產，一方面也稱讚五四揭櫫的民主與科學，而且反映在他的若干著作。這些書中經常出現一種「問答結構」，通常是自問自答，問的部分是五四所提出的題目。譬如《儒家哲學》中說：「儒家與科學，不特兩不相背，而且異常接近」，[19] 這一問一答之間，大幅地改變了他的許多學術論述。

「銅山崩而洛鐘應」的效應激出省思，迫使人們檢點自己，多少要了解一下，才決定是接受它或繞過去，或是一方面吸納，同時也進行反對。譬如蔣介石（一八八七—一九七五）即在五四時期急切地閱讀《新青年》、《新潮》，藉以揣摩風氣，但又焦急地盤整傳統思想，亟圖重塑自己的文化主張。

當時遠在陝西的軍人胡景翼（一八九二—一九二五），在一九一八至一九二〇年間被陝西督軍陳樹藩（一八八五—一九四九）軟禁，讀各式各樣的書。但是慢慢地有一個主調出現了——宋明理學的心性學說，尤其是其同鄉前輩李顒（二曲，一六二七—一七〇五）的學問。李二曲吸收發揮陽明心學，形成一套意在引導世俗人心的心性修養之學。[20]晚清以來的政治人物經常是以心性之學、或某種儒家型式的學說，加上現代科學，形成以「新知識包舊道德」（唐文治）的思想格局。[21]在一九二〇年三月，從《胡景翼日記》中可以看出，胡景翼受了時代的激盪，開始轉而讀胡適的《中國哲學史大綱》，花了十九、二十天，終於讀完。[22]其中有一次，陝西督軍陳樹藩見他手持《中國哲學史大綱》，便問他：「哲學何講，是何定義。」[23]這一問一答之間，可以看出人們渴望知道新文化人物究竟在做什麼，同時也可以看出許多人對新文化運動中的「文學的、哲學的」主張莫名所以。可惜未見到胡景翼對《大綱》進一步地發揮。但是這個例子顯示，即使是一個遠在陝西的軍人，也受到時代的激盪，渴望了解新文化運動究竟在關心些什麼。

「銅山崩而洛鐘應」的另一種方式是激出「反命題」。即使是文化保守主義者，也不再安然作一個「無意識的頑固」者，不管贊成、反對的都覺得要對此強力震盪出的問題有一個回答，而且四面八方，連意想不到的地方也在答這份考題。以民國十一年一份很少人注意到的《法華鄉志・序》為例，修這部鄉志的人，為他們的工作賦予對五四以來的思維「辯論」的任務，説：「歷觀往史，未有敦崇禮教而國不治，蔑棄禮教而國不亂者也。邇者，卮言日肆，禮教日衰，人人知有權利而不知有道德，營營擾擾，不奪不饜，甚至非孝之説起於家庭，搆兵之禍擾及全國，世變之亟蔑以加矣！」[24]而對此書以「獨行」冠於「名臣」、「文苑」之前，認為是用心良苦，特意突出「獨行」是為了突出一批不隨時代狂潮起舞的人作為鄉黨的楷模，藉以挽回禮教於狂瀾中。[25]

新派在動員，舊派也在以他們的主張跟方法動員；新派一直在變，舊派也不停地在變。當時的文化保守主義者，往往視「變法—辛亥—五四」為一整體，是傳統淪喪的連環劇，所以我在這裏所引用的材料，基本上也不只侷限於五四時期對這齣連環劇的回應。他們重新編織傳統，用舊的的纖維一層一層地織着、包覆着自己所樹立的價值，其包覆的方式及內容，與新派挑戰傳統的方式與內容當然有微妙的關係。而且他們熱切地動員、聚合人際關係，與其他持相近文化態度者形成「齊旋」的「風」。從《曹元弼友朋書札》中來往書信的名單及信中的口氣，可以看出它是當時比較活躍的、與新派對抗的保守主義者的形成的排他性相當高的緊密網絡，而且他們經常微妙地改變自己，以突顯自己作為新派對抗者的特質。

值得注意的是他們提出的解方，基本上是「忠孝相勉」，認為「變法—辛亥—五四」整部連環劇的性質不是「啟蒙」而是「作亂」。他們從儒家經典看到應時的藥方，不停地箋、注。[26]他們在經書的架構下，不斷地發揮、闡釋，用此來表達他們的寄託，譬如極為綿密地討論《孝經》、裒輯《孝經》鄭注。[27]

在此還要特別提出的是保守派大多不掌握有力量的傳播媒體，所以每每轉向以象徵性行動表達自己，包括祭拜楊忠愍（繼盛，一五一六—一五五五），紀念庚子死節之臣，還有許許多多的行動，譬如分寄祭拜東陵的祭品，或分寄清朝帝陵的泥土等。建顧貞孝祠也是一個值得注意的新舉動：顧貞孝是顧炎武（一六一三—一六八二）的嗣母王氏，在明清易代時殉節自殺，並遺命顧炎武不得出仕新朝。[28]梁鼎芬（一八五九—一九一九）、唐文治（一八六五—一九五四）、曹元弼（一八六七—一九五三）、張錫恭（一八五八—一九二四）、孫德謙（一八六九—一九三五）、張爾田（一八七四—一九四五）等在崑山建立這個祠，它的建立本身，便是以表彰過去為人們所忽略的節烈，以及不仕新朝（中華民國），對抗新思潮的象徵性行動。

三

前面提到 "confused period" 中有種種進行轉軌易轍的「説辭」。其中「過渡時代」，是一個經常用來説服自己或別人要突然轉變接受新思潮或新事物時很常用的説辭。晚清以來，受到梁啟超〈過渡時代論〉一文的影響，「過渡時代」成為一個時髦而有力的概念。梁氏在文中區分「停頓時代」與「過渡時代」，前者是「膨脹力之現象」，後者是「發生力之現象」，而「歐洲各國自二百年以來皆過渡時代也，而今則其停頓時代也。中國自數千年以來，皆停頓時代也，而今則過渡時代也。」[29] 梁氏強調「過渡時代」的價值：「過渡時代者，希望之湧泉也，人間世所最難遇而可貴者也。有進步則有過渡，無過渡亦無進步。其在過渡以前，止於此岸，動機未發，其永靜性何時始改，所難料也；其在過渡以後，達於彼岸，躊躇滿志，其有餘勇可賈與否，亦難料也。惟當過渡時代，則如鯤鵬圖南，九萬里而一息；……故過渡時代者，實千古英雄豪傑之大舞台也。」[30] 晚清以來，人們的口頭禪中經常出現「過渡時代」一詞，認為這是一個「過渡時代」，在這個時代中，歡迎一種半自願或非自願的舉動，即適應新的潮流作相應的改變。

通常在援引「過渡時代」作為「變」的根據時，口氣中每每顯露出一種「半肯半不肯」的樣子，既然新時代的要求是邁向新的、好的、有希望的社會，所以我不必有任何心理掙扎，只要跟着「變」就好。如在詹鳴鐸（一八八三—一九三二）《我之小史》中，從晚清以來的多次大變中（包括剪辮髮），詹氏都以這是一個「過渡時代」作為理由，說服自己接受新潮，好像只要有這個理由，就不必再多想了。[31] 五四也是這一個「過渡時代」連續體中之一環，所以「過渡時代」也常被援引作為合理化改變立場的根據，所以不必執守立場，不必從理想出發過度苛求。譬如胡景翼說有人告訴他：「今過渡時代，自相斬伐，何必執一！誰為誰死乎！」、「此次總統為徐菊人，乃此次非法議會選得，蓋亦過渡人才。」[32] 在「過渡時代」這一塊招牌之下，藏納了許多新舊雜陳、半新不舊、既新又舊的成分。

在這裏我要以小說家張恨水（一八九五—一九六七）為例子，說明 "confused period" 中，經常出現的所謂「合兩個人格為一個」的現象。小說帶有虛構性，但帶有時事性質的小說，也不能離現實太遠，否則一眼便被覷穿了。張恨水在早年幾部膾炙人口的小說中，竭力描寫各方面的實態，這是一般讀者所喜歡的，但不一定投新青年的胃口。有理想的青年要看到的不是這個，在這一條路上寫得再好，對他們也不具吸引力。五四新文化運動中，新文學扮演重大的思想啟蒙作用，牟潤孫（一九〇九—一九八八）〈中國現代青年轉變之由來〉中說：「於是舊體裁的小說，文言的小說，青年人都不要看了」，青年們要看的是活的新文學，「借着這些文學作品，新思想已然成為一股很大的潮流」。[33] 當時的文學創作中，即使寫的是現實的問題，也有「現在的事實」與「未來的事實」，要無端地寫「未來」、寫「理想」、或寄託某種新的「理想」。這些文學作品往往形成了兩層時間，「過去」與「未來」形成巨大的反差，而且時間感縮短，形成一種命令式的，希望在最近即可達成的理想的氣氛。

許多作家為了對上述那個新的主旋律進行一種「複雜之適應」，便有千奇百態之表現。人的意識有許多層，有其原有的層次，也另有新起的強勢論述。在強勢論述之下，原有的思想層面遇到外面覆蓋性的、震盪性的力量，不可名狀的新的「真理」，在為難、狼狽，慌張之下，兩條線索便可能進行無聲的對話。在此我要舉張恨水在五四之後的變化為例，說明為了「預流」、「趕得上時代」，兩個層面或兩條線索交織成為「兩個人格合為一個」的現象。

張恨水原是才子佳人小說的健筆，但五四後到了北平，日日在新文化運動的震盪下，遂有一種不自主的改變。他在《寫作生涯回憶錄》中自省說：「不過在新文化運動勃興之時，這種駭骨的迷戀，實在是不值得。於是我又轉了個方向去消磨工餘時間，進了商務印書館的英文補習學校。」[34]張恨水的心態是極大的驅動力——不敢和「時代思潮脱節」（「至少我是個不肯和時代思潮脱節的人」）。他反省説《春明外史》的主幹人物，依然帶着他少年時代時才子佳人的習氣，少有革命精神（有也很薄弱）。[35]他認為《金粉世家》，「就全文命意説，我知道沒有對舊家庭採取革命的手腕。在冷清秋身上，雖可以找到一些奮鬥精神之處，並不夠熱烈」。這兩部都是張氏早期最為膾炙人口的小説，但在新文化運動的震盪下，他深感「二」而不能「一」的困境，在小説中兩種人生的境界：「敍述人生」與「幻想人生」始終扯拉着，「於是那裏面的教育性，只是一些事情的勸説，而未能給書中人一條奮鬥的出路。」[36]所以當時文學創作有一個重要的問題，即小説文字是要「敍述人生」還是要「幻想人生」，要寫實際尚不存在的「奮鬥人生」，成為一個進點。是「現在」還是「未來」？是「敍述」還是「幻想」，是張恨水內心緊張之源，他説：「假使我當年在書裏多寫點奮鬥有為的情節，不是給女士們也有些幫助嗎？」[37]而只要自覺到是在這兩者之間拉扯，書寫的內容便不自覺地向新文化靠近。小説能否「趕上」時代，是否能「不被時代拋得太遠」，[38]這是一個在這種時代焦急渴望的眼神中常見的緊張。他説在《斯人記》中「以兩個不能追隨時代的男女為主角」，卻因思想不夠徹底，陷於「苦悶」中，也以「苦悶」結束。對於有人在《論語》雜誌挖苦自己，張恨水覺得「他們並不比我前進着多少。」[39]

在關鍵時刻，新名詞或新概念每每起着決定性的作用，它們像火車的「轉轍器」。而「轉轍器」硬轉的根據，是這是一個「過渡時代」，必須向着這些新概念、新名詞所展示的方向轉，才是合格的「過渡時代」的人。值得注意的是張恨水的《過渡時代》一書，最後是一個皆大歡喜的結局。學生運動領袖閔不古順利娶到模特兒，而他衛道的父親也順利地娶了模特兒的母親。當一切逆反了原有的生活邏輯，而以大喜劇收尾時，為了合理化這些混亂的新世相，小說中居然由他們家鄉的長老召集會館同鄉，半正式地宣佈，既然這是一個「過渡時代」，則這一切看來混亂至極的事，都是合理的發展。[40]

張恨水說，到了一九三〇年代，「主義」甚囂塵上，「到我寫《啼笑因緣》時，我就有了寫小說必須趕上時代的想法」、「我的所謂趕上時代，只不過我覺得應該反映時代和寫人民就是了。」[41]「趕上時代」、「反映時代」、「寫人民」，這是一九三〇年代的戲碼。譬如晚清末年，當革命派的黃帝信仰漫天而來時，滿州貴族盛昱（一八五〇—一九〇〇）詩：「起我黃帝冑，驅彼白種賤。大破旗漢界，謀生皆任便」，這詩中說黃帝也是滿人祖先，但卻同時在詩中微妙地表達無奈，及對自己種族命運的深切感傷。[42] 總結前述，用張恨水的話說，這是「兩個人格之溶化」，即「革命青年」加上「才子佳人」。

「兩個人格合在一起」的現象在許多地方出現。譬如在鄉鎮層次，也出現用各種複雜的對應法，吸納了一些新思想、新概念、新名詞，並化合在他們原來的東西，形成合二為一的。浙江江山地方的凌榮寶（獨見），他響應五四新文化運動，在家鄉辦了《獨見》雜誌，實行言論自由、出版自由，提倡「人」，真正好戲是讓「『人』們走做『人』的路，到大同的世界去」。[43] 他一方面提倡白話文，但同時又要略異於胡適等新人物，譬如他既受胡適《國語文學史》的影響，又要與他有所區別。對於施存統（一八九九—一九七〇）的「非孝」主張，既同情，卻又要提倡「廣義的孝」以批評之。在當時像漳州之《國民》，廣州之《民國》、《新塍半月刊》也都與《獨見》的作風相近。

丁曉先（？—一九七六）在〈新時代的危機〉一文中，便觀察到當時地方青年，藉「新」由鄉村走上全國舞台的現象，他說：「藉新思潮做出人頭地的階梯，借新潮做自己地位的護符。」[44] 而各地為了「趕時髦」不段轉換自己身形的例子，更是不勝枚舉。如一九二六年胡懷琛（一八八六—一九三八）發表《詩歌叢稿》，幾年前他還在諷罵胡適的白話詩，但在此時出版的新詩集前，又將胡適的白話詩，「剛忘了昨兒的夢，又分明看見夢中的一笑」鄭重印在書前，以示與胡適的關係親密。

本文主要是提出 “confused period” 這個架構來思考包括五四在內的重大思想變動。在這個架構之下，形成兩條思考的線索，第一條是比較線性的、目的論式的，在兩個穩定點之間方向性的發展，另一條線索則是形形色色的、模糊的、頓挫不定的力量移轉，以及許多「半信者」，如何加入成為大合奏的一員。

但是本文所考慮的不只是上述兩條線索的存在，同時也想探索發生在這兩條線索之間的若干面相。本文舉了三種現象為例作為說明，它們包括非線性的擴散，尤其是「銅山崩而洛鐘應」的效應，以「過渡時代」作為加入新潮流的「說辭」，以及「合兩個人格為一個人格」的現象。不管是以那一種方式加入五四這個大合奏，它們都是組成五四不可或缺的一部分。

魯迅（一八八一—一九三六）在一九三〇年代出版的《二心集》中，有一篇名為〈非革命的急進革命論者〉的文章說：「在革命者們所反抗的勢力之下，也決不容用言論或行動，使大多數人統得到正確的意識。所以每一革命部隊的突起，戰士大抵不過是反抗現狀這一種意思，大略相同，終極目的是極為歧異的。或者為社會，或者為小集團，或者為一個愛人，或者為自己，或者簡直為了自殺。然而革命軍仍然能夠前行。因為在進軍的途中，對於敵人，個人主義者所發的子彈，和集團主者所發的子彈是一樣地能夠制其死命。」

此處，我不擬仔細追索魯迅這段話的背景，我是想拿它來説明「五四新文化運動」調動一切資源的實況。在「新文化」的引導下，不管每個人最初的動機是什麼，但最終所發的子彈可以致共同敵人於死命。這恐怕是五四歷史發展中複雜而又一致性的實況。[45] 他們一方面合兩個人格為一個，一方面藉此取得一個標籤，使自己成為地方上新派的菁英，並與舊的勢力作區分。各式各樣的「兩個人格合在一起」，不必然是變節或墮落，它們也可能是新的風格與創造，它們是五四擴張其勢力以構成一部大合奏的組成部分。

補記

為了使得「過渡時代」的情況可以有一比較詳細的説明，此處要以張恨水一九三二—一九三四年之間所寫的《過渡時代》為例。《過渡時代》雖是小説，卻反映了兩層現實，一方面是作品中如果不穿插新名詞、新觀念，這樣的小説是沒人要讀的，另一方面《過渡時代》也是對五四青年生活現實的曲折寫照。

書中有許多場景在描寫，新的「名詞」、「概念」可以用來改變原有的行為方式，譬如「同志」的概念，「『密斯趙，我們是同志呀。』大妞在學校裏混了這多天，也知道什麼叫同志了。」[46]又譬如平等，「凡是一個人，都應該平等，誰也不能比誰高一點兒」，男女之間也說：「咱們只有做起一對兒來，才算是平等」。[47]譬如男女平等，「現在男女平等，男的可以想法子來騙女人，女子自然也就可以想法子去騙男人。你只要騙到他們一百二百的，我們有了盤纏就可以遠走高飛。」[48]譬如貧窮的女模特兒向男友敲詐要錢，可以解釋為原來這是一個「唯物主義者」，合法化她的肉體騙錢的行為。[49]譬如碰到有利可圖時宣稱「我們都是勞工」，這些「名詞」、「概念」逐步改變了日常生活的標準與運作的邏輯。[50]

值得注意的是，新思潮、新青年、新學生（尤其是學生領袖），本身即帶有可觀的權威，迫使人們在它面前低頭。學生成為一種新的身份，學生領袖有其威風，這個身份可以鼓動、提掇新事物、新流行，故學校老師們要刻意連絡、連結學生領袖。[51]

後來，「無產階級者」也成為一種了不得的身份，只要宣稱自己是「無產階級者」，即刻居於道德制高點。《過渡時代》中有一個爭愛的場合，閔不古便宣稱自己是「無產階級」以顯示自己的正當性。[52]而且當時動輒要宣稱「集合民眾的力量」，當人們要抗衡有錢有閒的人時，就要搬出這一套說辭。如閔不古說：「你要懂得這個，你也就不至於受資產階級的壓迫了。」[53]閔不古宣稱，「這個時代無論做什麼事，都離不開物質來講話，就是社會上一切的一切，都要以經濟來做背景」，[54]「唯物主義」也成為用來攻擊舊道德的利器。[55]

小説裏刻劃的守舊人物閔不古的父親，整天詩云子曰，嚴氣正性，每道一事，腦海中所背誦相關經文即刻浮現，與現實的情境形成對照，並據以批評現實，尤其是被他視為悖逆倫常的世相：包括對「學生」及對新式學校的疑懼與敵視。但是在這以經書涵蓋世相的背後，卻每每也遮掩着他的現實和醜陋的慾望。另一方面是新學生領袖閔不古及他的群體，或附隨在這一個新潮流中的「半信者」或「偽信者」，以及雖不是青年，但也在試着往新潮流靠，有時是為了「趕上時代」，有的是在「新」、「舊」的標準間循環取利。從上述引文中，我們可以清楚地看見，幾個模模糊糊的「新概念」、「新名詞」，而不是任何有系統的思想，往往是曲解或胡亂套用在這裏或那裏，扮演着現實取利的功能。

可見在「過渡時代」裏，人們對於許多新事物、新概念、新名詞都沒有確切地了解，但也都曉得在日常生活中運用這些「新」的概念和名詞來突顯自己，顯現自己是跟得上時代的，同時獲取現實的利益。這些利益，不見得是關乎國家、群體的，有時候僅僅只是個人的。所有的事物、發展，都僅有一個大致的方向，但確切的內容卻是不定的，一切都在摸索之中，新的、舊的混雜在一起，沒有人能確定未來是什麼。整個過程在模模糊糊、既確定又不確定中摸索前進。

註釋

1 傅斯年，〈《新潮》之回顧與前瞻〉，收於《傅斯年全集》（台北：聯經出版，1980），第4冊，頁155。

2 張國燾，《我的回憶》（北京：東方出版社，2004），頁34。

3 周作人，《知堂回想錄》（蘭州：敦煌文藝出版社，1998），頁182。而五四「居然能在歷史上立住」，有相當大的原因，是它的後來發展，一如Sewell在討論eventuality時，講到攻陷巴斯底監獄在當時並不覺得那麼重要，後來則逐漸發展成一個歷史事件。見William H. Sewell Jr., *Logics of History* (Chicago and London: University of Chicago Press, 2005), pp. 225–270.

4 楊鈞，《草堂之靈》（長沙：嶽麓書社，1985），頁325。

5 許多書以五四為起點，如陳旭麓主編，《五四後三十年》（上海：上海人民出版社，1989）即是。

6 正如余英時先生在回憶錄中所說，五四後三年，許多人或者忘記，或者全然不知有五四運動這回事。余英時，《余英時回憶錄》（台北：允晨文化實業公司，2018），頁25。

7 陳友生，〈五四運動之回憶〉，收入楊琥編，《歷史記憶與歷史解釋：民國時期名人談五四》（福州：福建教育出版社，2010），頁494。

8 同上，頁494。

9 葉青，〈五四文化運動的檢討〉，收入楊琥編，《歷史記憶與歷史解釋：民國時期名人談五四》，頁364。張國燾在他的回憶錄中也提到，新文化運動進行當時，無政府主義派積極支持新文化運動。張國燾，《我的回憶》，頁38。

10 余英時，《余英時回憶錄》，頁26。

11 "Confused period" 是我大膽提出的一個概念。在構成這個概念時，我受到 Jacques Rancière 的 *The Aesthetic Unconscious*（Cambridge; Malden, Mass.: Polity, 2009）一書的啟發。

12 阿英，《晚清小説史》（香港：太平書局，1966），頁14、36、84。

13 同上，頁31、65。

14 許指嚴，《復辟半月記》（北京：中華書局，2007），頁21、69。

15 人生「苦悶」的階段，即是一種類似 "confused knowledge" 的狀態。譬如梁漱溟，梁培恕在《中國最後一個大儒——記父親梁漱溟》中説，當時一群人「心意一日萬變，仍無定向」、「他們所非常看重的這種苦悶，這實際上就是使釋迦穆尼出家的思想、情感」。或「他的苦痛是不知怎樣生活才對，而這種苦是一般人所沒有」、「於是乃大感惑而心神終日不得安寧」、「生活入於混雜不明之途」。梁培恕説其父梁漱溟：「看重人之有無人生苦悶」。梁人生三個階段，第一批朋友是因他的《究元決疑論》，而第二批是他出版《東西文化及其哲學》，第三批是一九二〇年代末和一九三〇年代初，提出民族自救運動。每一個階段都有一批人來「共學」或相助，而其契機往往是他此時發表的言論能觸動某人心中的「苦悶」，而特地來走訪、共學其事。見梁培恕，

《中國最後一個大儒——記父親梁漱溟》（南京：江蘇文藝出版社，2011），頁91、90、92、93、96。

16 最典型的案例之一，是陳寅恪（1890–1969）在《元白詩箋證稿》第四章〈艷詩及悼亡詩〉所刻劃的元積：「當其新舊蜕嬗之間際，常呈一紛紜繼錯之情態，即新道德標準與舊道德標準，新社會風習與舊社會風習竝存雜用。各是其是，而互非其非也。斯誠亦事實之無可如何者。雖然，值此道德標準社會風習紛亂變易之時，此轉移升降之士大夫階級之人，有賢不肖拙巧之分別，而其賢者拙者，常感受苦痛，終於消滅而後已。其不肖者巧者，則多享受歡樂，往往富貴榮顯，身樂名遂。其故何也？由於善利用或不善利用此兩種以上不同之標準及習俗，以應付此環境而已。」見陳寅恪，《陳寅恪先生論文集》（台北：里仁書局，1980），頁768。

17 T. S. Eliot, *Selected Essays 1917–1932* (London: Faber and Faber Limited, 1932), p. 3. 中譯引自艾略特著，李賦寧譯，〈傳統與個人才能〉，《艾略特文學論文集》，（南昌：百花洲文藝出版社，2010），頁3。

18 王汎森，〈五四與生活世界的變化〉，《二十一世紀》第113期（2009年6月號），頁44–54。

19 梁啟超，《儒家哲學》（台北：台灣中華書局，1956），頁10。

20 心性之學對於民國以來許多有為者而言頗有吸引力，我目前為止尚未見到考證之類為政治張本的。

21 沈子培也有相近的主張，沈氏曾云：「欲以「舊道德新知識」六字包掃一切」。參考葛兆光，〈欲以「舊道德新知識」六字包掃一切——讀許全勝《沈曾植年譜長編》再說學術史的遺忘〉，《書城》，2008年第五期，頁5–11。

22 中國社會科學院近代史研究所編，章谷宜整理，《胡景翼日記》（南京：江蘇古籍出版社，1993），頁264–275。

23 同上，頁268。

24 見（清）王鐘原撰，（清）胡人鳳續輯，許洪新標點，《法華鄉志》，收於上海市地方志辦公室編，《上海鄉鎮舊志叢書》（上海：上海社會科學院出版社，2006），第12冊，序頁1–2。

25 沈寶昌，《法華鄉志・序》，序頁2。

26 尤其是「禮」書：「方今世道人心，日非一日，文武之道，將墜於地，此古聖人作《易》所不勝憂患，作《春秋》所不勝懼者。」見〈致及門王欣夫大隆」〉十六，收於崔彥南整理，《曹元弼友朋書札》（上海：上海人民出版社，2018），頁427。

27 〈金山吳履剛子柔〉，收於崔彥南整理，《曹元弼友朋書札》，頁13。當然他們所註釋或發揮的經典，譬如他與張錫恭的信中提到讀《羅山遺集》時，認為羅氏以〈西銘〉為基礎，發揮了一套立身處世之道：「蓋其以〈西銘〉為標準，而於理一中知其分殊，站定腳根，硬着脊梁做去，非所謂仁以為己任者乎？」崔彥南整理，《曹元弼友朋書札》，頁314。

28 顧炎武在〈與葉訒菴書〉中，拒絕葉氏之推薦修明史，說：「先妣未嫁過門，養姑抱嗣，為吳中第一奇節，蒙朝廷旌表。國亡絕粒，以女子而蹈首陽之烈。臨終遺命，有『無仕異代』之言……故人人可出而炎武必不可出矣。」顧炎武，〈與葉訒菴書〉，《顧亭林詩文集》（北京：中華書局，1959），頁53。

29 梁啟超，《飲冰室文集》第3冊（台北：台灣中華書局，1960），頁27。

30 同上，頁27–28。

31 詹鳴鐸說：「在下本清諸生，暗想與前朝作別，未免黯然銷魂，但生當過渡時代，為國民一分子，是與漢人同胞，自不得不如是。」見詹鳴鐸著，王振忠、朱紅整理校注，《我之小史》（合肥：安徽教育出版社，2008），頁294。

32 中國社會科學院近代史研究所編，章谷宜整理，《胡景翼日記》，頁4、9。

33 牟潤孫，《海遺叢稿（初編）》（北京：中華書局，2009），頁149。

34 張恨水，〈北京的初期〉，《寫作生涯回憶錄》（北京：中國文聯出版社，2005），頁33。

35 張恨水，〈關於春明外史（三）〉，《寫作生涯回憶錄》，頁44–45。清儒章學誠即曾說：「時趨可畏，甚於刑書之法令也。」（見章學誠，〈上辛楣宮詹書〉，收入〔清〕章學誠撰，倉修良編，《文史通義新編》〔上海：上海古籍出版社，1993〕，頁529）

36 張恨水，〈金粉世家的背景〉，《寫作生涯回憶錄》，頁47。

37 同上，頁48。

38 張恨水認為自己「所以不被時代拋得太遠」，是因為自己看得書很雜，而且還有一些長期訂閱的雜誌，這點「加油的工作」做得不錯。見張恨水，〈加油〉，《寫作生涯回憶錄》，頁58。

39 張恨水，〈斯人記〉、〈忙的苦惱〉，《寫作生涯回憶錄》，頁53、63。

40 張恨水，《過渡時代》（北京：中國文史出版社，2018），頁251。

41 張恨水，〈從《啼笑因緣》起決心趕上時代〉，《寫作生涯回憶錄》，頁146。

42 定宜莊，〈晚清時期滿族的國家認同〉，收於汪榮祖主編，《清帝國性質的再商榷——回應新清史》（中壢：國立中央大學出版中心；台北：遠流出版事業公司，2014），頁176–180。

43 獨見，〈看了「英雄與美人」之後〉，《晨報副刊》，1921年12月7日，第三版，頁3。

44 丁曉先，〈新時代的危機〉，《時事新報・學燈》，1920年1月4日，第四張第一版，頁14。

45 以上見瞿駿，〈新文化運動的「下行」——以江浙地方讀書人的反應為中心〉，《思想史6：五四新文化運動》（台北：聯經出版，2016），頁47–98。

46 張恨水，《過渡時代》，頁83。

47 同上，頁127。

48 同上，頁125。

49 「歐化先一想，這位模特兒倒真是一個唯物主義者。」張恨水，《過渡時代》，頁55。

50 同上，頁233。

51 譬如書中提到胡當仁聽到閔不古的名字，就想起這「是個最出風頭的學生……在南方當學生的時候，本來知道他大名的很多，頗有令人久仰的資格。」談話後才知道她是南方請願的首領，報紙上曾記載過他被逮捕的事情，全國學生都打電報到南京去救他。所以就說：「關於能出風頭的學生，教員們總是願意聯絡的」。又如當時想要當個權威者，「必定要上有文藝界的名人提拔，下有社會上新思想的捧場，才可以到那個境地」；「不古笑起來，因道：『在這個時代作一個青年，我們總要在潮流前面。胡先生到這裏來，當然是來找些大眾的藝術』。」同上，頁128–129、134。

52 同上，頁132。

53 同上，頁135。

54 同上，頁211。

55

他對學生說：「忠孝仁義這都是封建時代的道德，是一種作偽的行動，由唯物辯證法看起來，因為封建社會、統治階級要造成一個有權威的人，他把他的權利思想變成一種奴隸人民主義，灌輸到社會上。」同上，頁228。

第三章

從新民到新人

近代思想中的「自我」與「政治」

一

在近代思想轉型的時期，「自我」始終是一個重要的課題。「自我」是一個範圍非常廣、非常複雜的問題，在這篇短文中，我想談的主要是在近代思想轉型時期，「自我塑造」或「自我完善」的文化及它所形成的心理特質：怎樣才可以稱為「人」？怎樣才可以稱為良善的「自我」？自我完善的傳統方式如何一步一步消退、並轉變成一種新的型式，以及這種轉變與近代政治、社會變動的關係。另一方面，近代中國「自我」的觀念，往往把自我完善的過程當作是步步向上提升的階梯，這與儒家思想、尤其是宋明理學有相近似之處，但是其中也有顯著的差異，近代思想中的「自我」，不再受傳統禮法道德之限制，其內容是開放的、是無限可能的向上主義（possibilism）。所以本文也將討論在後來各種意識型態的競爭日趨激烈時，良善「自我」的定義為何隨着不同的意識型態而不斷改變。[1]

張灝先生在《梁啟超與中國思想的過渡，一八九〇—一九〇七》（*Liang Ch'i-ch'ao and Intellectual Transition in China, 1890–1907*）中已指出，梁啟超（一八七三—一九二九）運用宋明理學的思想資源來塑造一個現代行動者的現象。[2] 在張先生的〈中國近代思想史的轉型時代〉中，[3] 他指出改良派的梁啟超與革命派的劉師培（一八八四—一九一九），都受了很多傳統儒家修身觀念的影響，但同時，傳統聖賢君子的人格的成分則日趨淡薄。[4] 這種修身觀念與聖賢君子的理想逐漸滑開的現象相當值得注意，它不但使得自我完善的傳統方式失去力量，而且對轉型時代社會政治等層面產生過重大的影響。

此處要先指出的是，在近代以前儒家修身的觀念與聖賢君子的人格理想是一元而不可分割的，即使在內容方面有過細部的修正或變化，但是很少人懷疑或根本挑戰它的一元性。從近代日記等私人性文件中，我們可以看出，在轉型時期之前，傳統儒家的修身觀念與聖賢君子的理想，基本上仍然維持比較穩定的地位。從清代後期，思想界出現了一種「自然人性論」的傾向，某種程度肯定人們的物質慾望，但是它並未徹底地改變舊的格局。

促成上述那種「滑離」、「修身」與「理想」形成二元架構的現象的因素很多，傳統道德規範日漸受到質疑及現代「國家」、「社會」觀念的崛起，恐怕是最為關鍵的。

從晚清以迄一九二〇年代，有兩波運動與自我的塑造有關。第一波以梁啟超的「新民說」為主，其影響非常深遠，[5] 討論者比較多。它關心如何塑造新的「民」，這新的「民」是國民，是脫離奴隸狀態的現代「國民」。第二波是「新人」，它沒有像《新民說》那樣的里程碑式的文獻，但各種零星的文獻很多，現代學者的討論亦復不少。[6] 譬如說，我們如果仔細留意新文化運動前後的各種文字，便常會發現他們提到「人」這樣的字眼時，往往以加上〝　〞或「　」的方式來定義他們心目中理想的「人」。它的意思是我們現在存在的狀態，只是暫時的「人」，是向上進步的一個階段而已。新的「人」，加上引號的「人」，才是自我完善的、理想的「新人」。我們比較可以確定的是，新「人」的心理特質形成了巨大的驅動力量，促使一代青年們自問理想上的「我」應該如何認知這個世界，理想上的「我」應該追求何種價值。

「新民」要把老大的中國民族改造成為新鮮活潑的民族，把自私自利的人民塑造成現代的「國民」：「苟有新民，何患無新制度，無新政府，無新國家。」[7] 在晚清，「國民」被廣泛的輿論設定為一種資格、一種身份、一種應該極力追求的正面目標，這方面的例證非常之多，此處僅舉晚清一部小說《學究新談》為例。其中到處充斥着這樣的對話：「你不要替他過謙，將來都是國民哩」、「這班後生，果真做得國民，也自能轉弱為強的」。[8]

梁啟超的「新民」觀中，「新民」是現代「國民」、「公民」，有公德，時時存着為群體、為國家的觀念。「新民」有種種心理特質，胡適（一八九一—一九六二）《四十自述》中回憶說，梁氏所提倡的這些心理特質深深地改變一代青年，「（梁啟超認為中國）所最缺乏而最須採補的是公德，是國家思想，是進取冒險，是權利思想，是自由，是自治，是進步，是自尊，是合群，是生利的能力，是毅力，是義務思想，是尚武，是私德，是政治能力……其中如〈論毅力〉等篇，我在二十五年後重讀，還感覺到他的魔力。」[9]

梁啟超對宋明理學相當熟悉，[10] 所以他在談到人的「自我塑造」時常常援借宋明理學中對人內心世界中各種層次的分別。他在《新民說》中講到人的內心世界中分幾十層，要克去低下層次，提升到超越的層次，要「自勝」，要區別「兩我」，並隨時從物質的、俗鄙的「我」，提升到精神的、超越的「我」。[11] 有時候，他也要求人們分別自己內心的狀態，究竟是「有意識的」或「無意識的」。[12] 梁氏在《新民說》中還提出一個相當具有概括性的概念「第二世界」——說「蓋丈夫之所以立於世者，莫不有第二之世界，以為其歸宿之一故鄉。」[13] 也就是說歷史上的大丈夫是能從流俗的「第一世界」拔升，過渡到理想中的「第二世界」的人。「新民」之塑造，也一樣有賴於從流俗自拔，形成一種必要的張力，丟掉流俗的、日常的第一世界，向「第二世界」提升。不過這裏要強調：「第二世界」的內容一直在變，梁啟超的看法只是其中一種而已。

在《新民說》、《德育鑑》中，梁啟超廣泛地援用明代王學右派的思想家所發展出的、非常精細的心理鍛煉，用來刻劃一個行動者所應有的心理質素。[14] 不過，他與宋明理學家不同，他把對群、團體、國家的奉獻，[15] 而不是聖賢君子的理想，提升為道德之極致。所以自我完善的方式與舊士大夫已經不同。

梁啟超在撰寫《新民說》的初期，對傳統道德批判甚力，認為相對於團體的「公德」而言，它們都是一些私德。可是愈到後來，他愈強調傳統道德的部分，說：「維持吾社會於一線者何在乎？亦曰：吾祖宗遺傳固有之舊道德而已。」[16]

劉師培的《倫理教科書》是《新民說》之後，比較系統地討論相似問題的名著。劉氏顯然受到梁啟超「國民」、「公德」、「公共心」等觀念之影響。《倫理教科書》分成一、二兩冊。第一冊着重討論傳統德目，第二冊偏重建立「社會倫理」。不過劉師培不像梁啟超那樣一開始即截然劃分「私德」與「公德」，並把傳統道德一律貶為「私德」。

劉師培一再強調一種邏輯關係，即完善自我即所以完善社會、國家，保全社會即所以保全自己。[17] 所以該書第一冊的敍述策略是先追究各種德目在宋以前及宋以後內容之不同。宋以前的仍然多少可以施用於現代，而宋以後的扭曲與窄化，則是應當被批評甚至被唾棄的。衡量的標準有兩個：是否符合平等的、「對待」之倫理精神，及是否合乎「公共心」。[18]

在第二冊一開始劉師培很清楚地表示：「中國古籍於家族倫理失之於繁，於社會倫理失之於簡。今編此書，於家族倫理多矯古說之偏，於社會倫理則增補前人之所略。」結論又說：「中國人民數載以前不知社會倫理為何物。」他批評家族倫理，提倡社會倫理，認為中國「以社會之倫理皆由家族倫理而推，而一群之公益不暇顧矣。」儘管如此，我們仍可以看出，劉氏認為舊道德倫理仍有「創造性轉化」之可能，如果充分擴充舊道德、舊禮儀的社會意義，並作相當的調整，也可能出現「社會倫理」。如他說：「故欲行社會倫理，亦必自正身始」，「合同族之力以互營公益」。[19]

儘管劉氏為舊道德倫理與「社會倫理」留下一些溝通的道路，但我們仍然可以看出前面所提到的那種修身觀念與其最終理想滑開來的痕跡。是「社會」、「國家」，而不是聖賢君子的理想，才是修身工夫之究竟，他說：

己身為國家社會之身，非一己所克私。若戕賊己身，使國家、社會少一盡義務之人，其有負國家社會，罪莫大焉。[20]

他一再強調國家的重要，如說「蓋以國家較家族，國為重」，所重視的是「民」與「國」之關係，所欲培養的是「國民公共觀念」。在《教科書》第二冊的結尾，他甚至歸納說欲行社會倫理，必需要有「黨」——「故欲人民有公德，仍自成立完全社會始。欲成立完全社會，貴於有黨。黨也者，萬物之公性情也。……蓋各國均以黨而興，則欲興中國，亦不得諱言朋黨……必先自民各有黨始。然民各有黨，又必自事各有會始，事各有會，庶於社會之倫理可以實行矣。」[21] 所以推到極點，自我完善的極致是以「黨」來建立「完全社會」。

劉師培與梁啟超不同，他不像梁啟超那樣乞靈於宋明理學，把心分成幾個層次，並力求自我超越。但劉氏相信舊道德倫理更有向「社會倫理」過渡的潛力。

梁、劉兩種論旨，在清末有相當的代表性，他們一位是改良主義者，一位是革命家，但都不約而同地以「造國民」為其「修身」工作之根本歸宿。不過，在晚清也有像章太炎（一八六九—一九三六）、魯迅（一八八一—一九三六）那樣比較關注「個人」的思想家。而章太炎等人大約和後來新文化運動時期講「個人」的關聯比較多些。

二

在新文化運動時期，青年極力批判傳統，舊道德與舊倫理都在嚴厲指責之列，人的覺醒、個人解放是突出的主題。此時一方面是不再像《新民說》或《倫理教科書》那樣，認為在塑造「新民」時，傳統的修身觀念仍有不可抹殺的地位；另一方面是「新人」取代「新民」，成為關心的焦點。

由「新民」到「新人」的轉變很值得注意。這並不是說「國民」的思想已經失去力量，事實上「國民」已經沈澱成為一種底色（譬如「國民性」的討論仍然非常熱門，即是一例）。想釐清「新民」與「新人」的變化之因並不容易。新文化運動前後的思想界是一個調色盤，西方自由民主思想、無政府主義、各種社會主義思想都在這個調色盤中，它們「雜糅附會」，形成一些極含混複雜的色調，恐怕只有極少數在西方受過長期教育的人方能區分彼此，至於一般青年，則往往不能道其所以。

主要是受西方民主自由思想的影響，新文化運動提倡人的覺醒，人的解放，人的文學，人的宗教……人們思索着如何從傳統的禮法道德、風俗習慣等層層束縛解放出來，成為西方現代文化標準下所定義的「人」。

但是此處我還想特別提到，無政府主義及激進社會主義的深刻影響。民初以來思想界，尤其是民國四、五年左右，對現實政治社會徹底失望，卻又不知最終希望之所在，青年群起趨向無政府主義。許許多多思想言論皆受其影響，即使連胡適介紹的易卜生主義，其實也帶有濃厚的無政府色彩。在無政府主義及激進的社會主義影響下，由個人到全人類之間所有的組織與階級——包括家庭、國家等——都在打破之列。人要成為一個「真正」的人、個體的人，才算是「人」。

特別值得注意的是這個時期的國家觀的轉變。在《新民說》時代，鼓吹人們成為健全的現代「國民」，但是此時受到兩種因素的影響，對「國家」與「世界」，往往游移不定；隨着不同的語境及時代環境的變化，而在兩者之間往復挪移，其中較為激進的則往往將「國家」當成批判、鄙棄的偶像。[22] 第一是無政府主義、社會主義的影響。第二是第一次世界大戰之後，人們對德意志帝國的鄙棄。一時之間人們言論中多以棄「國家」為崇高（雖然他們內心深處的狀態不一定如此）。這方面的言論相當多，早在一九一五年《新青年》第一卷中，高一涵（一八八五—一九六八）即已發表〈國家非人生之歸宿論〉，[23] 陳獨秀（一八七九—一九四二）的〈偶像破壞論〉中斬釘截鐵地說：「國家也不過是一種騙人的偶像。」[24] 傅斯年（一八九六—一九五〇）在《新潮》中發表之〈《新潮》之回顧與前瞻〉

中，倡議「我」到「人類」之間一切的「階級」，包括家族、地方、國家，都是偶像。[25]五四的社團中更充滿類似言論，認為理想的青年「都是不應該帶有愛國的色彩的。」[26]這林林總總的材料都說明了「新民」、新「國民」的理想，至少在表面上，隨着對「國家」的激烈批判，而被對「新人」的興趣所取代。新人是「人類中的一個人」，[27]而不是「國家」中的一個「民」。

第三個值得注意的元素是「進化」思想。進化思想在近代中國的影響無遠弗屆，它使得人們普遍認為未來是無限開放，無限可能的，「人」的究極狀態亦復如此。現在的「人」只是達到未來真正的「人」之間的一個階段性狀態而已，所以「新人」是無限可能的，為了成為「完全的人」，必須成為「新人」；但這「新人」究竟是什麼狀態，便言人人殊了。

由於新文化運動中對舊道德禮法施以體無完膚的批評，所以在塑造「新人」的論述中，傳統的自我完善方式，或是前面提到的那個逐漸滑離的二元架構的成分消退了，而國家的理想，也被其他的內容所取代。這個時候，一個理想的「新人」，應該如何自我完善，應該具有那些心理特質，應該追求那些理想，都起了微妙的變化。

在以下的討論中，我是藉由一批措詞，去捕捉這一代青年的心理特質。措詞與概念的升降，常常是把握一個時代思想動向的入手處，也是推測一代心理特質的重要根據。當我們想起新文化運動時，會很自然地浮現一堆與自我有關的措詞。在這篇文章中，我所討論的幾個核心措詞，分別是「人」、「人生」、「無意識的」、「有意識的」、「自然的」、「人為的」、「向上的」。值得注意的是，在晚清，這幾個詞彙已經出現，但它們的大流行是在民國，尤其是新文化運動以後。

三

新派人物較常使用這些措詞，但並不表示傾向保守的人不使用它們。這些措詞大多是一些有關心理狀態的形容詞，它們往往是在文章中一閃而過，語意模糊，並未細加定義或深入討論。為了廣泛引用一些文句來說明這個歷史現象，所以以下的引文不免零碎，在此要先向讀者致歉。

在傅斯年早期的文章中，加了引號的「人」這個用法不時出現，[28] 在五四青年中，「人」的表述屢見不鮮，有時候是提出自己最新的定義，如《浙人》中問什麼才算「人」，接着説「惟具有奮鬥精神，獨立精神，互助精神的『平民』，才算做『人』。」[29] 有的是以「人」

作為社團的宗旨，如「覺悟社」的宗旨是「求適於『人』的生活。」並說「覺悟」無邊無止，「進化」無窮。[30] 有的宣示他們的任務是縮短「舊人」變「新人」的時間，如帶有無政府主義色彩的「新人社」，它的社名代表着這個時期追求成為「新人」的思潮。「新人社」有一份〈新人約〉，說該社的第一任務是在縮短「舊人」變「新人」的時間，「使他由無限的將來，變成有限並且是極小限度的將來」，最終希望做到消滅「你、我、他」的隔閡。[31]

當時青年認為完整的「人」是打引號的「人」，他們在內心中形成一種二元式的結構，並將之自然化下來，「人」天經地義地應該追求新思潮——沒有加「　」的人則是尚未到達真正的「人」的境界。在中國思想史上，凡是到了重新定義「人」的時候，往往是思想產生重大變化之時。[32] 新文化運動時代提到人時，加上「　」號，即表示不承認當時中國人是真正的人，而只是向着人的狀態，正待向上進化的一個階段而已。這個「　」所蘊含的對現實狀態的不滿，產生了重大的驅動力，代表着對人之所以為人的文化的、社會的、政治的各方面的重新檢討定義，而企求轉變成為「新人」。這個理想「新人」的定義是五花八門的，我們已經非常熟悉，譬如要有自主的意識，要進取競爭，要有開放創新、科學的精神等等，[33] 此處所要討論的是其中的一些過去人們比較少注意的面相，人要成為「人」，他的心理特質是「有意識的」、「人為的」、「向上的」。

不過，我要強調，「有意識的」、「人為的」、「向上的」並不一定與「人」同時出現，但它們都與廣義的「人」的自我完善的議題分不開。

自然的 v.s. 人為的

首先我要談到的是人們心中處處區分「自然的」與「人為的」對立。「自然的」與「人為的」對立顯然受到當時中國人所理解的進化論的影響。「自然的」一詞應略加分疏：在近代中國，文學、藝術方面嚮往自然，希望貼近自然或研究描述大自然；但是在人事方面，則鄙薄「自然」。在這裏，「自然」是指不經反思、未經自覺、保持現狀的，甚至是預定的、命定的生活狀態。在西方進化式思考中，人是自然的一部分，暗示人的有限性，被環境決定的可能。進步主義則強調對自然的征服，人可以透過自為的努力去克服自然。但在近代中國兩者顯然混合在一起，一方面講「天行」與「人治」相反相成，另一方面是有意無意間突出「人治」的部分；在亡國滅種的危機中，人們在「天行」與「人治」的複雜槓桿中，突出「人為」努力的重要。對此，嚴復（一八五三—一九二一）的《天演論》有關鍵性的影響，在這一本影響力奇大無比的小書中，〈導言〉第四篇的標題就是「人為」，它告訴人們自然是被「人為」所克服的。細讀過《天演論》的人，會發現問題不是那樣簡單，該書雖然處處講「自然」與「人為」之對立，並且宣揚一種由「自然」到「人為」的過程，不過它也為「自然」留下一定的空間。「人為」並不能夠憑空而為，必須要依恃「自然」，「人為」才可能成功，故說「天擇者，擇於自然，雖擇而莫之擇」，又說「皆有其自然者，為之陰驅而潛率」，故不能完全背逆「自然之機」，否則「雖有聖者，不能一日行也」。[34]

通貫《天演論》的主旋律便是「人治」與「天行」相反而相成的情形，「人治之所以有功，即在反此天行之故」，「天人之際，其常為相勝」，「天人勢不相能」，「無所望而非天人互爭之境」。在書末，他強調「今者欲治道之有功，非與天爭勝焉，固不可也。」[35] 此處「天行」是「自然的」，而「人治」是「人為的」，而且書中也處處批判黃老的「自然」是要不得的，它舉了許多例子（如園丁墾殖花園），說明「人為」或「人治」可以征服「自然」。這樣一本書所留給人們一種印象，天不是判官，天是與人競爭的，宋明以來奉為最高的「天理」反而不是主宰。

「自然」與「人為」相對的觀念在晚清已經頗見流行（如梁啟超〈天演學初祖達爾文之學說及其傳略〉）。新文化運動前後所盛行的從「自然」到「人為」的思考方式，是演化論與進步主義的結合。在這個思考方式之下，「自然」與「人為」勢不兩立，「人為」不必依靠自然，「人為」可以憑空而起，人的理智能力有多高，它就可以到達多高。新文化運動時所講的「自然」，不是指大自然，而是一種相承數千年的「自然而然」的人生的態度。

依照我的初步觀察，這種在內心中將一切人文現象分為「自然的」與「人為的」，並預設理想上應該從「自然的」發展為「人為的」思考方式，影響到許多方面。

新文化運動期間，李大釗（一八八九—一九二七）在〈東西文明根本之異點〉中說，東西兩個文明的根本不同處，即在於「一為自然的，一為人為的」，[36] 在〈美與高〉中，他又說，影響一國民族性有兩大端，一是「境遇」，一是「教育」，「境遇」屬乎自然，「教育」基於「人為」。[37] 他又引日本早稻田大學教授北聆吉（一八八五—一九六一）的話說西方人「對於自然，不能漠不關心。純取觀望之態度，不能融合其自我於自然之中，以與自然共相遊樂。其視自然為自我發展之憑基，非自我產生之嫡母。自然者，可以克服之障礙也。」[38]

胡適在一九一九年二月出版的《中國古代哲學史》中說，中國自古以來的哲學家都崇拜「天然」，老、孔、莊、孟，皆是如此，「大家都以為凡是『天然的』，都比『人為的』好。後來漸漸的把一切『天然的』都看作『真的』，一切『人為的』都看作『假的』，……

獨有荀子極力反對這種崇拜天然的學說，以為『人為的』比『天然的』更好」，[39] 而胡適當然是站在荀子這一邊的。他的重「人為」輕「天然」的主張在當時有相當大的影響。

模模糊糊感覺到應該和「自然」採取敵對狀態的，可以再舉瞿秋白（一八九九—一九三五）的例子。不過他只是清楚地感覺到西方文明是以自然為敵的，但並不就認為中國文明即是「自然的」，而認為中國只是與「自然」漠不相干的「路人」。一九二一年，瞿氏在《赤都心史》中的〈自然〉一文中引泰戈爾（Rabindranath Tagore, 一八六一—一九四一）的話說，希臘人視「自然」為敵，印度人視「自然」為友，俄國人視「自然」為鄰人，中國視「自然」為路人，「偶然同道而行，即使互相借助，始終痛癢漠然。」他語意不十分清楚地說，這是「未見目的，從容不迫，無所警策，行道蹣跚，嬾於移步」，他說「未來的黃金世界，不在夢寐，而在覺悟。」[40] 似乎是在說最終應該覺醒，不是以自然為「鄰人」，而應以自然為敵，才能構築未來的「黃金世界」。

新派人物如此說，調和派的杜亞泉（一八七三—一九三三）在〈靜的文明與動的文明〉上也運用這兩個對立的概念分析東西方，他說：「西洋社會，一切皆注重於人為，我國則反之，而一切皆注重於自然。西洋人以自然為惡，一切以人力營治之，我國人則以自然為善，一切皆以體天意、遵天命、循天理為主。」[41] 所不同的是，李大釗等人堅持中國必須要從「自然的」發展到「人為的」，而杜亞泉認為沒有必要，東西方文明是性質的不同，不是程度的不同，「自然」與「人為」兩種文明皆有其存在之合理性，「凡社會中之各個人，皆為自然存在者，非擾亂社會，決不失其存在之資格。」[42]

討論文化的問題如此，討論到政治組織的問題時，亦運用此「自然」與「人為」對立的概念。胡漢民（一八七九－一九三六）不能算是五四青年，但他在討論政治的文章中說，斯賓塞（Herbert Spencer, 一八二〇－一九〇三）一派的政治學說什麼都聽其「自然」，把「人為」看得很輕，所以會變成極端的保守主義，又說呂邦（Gustave Le Bon, 一八四一－一九三一）認為德意志的「國民心性」是「人為」的創造。[43] 胡漢民深受呂邦之影響，在討論問題時常常引用呂邦之說以為佐證，而他在論證了兩種不同的政治學說之後，也主張作為一個現代國家應該要由「自然的」進到「人為的」。

新派人物當然也面臨了有力的反抗。但是反對的人往往也認可「人為的」、「自然的」這兩種劃分，前面提到的杜亞泉，藉着強調東西文明是「性質」之異，而非「程度」之異，進而指出「自然的」與「人為的」這兩種文明可以並存，但是更激烈的反對者則認為「人為的」是壞的，「自然的」才是好的。深受無政府思想影響的朱謙之（一八九九－一九七二），在一本論點相當奇特的書《一個唯情論者的宇宙觀及人生觀》中，主張建立一個「宇宙觀的政治系統」，要培養「宇宙的國民」。他主張以「真情」作為政治的基礎，大家只管發展真情的自由，不要「人為法」來拘束他。朱氏主張各人自主自治，自由組合，然後聯合，「以次至於成為自由組織」的大同世界。他對於法治制度，全然加以否定，並把「人為法的組織」和「情的組織」——「自然法的組織」對立起來，痛斥「人為法的組織是萬惡之源」。主張要倒轉過來提倡「情的組織」——「自然法的組織了」，「須知只有這自然法的組織底下的政府，是『好政府』，只有這自然法的組織底下的政治是『好政治』。」[44]

前面所提到的是「自然」與「人為」對立在文化、政治、社會組織等範圍產生的區分作用。其實，這種無處不在的區分，深入到當時青年內心中的反覆掙扎，我覺得傅斯年的〈自然〉一詩相當能表現這種自我內在的對立。

這裏必須對這一首詩的背景略作些說明。在新文化運動時期，傅斯年這位五四遊行的總指揮，在短短的幾個月中寫了幾十首白話詩，其中大部分的技巧及意境都不算高明，但是這些詩因為無拘無束，相對於《新潮》中那些板起臉孔來說話的文章，所以更自由、更無拘束地表達一個青年內心的掙扎，而〈自然〉正是他這一個時期的最後一首白話詩，大概也是傅斯年一生公開發表的最後一首白話詩。當時傅斯年正在上海滄洲旅社等船去倫敦留學，也是他揮別民國八年一月《新潮》創刊以來二百多個日子中，發表幾十篇文章猛烈攻擊傳統，極力介紹西洋新知的文章之後。當他稍為平靜下來，他似乎出現了一種對立，一種矛盾，對傳統的或西方的，「自然」的或「人生」的（這時候所謂「人生」是指擺脫傳統的生活而得到一種新的生命境界，是西方的生活理想與方式），搖擺不定。當時傅斯年當然是堅決站在西方反東方，站在「人生」反「自然」的，但是在滄洲旅社的這一刻，他猶疑了。他在〈自然〉中寫道：

究竟我還是愛自然重呢？
或者愛人生？
他倆常在我心裏戰爭，弄得我常年不得安貼：
有時覺得後一個有理，
有時又覺得前一個更有滋味。
雖然有滋味，總替他說不出理來；
雖然說不出理來，總覺得這滋味是和我最親切的——
就是我的精神安頓的所在。

……
從我幾千年前的遠祖，直到了我，無數的被你攝魂去了。
明明白白知道和你親切要演一齣悲劇，
然而多少年代的藝術家，為你嘔了無數心血，
億萬萬的「有趣味者」，遭了億萬萬場大劫，
結果還是一場大失敗，
眼看那「有所為」，「有目的」，求善人生的鄙夫，
一天一天的開拓起來。
……
人生啊！我的知識教我信你賴你！
自然啊！我的知識教我敬你遠你！
……
前面的光明啊！我陷在這裏了！快引個路兒！[45]

詩的一開始便點出「自然」「人生」兩種思路的對立，並坦白承認即使他不容他人有辯駁餘地地提倡「人生」，但事實上在他內心深處這兩者「常在我心裏戰爭，弄得我常年

不得安貼」，覺得「一個有理」、「一個更有滋味」。有理的是「人生」，是當時中國應該走的路；而「有滋味」的是過去那種「自然」的生活方式，「雖然有滋味，總替他說不出理來」，雖然說不出理，卻總覺得是和他「最親切的」，是「精神安頓的所在」。但是這種生活是無用的、不能「遂生成業」的——「可見遂生成業未必就是安頓一人的一生的」，也就是「遂生成業」與「安頓人生」是互相矛盾的。有「趣味」的自然的生活，在現實世界的殘酷競爭中是最沒用的，所以他要問「你為什麼不能說明你自己來？」而且是帶悲劇色彩的，所以它的顏色「是悲淒的，終日流淚」，「從我幾千年前的遠祖，直到了我，無數的被你攝魂去了」，而且和它親近即要「演一齣悲劇」，是「遭了億萬萬場大劫」，「結果還是一場大失敗」。相反地，西方「人生」那種「有所為」、「有目的」的「求善人生的鄙夫」，卻「一天天的開拓起來」。所以在一番反省後，他仍決定選擇信賴「鄙夫」們的「有所為」的「人生」，而遠離「自然」；也就是放棄他所熟悉的傳統，選擇西方的道路。

在這首詩中，「自然」的是他自己以及他那一代青年所熟悉所親近的東西，是延續傳統而未經反省的習慣及心理。在那個否定傳統歷史文化的時代，這種自然而然的習性是負面的，是無意識的生活，「無所為」、「無目的」，所以不配稱作「人生」。正面的是有意識的、反思過的生活或行為方式，用他詩中的話，是「有所為」、「有用的」的人生。

從前面的討論可以看出兩點：第一，新派與反對他們的人都相當程度地認可「自然」與「人為」是兩個有用的分析範疇。第二，新派人物認為「自然」的狀態是不好的，「人為」的狀態才是好的，是值得追求的。「自然」是舒服的、是中國人的，而西方是「人為」的、矯揉的；「自然」的是承襲現狀的，「人為」是想改變現狀的；「自然」的秩序是未經反思的，「人為」的秩序是理性建構的；「自然」的狀態是夢寐的，「人為」的狀態是覺悟的。而處在當時的中國，應該走「人為的」一路。

無意識的 v.s. 有意識的

在新文化運動之前，已經有人敏感地指出他那個時代是由「無意識時代」轉為「批評時代」的時期。黃遠庸（一八八四－一九一五）在〈新舊思想之衝突〉中說：

> 中國今日，蓋方由無意識時代以入於批評時代之期……篤舊守故者，方在不識不知順帝之則。[46]

「無意識」的狀態是不好的，「有意識」的狀態是好的；「無意識」的是不識不知、順帝之則，是受習俗或傳統的影響，是約定俗成的；而「有意識」的是反思的、批判的，是運用理性擘劃建構的；「無意識」的是落後的，而「有意識」是理想的。從整個國家到自我的塑造，都應該由「自然的」過渡到「有意識的」。

談「有意識的」與「無意識的」之區別，當然要先了解「意識」一詞由何而來。中國古書中並不乏「意識」一詞，如《論衡》中的「寡所意識」，佛經中常提到「意識」，宋明理學中也常使用「意識」一詞；但是近代意義下的「意識」一詞，是從日本傳來的心理學名詞，[47] 早在一九〇七年王國維（一八七七—一九二七）譯《心理學概論》時，便已有專章介紹「意識與無意識之關係」。在新文化運動時期，心理學是一門顯學，傅斯年、汪敬熙（一八九七—一九六八）、吳康（一八九七—一九七六）、羅家倫（一八九七—一九六九）等皆頗醉心於心理學，傅斯年早在民國八、九年間即已為新潮叢書寫了〈心理分析導引〉，[48]《新潮》中也有這方面的文章，[49] 一九二〇年下半年羅素（Bertrand A. W. Russell, 一八七二—一九七〇）訪華，講「心的分析」，心理學遂大為流行。不過這個時期所重視的是行為心理學及佛洛依德學說。佛氏的特點是將意識的層面推回到無意識的層面上，並指出最後獲得控制權的，是人的無意識作用，而不是理性。[50]然而當時中國青年重視的不是無意識的作用，而是主張「人」應該要由「無意識」到「有意識」。

「有意識的」是在每一件事情上問「我為什麼是要這樣做」，是希望社會關係、政治組織乃盡可能是人們運用理智思維及自由意志所創設的。譬如說黃遠庸在〈鑄黨論〉一文中極力鼓吹中國應鑄造政黨，以人為的力量去構作政治團體，問到理由是什麼，他就一句話交代過去：「蓋超然無黨之說之為無意識。」[51]

在日常生活行為方面，如辛亥革命那一年，葉聖陶（一八九四—一九八八）還在蘇州草橋中學讀書，因為革命事起，同學紛紛離校回家。葉氏批評這些同學碰到事情就紛紛回家避禍，是「無意識的」，[52]「有意識」的舉動應該是像他那樣，留在學校，研究局勢，然後決定採取積極的行動。新文化運動時期，葉聖陶的中學同學顧頡剛（一八九三—一九八〇）尖銳批評他的舊家庭，寫了〈對於舊家庭的感想〉，說舊家庭的面目雖然不同，但是「無論如何，總不能發生意識，和我們的精神感情有個交互聯絡的地方，做有商有量的共同生活」，故主張有意識地改造舊家庭。[53]

民國九年，在杭州一師求學的陳範予（一九〇一—一九四一）寫下幾段文字，有一段說一生一死之循環，「真是無意識之極了」；另一段談到孔子誕辰，學校放假，說孔子的道德與學說既然不能適用，何必「放無意識的假呢」？[54] 前面一段講生死循環是「無意識」，大概是說不能覺悟人生真正的意義，而只流轉於生死循環中，是一種無意識的生活；而講孔子誕辰放假的一段，顯然是認為，既然孔子的思想學說已經不適合現代社會，則一仍舊貫地放假，是「無意識」的舉動。

在政治方面，我們注意到梁啟超在晚清已經區分「有意識地」形成現代國家與「自然的」因襲舊的王朝之不同，而其最終理想的當然是希望國人「有意識地」成立現代國家。梁氏《新民說》中討論到「進步」時提倡「破壞」，這是大家所知道的，但是還有更深入的一層，即梁氏區分出「有意識之破壞」與「無意識之破壞」，兩者分別是很清楚的，「有意識之破壞」是在一個有規劃的未來的情形下「破壞」，「無意識之破壞」則是普通的殺人放火。[55] 討論到戰爭，陳獨秀有一篇文章中，要人們區分出「有意識的」和「無意識的」戰爭，說「吾國民第一所應覺悟者，歐洲戰爭，無意識者恆少，故戰後而不改革進步者亦恆少」。他認為中國的戰爭大多是無意識的。[56]

在社會組織方面，傅斯年分別「群眾」與「社會」兩者之不同，關鍵處就在是不是過着「有意識的生活」：

舊社會的狀況，只是群眾，不算社會，並且沒有生活可言⋯⋯中國社會的裏面，只是散沙一盤，沒有精密的組織，健全的活動力，差不多等於無機體；中國人卻喜歡這樣群眾的生活，不喜歡社會的生活，——這不就簡直可說是沒有生活嗎？就是勉強說他算有生活，也只好說是無意識的生活。你問他人生真義是怎樣，他是不知道；你問他為什麼我教做我，他是不知道。[57]

當時人們常引用的法國社會學家呂邦，也強調群眾「永遠是無意識」的。

在文學革命方面，以當時最具代表性的人物胡適為例，他說「有意的」或「無意的」是關鍵分別。有意識的生活是時時反思的生活，新青年們用這個標準評判古今文學。譬如「尼姑思凡」一劇，傅斯年指出它不再是一齣淫戲，他說尼姑跑下山去，不過是「別尋一個有意識的生活罷了」。[58] 在白話文學運動之前，中國早已存在不少白話作品，但胡適認為其中有「有意」的和「無意」的區別。《胡適文存》二集的〈五十年來中國之文學〉中，便從傳統的白話文學作品選出幾部，說它們「都是有意的作品」，而判斷其他同樣用白話表達的東西為「都是無意識的衝動」。[59] 胡適說南宋、元代以來，白話文學的作品就相當多，但不算是一種革命，白話文學革命是「有意的」作為，而不是自然的。[60] 所以問題不在表面的樣態，而是內在的狀態，過去白話文學的作品再多，也不表示它已經是一種「有意識」的產物，所以即使表面上看來合乎現代的標準，事實上也是沒有意識的，民國六年以來的「文學革命」，則是一種有意識的主張。[61]胡適為《海上花列傳》所寫的〈序〉中，稱美作者韓邦慶（一八五六－一八九四）的書是吳語文學的第一部傑作，那是因為他見到《石頭記》用京話寫作成功，故決定「用蘇州話作小說。這是有意的主張，有計劃的文學革命」。[62]

他們在討論「科學」時，所持的態度亦復如此。傅斯年在分別新文化運動之前的「科學」與新文化運動以後的「科學」時也有同樣的思維。他說如果是有意識地提倡科學，那是一種運動，也是新文化運動之所以不同於晚清以來的科學活動之處。這多少也說明了一件事，在新文化運動之前（一九一五年），中國科學社已經發行了《科學》雜誌，而且這個雜誌前後持續卅五年，每年十二期，字數大約二千餘萬，但是談論近代科學運動的人卻不大提到他們，而總是以新文化運動的「賽先生」為始，其分別即在於後者是「有意識的」提倡。

在生活態度方面，胡適在民國八年的一篇〈新生活〉中，一開始就問：「那樣的生活可以叫做新生活呢？我想來想去，只有一句話。新生活就是有意思（識）的生活。」又說：

「諸位，凡是自己說不出『為什麼這樣做』的事，都是沒有意思（識）的生活。反過來說，凡是自己說得出『為什麼這樣做』的事，都可以說是有意思（識）的生活。」「我們希望中國人都能做這種有意思（識）的新生活。其實這種新生活並不十分難，只消時時刻刻問自己為什麼這樣做，為什麼不那樣做，就可以漸漸的做到我們所說的新生活了。」[63] 這裏的「有意思」即「有意識」。胡適本人處處想展現「有意識」與「無意識」的區別，譬如對於母親喪禮的改革，他在〈我對於喪禮的改革〉上說：「況且古代的遺制到了今日，應該經過一番評判的研究，看那種遺制是否可以存在，不應該因為他是古制就糊糊塗塗的服從他。我因為尊重良心的自由，不願意盲從無意識的古制，故決意實行短喪。」[64] 在支持或反對某種主張時，胡適也要求人們區分「有意識」與「無意識」。在《新青年》七卷一號〈宣言〉中，陳獨秀主張：「我們因為要實驗我們的主張，森嚴我們的壁壘，寧歡迎有意識有信仰的反對，不歡迎無意識無信仰的隨聲附和。」[65]《國民雜誌》「喚醒無意識之大多數國民。」[66]《蕪湖》分半意識與全意識之覺醒。[67] 某種行為是否「有意識」，也成為一種屈敵人於下風的理論武器。如一九二〇年胡適與蔣夢麟（一八八六—一九六四）批評以罷課作為抗爭武器會養成依賴群眾的惡心理、會養成逃學的惡習慣、會養成「無意識」的行為的惡習慣。[68]

在道德方面，此處我只舉俞平伯（一九〇〇—一九九〇）〈我的道德談〉中的話為例，他說：

> 人類所以要講道德，必先有個目的。這目的就是人生的幸福，但卻不是部分的，暫時的；是全體的，永久的。……人生以幸福為目的，所以道德的作用只是有意識的向善，所謂善者，必須以意識做引導。雖貌似善事，而實無意識可言的，總不在善的範圍之內。[69]

「無意識」地做善事，不在善的範圍，要有意識的、反思過的善行，才在善的範圍中。紀爾茲（Clifford Geertz，一九二六—二〇〇六）說，每個群體不只在政治及經濟上競爭，同時也競爭對於真理、正義、美、道德、事物的本質的定義。[70]這多少可以用來說明當時的情況，凡不符合我所主張之思想者，乃「不完全之人」，乃「無意識的」，乃「自然的」，非「人為的」。譬如葉聖陶在辛亥那一年，譏刺頭上仍然留着辮子的人說「此種人無以名之，只得謂之不完全之人耳。」[71]又如惲代英（一八九五—一九三一）說「情」是無意識的，「欲（志）」是有意識的，[72]也是在作區分，定下優劣之分。這一類例子相當之多，是這形形色色的區分與重新定義，構成了「自我認知的框架」，無處不發揮其作用。

「自然的」生活 v.s.「向上的」生活

一種模糊的「向上」意識充斥在此時青年的文字間，與它對立的是一種「自然的」生活。而所謂「自然的」生活，大致是指一種對由來已久、或普遍肯定的傳統人生道德價值規範的遵從或信仰的態度（至少在根本上並不反對之）。傅斯年常說「向上的生活」，「新民學會」中規定新友入會的三個條件是「（一）純潔。（二）誠懇。（三）向上」。對「毫無向上之要求者」，不再認為會員。[73]毛澤東（一八九三—一九七六）給蕭旭東（一八九四—一九七六）、蔡林彬（一八九五—一九三一）及新民學會在法諸會友的信中也強調會友所必具的品質，第一是「互助互勉」，第二是「誠懇」，第三是「光明」，第四是「向上」。[74]新民學會會員蔡和森（一八九五—一九三一）與向警予（一八九五—一九二八）在法國談戀愛時，合寫一本名為《向上同盟》的小冊子，由這個書名可見「向上」思想對他們的意義。[75]「向上」的思想顯然受進化思想影響。[76]少年中國學會中的人說，加入互助團的人「原亦是向上加盲從而來的。」[77]但是「向上」是向往何處，則又言人人殊，《新時代》說「向上」是「變被動的求學為自動的求學。」[78]《共進》則說「鮮明向上之主義」，是指民主主義。[79]

在思想傳統相對穩定的時代，「人」是一個非常確定的概念，而且從未有人質疑「人」是什麼、「人生」是什麼。儒家的「人」是一個道德的人，性惡派即使認為人生而惡，其善者偽也，但也同意人具有向上的道德本能。在中國思想史上兩句被認為最能體現儒家對「人權」的主張的名言——「天地之性人為貴」及「人為萬物之靈」，這裏的「人」都強調的是道德的人。

經過新文化運動的洗禮之後，青年們顯然不滿意傳統定義的「人」，他們對於「人」是什麼、「人生」是什麼，產生了前所未有的懷疑，而且認為合格的「人」與「人生」是中國人從未達到的，是一種需要努力才可以達到的目標。所以這個時期人們講到「人」時，總是加上「」，或說是「不完全之人」，[80]或是說「人」是大疑問，表示那不是一個我們熟悉的狀態。[81]

他們認為，為道德而生的人生觀脫離了人的生活現實。傅斯年說過去「以為人為道德而生——為聖人制定的道德而生」是大錯的，故他責備說：「他們都不是拿人生解釋人生問題，都是拿『非人生』破壞人生，都是拿個人的幻想，或一時壓迫出來的變態，誤當做人生究竟。」[82]想要成為真正的「人」，就必須拿「人生」看「人生」，過真正的「生活」，那不是現成的，而是一個需要努力才能造成的目標。而「人」或「人生」之究竟，基本上是以西洋作為模範的，所以前面所談到過的傅斯年的那一首詩中，把「人生」當作中國人所無，而西洋人所專有。傅斯年又說：「個人是人類向着『人性』上走的無盡長階上一個石級，只要把這一級的職分盡了，那普遍的價值永不消滅。」[83]這兩段話反映了當時青年內心的一種傾向，即認為向「人」的階梯上有許多級要爬，所以在日常生活中內心隨時要有「向上」的意識，最後真正達到「人性」時，便體現一種普遍永不消滅的價值。當時談各種問題時，是否合乎「人」的標準的問題隨時出現（「人的文學」即是一例）。

我們一路說到這裏，發現當時人相當清楚地主張「人為的」，放棄「自然的」；主張「有意識的」，放棄「無意識的」；主張「向上的」，過「人」的生活，達到真正「人」的境界。但是對於那個目標的內容是什麼，卻各說各話。

在傳統禮法秩序不再具有規範力量的時代，「人」的大疑問使得「生活」究竟是什麼這個最簡單的問題，成了最大的苦惱，「人」成為等待某些新東西填充的容器。這種心理特質造成一種莫大的驅動力，使人們尋找新的「大經大法」，它與一九二〇年代的政治革命及主義狂熱形成了一種「選擇的親和性」（elective affinity）。

稍為歸納前面的討論，可以發現從新文化運動到一九二〇年代，「人」、人為的、有意識的、向上的，是一種完善的「自我」的共同義，但是它們所指向的目標卻隨着理想之不同而分裂，它們可以約略分成兩期。前期由「人」到「人」，主要是指人生的、文學的、藝術的、哲學的、道德的、風俗，以從舊社會與舊禮教解放為主；第二期是政治的、社會的、主義的。兩者當然不能截然二分，而且常常雜糅在一起、出現在同時期一個人身上。兩期之間比較合適的劃分，大概以五四前後為界，當時政治革命、社會革命逐漸取代文學、倫理，成為青年追求的新目標。

此時人們認為一個完整的新「人」是能堅確服膺一種主義的，是能過一種嚴肅紀律的組織生活以從事革命事業，是能「向上」追求光明世界、建立黃金社會的人。「向上」青年與「進步」青年逐漸成為同義詞。以下我將引幾條資料說明之。

以陳範予為例，在日記中表示應該提倡新道德，要改單方面的為雙方面的道德。他說：「總是舊道德是雙方面的，新道德是改單方面為雙方面的分別」。要抱持「公益公法」，要講勇敢，要講自存、自信、自決。同時要能追求「光明」，建立黃金世界。要從事「光明的事業」，「我們今已覺悟決向光明路上走，做一個二十世紀的人，做新思潮的人」，「講的是今後中國的光明」。陳範予又說「要有組織，才有紀律，才可做事。」[84]

「人」是要有信仰、有主義。傅斯年說：「沒主義的不是人，因為人總應有主義的，只有石頭，土塊，草，木，禽獸，半野獸的野蠻人，是沒靈性，因而沒主義的。」[85]又說「見理不明，因而沒主義可說；志行薄弱，因而沒宗派可指」，即使是談俄國文學之大放異采，談當時中國的文學革命，傅斯年都以是否有「主義」，決定其是否能成功。[86]不過傅斯年當時所講的主義未必即是俄國的主義。

在那極度光明的未來、那個無限美善的新社會，與青年們無限渴切的「向上」的意願之間，缺乏一座橋樑，或是一個可以到達的路徑。新文化運動掏空了傳統，創造了一個極度興奮緊張的心理結構，卻沒有確切地告訴人們下一步應該怎麼走。未來是一個太過開放而令人有些苦惱的問題，於是人們渴望抱住一些確定的東西，如果有一種「主義」能說服人們，成為引路標，青年們常常就要跟着前進，尤其是如果這種主義不但應許一個理想、一個未來，還有整套具體可行的辦法達到那個光明的新社會，就更好了。一九二〇年十一月，毛澤東給羅璈階（一八九六—一九九五）的信上說中國壞空氣太深太厚，要造成一種有力的新空氣，「我想這種空氣，固然要有一班刻苦勵志的『人』，尤其要有一種為大家共同信守的『主義』。」[87]「人」應該信守什麼「主義」呢？一九二〇年十一月七、八兩日，連着有陳望道（一八九一—一九七七）在《民國日報》的《覺悟》副刊上及邵力子（一八八二—一九六七）在同一副刊上的兩篇文章，反駁張東蓀（一八八六—一九七三）、舒新城（一八九三—一九六〇）主張的資本主義救國。陳、邵認為應該選的是另一種主義。邵力子說：「而要使中國人得着『人的生活』，一定非先有一種主義不可。」[88]而且一定要在社會主義下才能使人們得着「人的生活」，「人的生活」應兼顧精神及物質兩方面，而只有社會主義才能，資本主義下的社會是罪惡的淵藪。在一九二〇年代，由「人」到擁抱「社會主義」這樣一條思路更為清楚。以《柔石日記》為例，一九二八年十二月，他寫着「中國人素來沒有信仰」，「中國革命之失敗，就在這一點」。然後可以看到他由早先所信持的個人主義、人道主義漸漸轉向真正的「主義」，也就是「社會主義」「共產主義」。[89]

值得注意的是，這種看似對當時中國「人」的狀態的極端不滿意，這種在內心中區分出兩種截然劃分的境界，這種將「人」定義為無限可能，當往上一階一階爬到最後真正達到「人性」時，可以實踐「普遍而永不消滅」的真理的心態，加上張灝先生所說的儒家思想中原有的「人極意識」的影響，塑造出一種「人的神話」。一方面是對自己的現狀極端鄙夷不滿；另一方面是認為真正的「人」的狀態不只我們所能想到的這些，我們所熟悉的，只是人的初級狀態，而真正好的狀態是無限開放的，永遠不能知道其極限的境界。這種心理結構建構了一個無限龐大的未來神話。未來理想的世界是「人為的」，是靠人的理智建構出來的，人的理智有多高，所建的世界就可以有多高，所以一方面是極端賤視自己所處的社會為骯髒、墮落，另一方面極力歌頌未來、人為構作的「黃金世界」。[90]

在人為的、有意識的、向上的等心理特質之下，對於社會、生活及政治制度的構思，一方面是認為從亙古以來所遺留下來的，或是當時之現狀，是屬於「自然而然的」，是不好的；另一方面是認為好的必定是人為的，必然是「理性」有意識地構作而成的新社會。[91]「造」字成為很常見的字眼：

> 脫離了舊社會的範圍，另向山林高曠的地方，組織一個真自由真平等的團體，……造成一個組織完美的新社會。[92]
>
> 生在現代的青年，……要創造一種新生活。[93]

瞿秋白說中國「無社會」，故要人為地、有意識地去造成種種新的社會組織。毛澤東早年文稿中不斷提到「為有意識的有組織的活動」以便「造一種湖南文明於湖南領域以內」，「暫時只有努力造邦」，「政治改良一途，可謂絕無希望。吾人惟有不理一切，另闢道路，另造環境一法。」[94]從「造」湖南國，到最後「造」新人，「造」新中國。

前面提到過，梁啟超在《新民說》中提到「人為的」時，是指要去掉「皇朝」，構建「國家」。過了十幾年，新文化運動一代想「人為的」構作的，卻是去掉梁啟超式的「國家」，改為造一種理想的新社會。這種新社會的輪廓不是很穩定，一開始是各地的新村，後來當新村紛紛以失敗收場之後，則自信滿滿地轉向「造」一個全國或全人類的新社會：

> 只希望廣東成為世界上一個模範的「新國」。[95]
> 洗出一個嶄新光明的互助的世界。[96]
> 將來有一個新社會實現。[97]
> 組織一個世界大新村。[98]

而且要很快地達到把整個的世界在最短的時間，徹底地重新造過。

結論

以上的討論大約涵蓋了一九〇〇年以迄一九二〇年代主義崛起的時代。在文章一開始時我便提到在這一段時期中，「新民」與「新人」是兩個明顯可辨識的階段，在這兩個階段中，人的自我完善的傳統方式發生了深刻的變化。

在第一個階段，一個「新民」的自我完善方式，是逐漸趨向二元化的，他一方面是胡適所提到的公德、勇敢、冒險、進取、毅力……但是同時我們也看到梁啟超大量地援用宋明理學中的修身觀念，而且在發表《新民説》的後期，梁啟超又重新拾回「私德」的部分，認為它們也是一個現代國民所不可缺的。但是聖賢君子的人格理想淡薄了，一切都是為了「國家」，為了培養現代的「國民」、「公民」。劉師培的《倫理教科書》，內容雖然與梁啟超的《新民説》有所不同，但是我們也同樣看到自我完善的傳統方式讓位給一種「修身」與「理想」逐漸二元化的傾向。

在「新人」的階段，我們看到幾種微妙的變化。在構思「自我」時，人們實際上不可能完全擺脱傳統的修身觀念，但至少在言説的層面，則它們已經悄悄地讓位給一些新的內容，「有意識的」、「人為的」、「向上的」，成為自我完善的過程中常見的觀念。單個的、不受各種規範約束的「人」，而不是一切以「國家」為歸宿的「民」，成為「自我」的理想狀態。怎樣定義完全的「人」，誰來定義完全的「人」，充滿着游疑性、複雜性。受英美自由民主思想洗禮的「人」，崇尚「各盡所能，各取所需」，人人絕對自由、絕對平等的「人」等不一而足。從「新民」到「新人」之間，經歷了一種由偏重群體（國家）到偏重個體的轉變。在一九二〇年代大革命時期，理想的「新人」又轉變為以「組織」、「團體紀律」為依歸，其中有一個主要的發展線索：經過新文化運動及社會主義思潮的洗禮，使得「理想青年」、「進步青年」傾向追求一個個體得以充分解放而又平等的「新社會」（不管是「各盡所能，各取所需」、勞心者與勞力者平等，或社會分配平均），他們嘗試過無政府主義的道路，譬如建立帶有烏托邦色彩的各種新村，卻都很快地發現這些道路走不通；於是其中許多人轉向「主義・黨・軍隊」三位一體的所謂「新型力量」，希望靠組織、紀律的力量來達到建立「新社會」的理想，一旦這個理想的新社會建立了，每個「新人」都可以得到自由、平等的新生活。在這樣一個曲折、但卻又符合邏輯性的發展過程中，新「人」走向一種更強的集體性，人們往往認為能擁抱「主義」、能過嚴格紀律的團體生活者，才是完全的「人」。向上的、進步的青年，每每以能有主義、能服從紀律、能為改造社會的理想而奉獻，作為「自我完善」的最高目標。

註釋

1 不過，這裏必須強調一點：本文中所討論的種種有關「自我」的新特質，並未發生在所有人身上，即使是當時的新派人物，也不一定都有相似的特質。在最初它可能只是少數人的觀念，後來慢慢成為轉動時代的核心思想，並逐步擴散其影響。

2 Hao Chang, "The New Citizen and Private Morality," in *Liang Ch'i-ch'ao and Intellectual Transition in China, 1890–1907* (Cambridge, Mass.: Harvard University Press, 1971), pp. 272–295.

3 張灝，〈中國近代思想史的轉型時代〉，《時代的探索》（台北：聯經出版，2004），頁 37–60。

4 張灝，〈轉型時代在中國近代思想史與文化史上的重要性〉，《張灝自選集》（上海：上海教育出版社，2002），頁 115–116。

5 參考胡適，《四十自述》，收入季羨林主編，《胡適全集》（合肥：安徽教育出版社，2003），第 18 卷。此外，「新民學會」的名字即是一例。

6 注意到「新民」與「新人」的學者，如劉再復，〈百年來中國三大意識的覺醒及今日的課題〉，《歷史月刊》，第 110 期（1997 年 3 月），頁 78–89；袁洪亮，《中國近代人學思想史》（北京：人民出版社，2006）。

7 梁啟超，《新民說》（台北：台灣中華書局，1972），頁 2。

8 吳蒙，《學究新談》，收入王孝廉等編輯，《晚清小說大系》（台北：廣雅出版有限公司，1984），第 19 卷，第 6 回，頁 46；第 7 回，頁 74。

9 胡適，《四十自述》，頁 61。

10 梁啟超在「新民說」的時代，仍非常痛恨漢學，傾向理學。

11 梁啟超，《新民說》，頁 142、53、46。

12 同上，頁 60。

13 同上，頁 26。

14 參考我的〈中國近代思想中的傳統因素：兼論思想的本質與思想的功能〉，《學人》，第 12 期（1997），頁 1–28。

15 梁啟超說：「其最初一念之愛國心，無不為絕對的純潔的，此盡人所同也。」梁啟超，《新民說》，頁 138。

16 梁啟超，《新民說》，頁 132。

17 劉師培，《倫理教科書》，收入《劉申叔先生遺書》（台北：京華書局，1970），第 4 冊，頁 2338。

18 劉師培《倫理教科書》隨處提出這類看法，如頁 2310、2314、2329、2336、2337。

19 劉師培，《倫理教科書》，頁 2349、2323、2336–2337、2341、2332。

20 同上，頁 2320。

21 同上，頁 2327、2336、2349。

22 關於「國家」與「世界」，參考羅志田，〈理想與現實：清季民初世界主義與民族主義的關聯互動〉，《近代讀書人的思想世界與治學取向》（北京：北京大學出版社，2009），頁 55–103。

23 《新青年》，第 1 卷第 4 號（1915 年 12 月），頁 1–8。

24 陳獨秀，〈偶像破壞論〉，收入任建樹等編，《陳獨秀著作選》（上海：上海人民出版社，1993），第1卷，頁392。

25 傅孟真先生遺著編輯委員會編，《傅斯年全集》（台北：聯經出版，1980），第4冊，總頁1209。

26 〈毛澤東給蕭旭東蔡林彬并在法諸會友〉，中國革命博物館、湖南省博物館編，《新民學會資料》（北京：人民出版社，1980），頁146。袁洪亮前引書中列舉了一些這方面的資料，請參考。

27 趙帝江、姚錫佩編，《柔石日記》（太原：山西教育出版社，1998），頁104。

28 如他在〈白話文學與心理的改革〉中說：「我們與其說中國人缺乏『人』的思想，不如說他缺乏『人』的感情；我們與其說俄國近代文學中富有『人』的思想，不如說他富有『人』的感情。」傅孟真先生遺著編輯委員會編，《傅斯年全集》，第4冊，總頁1183。

29 中共中央馬克思恩格斯列寧斯大林著作編譯局研究室編，《五四時期期刊介紹》（北京：三聯書店，1979），第2集，上冊，頁442。

30 分見張允侯等著，《五四時期的社團》（北京：三聯書店，1979），第2冊，頁313、302–303。

31 中共中央馬克思恩格斯列寧斯大林著作編譯局研究室編，《五四時期期刊介紹》，第2集，上冊，頁409。

32 如韓愈的〈原人〉、宗密的〈原人論〉、顏元的〈存人編〉。

33 袁洪亮，《中國近代人學思想史》，第五章。

34 分見赫胥黎著，嚴復譯，《天演論》（台北：台灣商務印書館，1977），〈導言一：察變〉，頁3；〈導言五：互爭〉，頁16。

35 分見赫胥黎著，嚴復譯，《天演論》，〈導言六：人擇〉，頁16–17；〈導言五：互爭〉，頁15；〈導言十七：進化〉，頁48。

36 李大釗，〈東西文明根本之異點〉，朱文通等整理編輯，《李大釗全集》（石家莊：河北教育出版社，1999），第3卷，頁40。

37 李大釗，〈美與高〉，朱文通等整理編輯，《李大釗全集》，第2卷，頁611。

38 李大釗，〈東西文明根本之異點〉，朱文通等整理編輯，《李大釗全集》，第3卷，頁50。

39 胡適，《中國古代哲學史》（台北：台灣商務印書館，1978），第3冊，頁34–35。

40 瞿秋白，〈自然〉，《赤都心史》，收入《民國叢書》第5編（上海：上海書店出版社，1996），第80冊，頁123–124。

41 杜亞泉，〈靜的文明與動的文明〉，許紀霖、田建業編，《杜亞泉文存》（上海：上海教育出版社，2003），頁339。

42 同上，頁338–344。

43 胡漢民，〈呂邦的《群眾心理》〉，收入蔡尚思主編，《中國現代思想史資料簡編》（杭州：浙江人民出版社，1982），第1卷，頁564–570。

44 朱謙之，《一個唯情論者的宇宙觀及人生觀》，收入《民國叢書》第一編（上海：上海書店出版社，1989），第3冊，第九講「政治理想」，頁141–142、145–146。

45 原刊於《新潮》，第2卷第3號（1920年2月），後收入傅孟真先生遺著編輯委員會編，《傅斯年全集》，第7冊，總頁2569–2572。

46 黃遠庸，《遠生遺著》（北京：商務印書館，1984），卷1，頁156。

47 Lydia H. Liu, *Translingual Practice: Literature, National Culture, and Translated Modernity—China, 1900–1937* (Stanford, CA: Stanford University Press, 1995), p. 310.

48 傅斯年，〈心理分析導引〉，傅孟真先生遺著編輯委員會編，《傅斯年全集》，第 4 冊，總頁 1260–1300。

49 如 1920 年 9 月《新潮》第 2 卷第 5 號汪敬熙的〈心理學之最近的趨勢〉一文，頁 889–902。此處用的是台北東方文化書局 1972 年景印本。

50 汪敬熙〈心理學之最近的趨勢〉上說：「總之，心理學之最近的趨勢有二：一則漸漸懷疑專於研究意識之不當，而傾向以行為為研究對象之勢，日益顯著。」《新潮》，第 2 卷第 5 號（1920 年 9 月），頁 893。至於當時有關佛洛依德無意識之說，參傅斯年，〈心理分析導引〉，傅孟真先生遺著編輯委員會編，《傅斯年全集》，第 4 冊，總頁 1260–1300。同時參考了林基成，〈弗洛伊德學說在中國的傳播：1914–1925〉，《二十一世紀》，1991 年第 4 期，頁 20–31。

51 黃遠庸，〈鑄黨論〉，《遠生遺著》，卷 2，頁 94。

52 葉聖陶著，樂齊編，《葉聖陶日記》（太原：山西教育出版社，1997），頁 25。

53 顧誠吾（顧頡剛），〈對於舊家庭的感想〉，《新潮》，第 1 卷第 2 號（1919 年 2 月），頁 158。

54 陳範予著，坂井洋史整理，《陳範予日記》（上海：學林出版社，1997），頁 238–239。

55 梁啟超，《新民說》，頁 60。

56 陳獨秀，〈俄羅斯革命與我國民之覺悟〉，收入任建樹等編，《陳獨秀著作選》，第 1 卷，頁 287。

57 傅斯年，〈戲劇改良各面觀〉，傅孟真先生遺著編輯委員會編，《傅斯年全集》，第 4 冊，總頁 1085。

58 同上，總頁 1087。

59 胡適，〈五十年來中國之文學〉，季羨林主編，《胡適全集》，第 2 卷，頁 262。

60 胡適，〈白話文學史・引子〉，季羨林主編，《胡適全集》，第 11 卷，頁 219。

61 胡適説：「這五十年的白話小説史仍舊與一千年來的白話文學有同樣的一個大缺點：白話的採用，仍舊是無意的，隨便的，並不是有意的。民國六年以來的『文學革命』便是一種有意的主張……譬如乾隆以來的各處匪亂，多少總帶着一點『排滿』的意味，但多是無意識的衝動，不能叫做有主張的革命。」胡適，〈五十年來中國之文學〉，季羨林主編，《胡適全集》，第 2 卷，頁 262。

62 胡適，〈海上花列傳序〉，《胡適文存》第三集，季羨林主編，《胡適全集》，第 3 卷，頁 523。「然而國語還不曾得全國的公認，國語的文學也還不曾得大家的公認：這是因為什麼緣故呢？這裏面有兩個大原因：一是科舉沒有廢止，一是沒有一種有意的國語主張。」胡適，〈五十年來中國之文學〉，季羨林主編，《胡適全集》，第 2 卷，頁 328。

63 胡適，〈新生活〉，《胡適文存》第一集，季羨林主編，《胡適全集》，第 1 卷，頁 688–689。

64 胡適，〈我對於喪禮的改革〉，《胡適文存》第一集，季羨林主編，《胡適全集》，第 1 卷，頁 683–684。

65 胡適，〈本誌宣言〉，《新青年》，第 7 卷第 1 號（1919 年 12 月），頁 4。

66 張允侯等著，《五四時期的社團》，第 2 冊，頁 24。

67 中共中央馬克思恩格斯列寧斯大林著作編譯局研究室編，《五四時期期刊介紹》，第2集，上冊，頁481。

68 胡適、蔣夢麟，〈我們對於學生的希望〉，《孟鄰文存》（台北：正中書局，1954），頁223。

69 《新潮》，第1卷第5號（1919年5月），總頁886。

70 Clifford Geertz, "The Politics of Meaning," in *The Interpretation of Cultures* (New York, NY: Basic Books, 1973), p. 316.

71 葉聖陶著，樂齊編，《葉聖陶日記》，頁57。

72 中央檔案館等編，《惲代英日記》（北京：中共中央黨校出版社，1981），頁80–81。

73 〈新民學會會務報告〉第2號，收入中國革命博物館、湖南省博物館編，《新民學會資料》，頁20。

74 中國革命博物館、湖南省博物館編，《新民學會資料》，頁151。

75 蕭瑜，《毛澤東前傳及毛澤東行乞秘辛》（台北：李白出版社，1989），頁83。本書原書名 *Mao Tse-Tung and I were Beggars* (Syracuse, NY: Syracuse University Press, 1959)，然中文書名各家不一；此處權以台北的李白出版社1989年版之書名為準。

76 凌霜在〈本志宣言〉說：「證明物種的向上進化。」張允侯等著，《五四時期的社團》，第4冊，頁184。

77 中共中央馬克思恩格斯列寧斯大林著作編譯局研究室編，《五四時期期刊介紹》，第1集，上冊，頁246。

78 同上，第2集，上冊，頁33。

79 同上，第2集，下冊，頁505。

80 葉聖陶著，樂齊編，《葉聖陶日記》，頁57。

81 趙帝江、姚錫佩編，《柔石日記》，頁62、71。如傅斯年，〈白話文學與心理的改革〉，傅孟真先生遺著編輯委員會編，《傅斯年全集》，第4冊，總頁1183。

82 傅斯年，〈人生問題發端〉，傅孟真先生遺著編輯委員會編，《傅斯年全集》，第4冊，總頁1245。

83 傅斯年，〈隨感錄〉，傅孟真先生遺著編輯委員會編，《傅斯年全集》，第4冊，總頁1189。

84 分見陳範予著，坂井洋史整理，《陳範予日記》，頁153、52、77、84、173、178、201、188。此處需加説明的是，本文引用《陳範予日記》一書所刊之「總是舊道德是雙方面的」一語（該書頁153），其所謂「雙方面的」一詞，疑有誤（應為「單方面的」）。

85 傅斯年，〈心氣薄弱之中國人〉，傅孟真先生遺著編輯委員會編，《傅斯年全集》，第5冊，總頁1574。

86 傅斯年，〈白話文學與心理的改革〉，傅孟真先生遺著編輯委員會編，《傅斯年全集》，第4冊，總頁1179、1181–1182。

87 毛澤東，〈致羅璈階信〉，中共中央文獻研究室等編，《毛澤東早期文稿：1912.6–1920.11》（長沙：湖南出版社，1990），頁554。

88 邵力子，〈再評東蓀君的「又一教訓」〉，傅學文編，《邵力子文集》（北京：中華書局，1985），頁438。

89 姚錫佩，〈前言〉，趙帝江、姚錫佩編，《柔石日記》，頁7。

90 如葉聖陶講「決非黃金世界吾人神聖自由之權利也」，見葉聖陶著，樂齊編，《葉聖陶日記》，頁12。

91 但那樣的理想的社會機構究竟是什麼，仍是言人人殊的，離現實社會的遠近，也是各有不同。其中有兩個現象，一是即使要肯認現在的社會與制度，也是要有意識地反思過的；另一種是，即使要採看來最自然的無政府狀態，也需要是經過人為的努力才可能達成。

92 中共中央馬克思恩格斯列寧斯大林著作編譯局研究室編，《五四時期期刊介紹》，第1集，上冊，頁243。

93 張允侯等著，《五四時期的社團》，第2冊，頁342。

94 分見毛澤東〈致陶毅信〉、〈湖南改造促成會覆曾毅書〉、〈「全自治」與「半自治」〉、〈致向警予信〉，中共中央文獻研究室等編，《毛澤東早期文稿：1912.6–1920.11》，頁466、488、526、548。

95 陳獨秀〈答皆平〉一文所附皆平寄給陳獨秀的書信，收入陳獨秀，《獨秀文存》（合肥：安徽人民出版社，1987），頁822。

96 李大釗，〈階級競爭與互助〉，朱文通等整理編輯，《李大釗全集》，第3卷，頁287。此處嚮往一個道德社會。

97 王光祈，〈工讀互助團〉，蔡尚思主編，《中國現代思想史資料簡編》，第1卷，頁460。

98 瞿秋白，〈讀《美利堅之宗教新村運動》〉，《瞿秋白文集》（北京：人民出版社，1987），「政治理論編」，第1卷，頁59。

第四章

中國近代思想中的「未來」

前言

「未來」是一個重大的問題，它包含的子題很多：「未來」會是什麼樣子？如何達到「未來」？是誰的「未來」？是誰決定「未來」應該怎樣？是誰決定要用什麼樣的方式達到「未來」？在「現在」、「過去」、「未來」三際之中，「未來」的分量如何？它只是「過去」、「現在」、「未來」這「三際」中共通的一際，或是它成為壓倒性的、唯一最重要的時間？另外，「未來」究竟是邈遠難知，因而可以置而不論，還是「未來」是能知的，甚至是「已知」的？以上問題不只牽涉到現實、政治、人生，也牽涉到學術等許多方面。

既然「未來」是個包羅廣大的問題，本文不能不對討論的範圍有所限制。在本文中我想要談的不是近代中國對「未來」想像之內容如何，而是從一九〇〇年至一九三〇年左右，短短二、三十年間，新派人物的時間意識及其連帶的對未來世界的想像與計劃的巨大變化——「未來」成為一個無以名之的巨大力量，並且儘量將討論侷限化，侷限在三種與「未來」有關的議題。

第一，「未來」如何浮現成為一個極重要的觀念，「未來」如何成為正面的、樂觀的想像，以及「未來」的內容如何成為無限開放，而且成為隨不同個人或團體擬議的東西。因為「未來」意識的不斷膨脹，使得人們自古以來習以為常的「過去」、「現在」、「未來」三種時間概念的份量發生了重大的變化。第二，探討一種特殊的時間意識及其對未來世界的想像與規劃是如何產生的？這種時間意識與想像隱然認為「未來」為可知的、或甚至是已知的，[1]「過去」反而是未定的、或未知的，並以未來完成式出發去思考生活或思考歷史。第三，上面兩者互相加乘，對近代中國許多層面、尤其是日常的生活與抉擇產生了重大而無所不在的影響。

這是一個「過去」與「未來」的分量急遽調整的時代。至少在有意識的層面中，「過去」的份量變得愈來愈無足輕重，而「未來」愈來愈佔有極大份量，使得這個時代的思考、決定、行動的方式也莫不染上這個色彩。

一、近代思想中的「未來」

「未來」這個觀念在中國古代雖不罕見，但傳統概念中最常使用的詞彙是「來者」，有時候則用「將來」。「來者」、「將來」與「未來」的意思並不相同，意味着三種不同距離的「未來」。「來者」是近而可見的，「將來」是將會來者、或將要來者，「未來」則指離得更遠、更不確定的未來。[2]

傳統概念中「未來」與「現在」的距離很遠，有時候甚至帶有預測性，如「預度未來」、「卜占可以知未來」；有時與圖讖有關，如說「圖讖能知能觀未來」；有時是宗教性的，如佛教「三際」中的「未來際」，還有禪宗的「如何識未來生未來世」，指的是下一世的事情；或者說「未來佛」，指的是下一個階段，不知多少年以後的佛。從中央研究院的漢籍電子文獻資料庫中可以看出「將來」遠多於「未來」，[3]而且不像我們今天常三句話不離「未來」。

引發我覺得要好好思考「未來」這個問題的緣由，是因為發現晚清、民國以來，好像偉大的人物都在推銷或買賣對「未來」的想像。台北國立政治大學有個網站的名稱是「未來事件交易所」，[4]我一直對他們做的工作感到好奇——沒有發生的事情為什麼可以交易？這不就是晚清以來偉大人物在推銷或買賣的概念嗎？在傳統概念中，未來才會存在的東西似乎不大可能有交易價值。隨便翻翻古往今來的史書，都絕對不會像現代人那樣處理「未來」，即便談到未來，也是比較想回到「黃金古代」的想法。但晚清以來的「未來」很不一樣，而且愈不一樣愈好，愈不一樣愈吸引人。像康有為（一八五八—一九二七）《大同書》裏講的「未來」，是所有星球都可以按電鈕投票，所有星球可以選一個共同執行委員會之類的想像——這個「未來」離古書太遠、太遠了。由於過去的歷史與現代的世界相似性太少了，所以許多人宣稱歷史不再有教訓（雖然在現實生活中，人們仍然是從過去中推導未來）。過去是通過「歷史」尋找合法性，現在往往是通過「未來」獲得合法性。康有為的《大同書》也許比較極端，但近代許許多多的概念和想像都帶有沉厚的「未來」性，在現實上產生了極大的影響。令人不禁要問，在過去百年，究竟是什麼促成了新的「未來」觀如此暢行？

描述過近代中國的新未來觀後，在此想簡單地先回顧一下新未來觀形成的幾個因素。一、西方知識的大量引入，近代西方重視未來的思想文化大幅移植到中國。二、進化論思想引導人們想像美好的時代是「未來」，而不是「黃金古代」。[5] 三、以「未來」為尊的新型烏托邦思想的引入。傳統的烏托邦理想往往以上古三代為依託，新型式的烏托邦則大抵是依託於未來。當時從西方傳入的一些帶有烏托邦色彩的文學作品，如《萬國公報》自一八九一年起刊載的〈百年一覺〉這篇烏托邦小說產生了不小的影響，[6] 這些帶有烏托邦色彩的文學作品，展示了一個與傳統中國非常不一樣的「未來」想像。四、在近代中國，「未來」常代表極度樂觀、有光、有熱，有主觀能動性，甚至帶有強烈烏托邦的色彩。「未來」往往與變革或革命連在一起，成為變革中一支有利的武器。任何人只要掌握「未來」，就可以有極大的力量。辛亥革命的成功便是最好的例子，它使得歷史跟現在、未來有了完全不同的關係。顧頡剛（一八九三—一九八〇）說：「辛亥革命後，意氣更高漲，以為天下無難事，最美善的境界只要有人去提倡就立刻會得實現」，即是一證。[7]「未來」變成是一蹴可幾的，而且在現世中就可以達到。不論是戊戌變法或辛亥革命都極大幅度地引進全新的事物，並且帶來無限的可能性，使得現在與未來變得和過去完全不再相似，並以新的、不相似的為正面價值。所以它們不但帶來一個新的「未來」，也因為人們對過去想像的丕變，帶來一個新的過去。必須注意的是，並非所有人都嚮往新的「未來」，事實上許多人在這個問題上雖然轉步，卻仍未移身，他們不一定都嚮往過去，他們也可能重視未來，但不一定都嚮往如此嶄新的、陌生的「未來」。因而，新型「未來」的出現造成兩種文化，一種是比較嚮往美好的「過去」，一種是嚮往美好的「未來」。這兩者往往成為分裂的派系，文化上如此，政治上亦如此。

這一時期的思想家可以非常粗略地分成兩大類，一類面向過去，一類面向未來。晚清以前，世亂非常厲害的時候，人們往往會想回到更美好、更良善、更道德、更淳樸的古代，道光咸豐年間的許多思想文獻中，便有這個特色。當然像龔自珍（一七九二—

一八四一）、魏源（一七九四－一八五六）等人是嚮往未來的，但他們所想像的未來，不是一個與傳統完全不一樣的未來。晚清以後，思想家的世界中，不可知的事物變得更有力量，不可知的「未來」漸漸壓倒了已知，與現實離得愈遠的「未來」吸引力愈大。

如果以光譜上的深淺濃淡作區別，那麼在三民主義陣營中，也有基本上比較面向「過去」與比較面向「未來」兩種類型的區分。戴季陶（一八九一－一九四九）的《三民主義之哲學的基礎》顯然是比較面向過去，而周佛海（一八九七－一九四八）的《三民主義之理論的體系》則是偏向未來理想的構建。相比之下，國民黨的文宣大將葉楚傖（一八八七－一九四六）在新文化運動之後，仍然堅稱中國古代是由黃金美德所構成的，胡適（一八九一－一九六二）在〈新文化運動與國民黨〉中便特地提出葉氏的觀點作為攻擊批評的靶子。[8]

以政治領袖來說，也有比較面向新「未來」，和比較不面向新「未來」兩種類型。前者的例子是毛澤東（一八九三－一九七六），後者的例子是蔣介石（一八八七－一九七五）。蔣介石好談四維八德、好談道統、好談中國古代聖賢的美德；而毛澤東則是破除傳統、不斷以未來社會主義的前景來說服同志與人民。蔣介石、毛澤東提到傳統與未來的頻率，也是截然大別的。他們所讀的書也各有代表性。蔣介石好讀哲學書，尤其是宋明理學及先秦諸子。他說自己讀明朝胡居仁（一四三四—一四八四）的《居業錄》「不忍釋卷」；讀黑格爾（G. W. F. Hegel，一七七〇—一八三一）、賀麟（一九〇二—一九九二）〈朱熹與黑格爾太極說之比較觀〉及周敦頤（一〇一七—一〇七三）的《太極圖說》，也都表現出很大的興趣。[9] 從蔣介石的《五記》，尤其是《省克記》和《學記》可以看出，蔣介石最根本的想法還是想尋找通向美好過去的途徑，或在有意無意之間揣想着如何把經書裏講的哲理變成現實。毛澤東則是好讀歷史、重視現實，歷史的價值除提供許多可資參考的範例外，辯證唯物論及社會發展史則是了解「未來」、邁向「未來」的指引。嚮往美好的過去和嚮往美好的未來變成兩種非常不同的思想和行動型式，張奚若（一八八九—一九七三）在一九五七年整風運動對毛澤東提出如下評論：「好大喜功，急功近利，鄙視既往，迷信將來」，[10]「迷信將來」四字極為傳神地提點出毛澤東的思想特質。

二、歷史書寫與新「未來」觀

「未來」變得重要，與「未來」變成是可知的或已知的是兩回事，後者是比較令人詫異的，我想在這裏從歷史書寫的角度，試着為這種新「未來」觀提出一些解釋。

近世西方因為革命及各種重大的社會變動，使得過去的歷史與當代社會之間的相似性愈來愈少，故過去那種提供相似的古代範例作為現代人的歷史教訓的方式漸失效用。[11]此一情形也發生在近代中國，經過晚清以來的歷史巨變，過去與現在變得愈來愈不相似，而範例式史學也變得不像過去吃香了。另一方面，晚清民初流行的幾種新史學，所帶出來的新時間觀與傳統史學有所不同，也使得歷史與未來的關係，以及「未來」的性質產生重大的改變。這些史學帶有尋找並建立公例、律則、規律的特色。它們表現為兩種形式，一種是認為歷史中可以找到規律，一種是以律則或類似律則的方式在寫歷史。

這些律則式的史學使得史學與新的「未來」之間產生了密不可分的關係，新的「未來」觀便從它們的字裏行間浮現出來，到處發生影響，使得人們日用而不自知，尤其是使得新一代的歷史著作中「未來」的意識變得很濃厚。過去士人之間流通最廣的是《綱鑒易知錄》之類的史書，這些書絕對不會告訴人們未來是可知的，只有圖讖、占卜才能預測未來，史學不行。可是現代史學中的律則派卻發展出以前史書所沒有的功能，它不再只是以範例或歷史的趨勢來提供歷史鑒戒，而是信誓旦旦地主張從歷史中可以歸納出事物發展的規律，不管是進化論史學或公例史學都是如此。

前面已經提到，晚清幾十年對「公例」、「公理」、「公法」的信仰是非常堅強的，它們認為世界各國都在同一個表尺上面，可以找到共有的發展階段與發展規律，即「公理」、「公例」；並認為歷史的功用不僅在於提供個別事件的鑒戒，更重要的是可以從歷史發展的過程，找到一條又一條的定律，進而推知未來。

「公理」、「公例」、「公法」的崛起是有時代背景的。晚清以來，傳統的「大經大法」日漸廢墮，在求索新的「大經大法」過程中，西方科學定律或真理觀產生了遞補作用，成為新的「大經大法」，而在律則式思維的巨大影響下，興起「公理」、「公例」式的真理觀。這種真理觀的影響真是無遠弗屆，從晚清最後二十幾年開始，一直到五四運動之前，可以說是它們當令的時代。在這一真理觀之下，人們可以從任何現象求得「公理」或「公例」。任何學問中皆有「公例」，如「生計學公例」、「智力學公例」。歷史學也是求公例之學，這種新歷史觀也影響了比較具有保守傾向的史學家，柳詒徵（一八八〇—一九五六）即宣稱史家的任務是「求史事之公律」。[12]

仔細追索「公理」、「公例」、「公法」三個概念的來源並不是本文的目的，不過我們可以比較確定這三個詞彙的使用進程：（一），「公法」一詞起源最早，在一八五〇年代的《六合叢談》中就可以看到「公法」一詞，它通常是用來指自然科學的定律；（二），從一開始，這三個詞彙每每互相混用，大抵皆指自然科學中所發現的律則；（三），後來這三個詞彙逐漸分用，「公法」指國際公法，「公例」指定律，「公理」則指具有普遍性的道理。西方自然科學的龐大威力，使得大自然是有律則的思維，給人們帶來極大的憧憬，而且認為西方的律則可以普遍適用於全世界，正因為西方的即是全人類的，所以它們是「公」的。此時許多人都興奮地找到這個新的「大經大法」，宋育仁（一八五七—一九三一）寫過《經術公理學》[13]這樣洋洋灑灑、發揮儒家道理為人類公理之大書，康有為早期幾部野心極大的書，如《康子內外篇》、《實理公法全書》也都是這思想脈絡下產生的。[14]

「公理」與「公例」固然是自然科學的，但是當時人認為人文社會領域同樣適用。譬如晚清《心學公例》一書，即是講心理學的定律。傳統的「大經大法」是由儒家的經典提供，現在的「大經大法」卻由「公理」、「公例」接手，但兩者之間的性質並不相同。儒家經典提供的「大經大法」是讓人們在它的道理中「涵泳」。或者借用查爾斯・泰勒（Charles Taylor）在《黑格爾與現代社會》（*Hegel and Modern Society*）中的話是一種表現式的（expressive）

真理，[15]而「公理」、「公例」所提供的是律則（law, general law）式的，是將現象歸納、演繹之後所得到的律則式，而且每一件事皆有其「進化之公例」。[16]

綜合言之，「公理」、「公例」式的真理觀常帶有以下特質：一、古今可能是相通的，故並不排除儒家的古典時代的價值，常常主張「經」與「公例」相合。其真理是「律則」式的，不是儒家原來「表現」式的，故與儒「經」原先又有不同。二、此真理觀有許多時候是通貫中、西的，「公理」、「公例」既通於西方，往往也通於中國，但通常是以「西」為主體來評斷「中」，後來則逐漸發展成「中」是「中」、「西」是「西」，它們不再在一個「公理」、「公例」的籠罩之下。三、「公例」可以是科學、人事兼包式的大經大法。四、「公例」觀之影響，可以是激進的理論，也可以是保守的思維，因為動靜、新舊、中外皆宜，所以如此吸引人。五、它是「科學」的，但又不純是「科學」，是一群業餘的自然及人文科學者，而且常常變成人人都可宣稱自己發現了某一「公例」，或自己代表了某一「公例」。這個時候，誰宣稱「公例」？如何宣稱「公例」？「公例」的內容是什麼？像帶有強烈的現實權力意涵。六、「公理」、「公例」與「文明」、「文明史」或其他價值框架相配擬，成為一個向上發展之階梯式目標。

歷史變成是尋求「律則」之學，甚至有人認為能求得「公例」的史學才是「歷史」，否則是「非歷史」。梁啟超（一八七三—一九二九）的《新史學》說：「歷史者，敍述人群進化之現象而求得其公理公例者也」。[17] 西方國家所經驗的歷史階段，雖然東方及其他落後國家尚未發展到達，但依據「公法」、「公例」、「公理」所預定的步驟，現在的西方即是我們的「未來」，所以未來是可知的。

除梁啓超外，我們還可找到許多相近的例子，譬如呂思勉。呂思勉曾說：「史學者，合眾事而觀其會通，以得社會進化之公例者也」，[18] 他是一位在梁啟超的新史學、進化史學、左派史學影響下，但又是比較傳統取向的史家。在他的諸多史學言論中，居然明白地表示「未來」是可知的。未來之所以不可知，是因為沒把過去弄清楚，只要弄清過去，求得「公例」，則「未來」必可知。他說：

> 因為社會雖不是一成不變，而其進化，又有一定的途徑，一定的速率，並不是奔軼絕塵，像氣球般隨風飄蕩，可以落到不知哪兒去的。所謂突變，原非不可知之事，把一壺水放在火爐之上，或者窗户之外，其溫度之漸升漸降，固然可以預知，即其化氣結冰，又何嘗不可預知呢？

然則世事之不可預知，或雖自謂能知，而其所知者悉係誤謬，實由我們對於已往的事，知道得太少，新發展是沒有不根據於舊狀況的。假使我們對於已往的事情，而能夠悉知悉見，那末，我們對於將來的事情，自亦可以十知八九，斷不會像現在一般，茫無所知，手忙腳亂了。……現在史學家的工作，就是要把從前所失去的事情，都補足，所弄錯的事情，都改正。這是何等艱巨的工作？現在史學家的工作，簡言之，是求以往時代的再現。任何一個時代，我們現在對於它的情形，已茫無所知了，我們卻要用種種方法鉤考出這一個時代的社會組織如何，自然環境如何，特殊事件如何，使這一個時代，大略再現於眼前。完全的再現，自然是不可能，可是總要因此而推求出一個社會進化的公例來，以適用之於他處。[19]

他又說：

然則史也者，所以求知過去者也，其求知過去，則正其所以求知現在也。能知過去，即能知現在，不知過去，即必不知現在，其故何也。曰：天地之化，往者過，來者續，無一息之停。過去現在未來，原不過強立之名目。其實世界進化，正如莽莽長流，滔滔不息，才說現在，已成過去，欲覓現在，惟有未來。[20]

從這兩段史論，就可以發現律則化史學，加上「公理」、「公例」觀點如何為當時中國的歷史意識帶來一個新的範式，即從史學所發現的「公例」中，我們可能預知「未來」，只要我們的研究夠精進，「未來」可以是已知的。

即使是在「公例史學」流行的時代，仍有兩種區別，一種認為中國歷史自有其公例，如保守派史家柳詒徵認為史學的新任務便是「求史事之公律」，但所求的是中國歷史自有之「公例」；另一種則是認為大部分或全部的公例是西方的，中國或世界其他各民族都是循這一個普遍的公例前進的。相比之下，前者是極少數，後者才是主流。梁啟超《新民說》中就曾說：「吾請以古今萬國求進步者，獨一無二不可逃避之公例」，[21] 魯迅說：「據說公理只有一個，而且已經被西方拿去，所以我已一無所有」，[22] 即是兩個顯例。革命陣營的《民報》上則往往將「公例」、「公理」的層級定位為不可逃的普遍真理：「如謂不能，是反夫進化之公理也」，[23] 把在「公理」、「公例」的階梯上拾級而上規定為個人或國家的道德義務，既然「公例」像表尺一樣精確，且放諸四海皆準，那麼中國的「未來」不就在這隻表尺上刻劃得清清楚楚的嗎？

十九世紀是一個歷史的世紀，因為歷史思考瀰浸了人文及科學的各個領域。故英國大史家艾克頓（Lord Acton, 一八三四—一九〇二）說：「歷史不僅是一門特殊的學問，並且是其它學問的一種獨特求知模式與方法。」[24] 所以在二十世紀初年的中國，人們總把史學當作能找到新「大經大法」的資具，史學成為一種新「經」。這個角色是與社會學結盟而取得的，譬如史家劉咸炘（一八九六—一九三二）總認為「一縱（史）一橫（社會學）」，正好包括所有人事的縱、橫兩面，[25] 從中所得到的「公例」，事實上即等於六經的「道」。

求得「公例」既然是史學的新任務，當時人所關心的是如何求得這些「公例」。除了傳統的綜觀歷史之大勢外，有的人認為西方的「公例」即是中國歷史的「公例」，所以只需套用西方的觀念、方法即可，有的認為應該運用統計方法。譬如晚清翻譯巴克爾（Henry Buckle, 一八二一—一八六二）的《英國文明史》（*History of Civilization in England*）中，便曾連篇累牘地指出，史學也需像自然科學般可以找出「公例」，而找出公例的辦法是運用統計學。巴克爾運用統計學找出的公例非常多，而且將自然環境、物產、人事，甚至心性結合成一個系統，其中無不可求得公例。[26] 陳黻宸（一八五九—一九一七）的〈獨史〉等文章也大力宣揚統計方法是從歷史中尋得「公例」之重要法門（事實上也就是尋找真理之一種法門），陳黻辰到處宣揚「史」＋「統計」＝「公例」的公式。[27]

「公例」觀使得新派人物宣揚西方式的普遍真理，也讓保守派有一個工具可以拿來與新派人們爭衡，譬如張爾田（一八七四－一九四五），他對胡適等新派人物，一貫存有敵意，卻又想在思想上與之爭衡，於是他不斷地用「歷史公例」來重新說明儒家的本質與歷史，他說：「夫天下無無源之水，亦無無因之文化，使其說而成立也，則是各國文化皆有來源，中國文化獨無來源，一切創築於造偽者之手……即以論理而言，世界各國歷史有如此公例乎？」[28]又，〈與人書二〉中論證孔子為宗教家，[29]最重要的是「最普通之公例，求之景教而合，求之孔教亦無不合」。[30]還有〈與陳石遺先生書〉講到讖諱時說：「某嘗病我國上古神秘太少，而違反世界歷史公例」。[31]「公例史學」使得歷史教訓的方式、真理的性質皆改變了，在這個新真理下，「未來」是可以依「公例」、「比例」而得的。西方文明所經歷的階梯，即宇宙萬國之階梯，所以只要能知道目前中國在西方文明史中的哪一階段，便可以知道「未來」會是如何。另一種與本文所討論的「未來」觀相關的是「文明史觀」。晚清的文明史觀認為不管中西、不管民族都在同一條發展的路上，所以只要把歷史弄清楚，人們就知道這一條定律如何發展。因此那時候人們認為，中國未來某一個階段的文明大概就發展到像當時最進步的西方，所以「未來」是可知的，而且是進步的、樂觀的。

「進化史觀」亦然，當時人認為進化是人類的「公理」，是「自然規則」，而且「進化」的秩序具有階段性，是世界各國共遵的階段——「宇內各國，無不准進化之理」，「世界雖變遷而皆不能出乎公例之外」。[32] 那麼中國的「未來」是可以在這個表尺中很容易找到的，通常就是現在或未來的西方。

不過並不是所有人都有這麼濃厚的「未來」感，此中有非常顯著的光譜濃淡之別，譬如顧頡剛《寶樹園文存》中的文章，常可見到「發展」、「未來的發展」，但是程度不深，而且對「未來」也沒有特定的想像。即使如此，還是有許多人對過度重視「未來」不以為然，或者認為「未來」不應是史學論著的重要關懷，這一點是要特別強調的。

此外，晚清民國各種歷史「階段論」的引入也與本文討論的主題密切相關。從晚清以來各種形式的歷史階段論便相當盛行。從十九世紀前半葉即已出現了一種中西歷史「合和」的潮流，[33] 即合中西歷史為一家式的寫法，事實上就是把中國納入「普遍歷史」之中。我們不能輕看這個潮流的影響，愈到後來「合和」得愈緊、也愈趨公式化，事實上，其中有不少歷史著作已經是以西方歷史駕馭中國歷史，以西方的「過去」與「未來」取代中國之

「過去」與「未來」。首先，蘇格蘭啓蒙運動以來非常流行的階段論，即「漁獵—遊牧—農業—商業」，[34]在近代中國有不少信從者，但它與近現代中國思想卻有不大融洽之處。第一，中國人心中對蘇格蘭啓蒙運動哲學中與四階段論密切相關的推測史學（conjectural history）的背景並無了解。第二，如果不是「黃金古代」的觀念被打破了，四階段論之類的想法也不可能被接受。在「黃金古代」沒落之後，如何解釋從野蠻到文明的變化變得很迫切，四階段論式的思維正好填補了它的空隙。第三，四階段論在學術上頗有影響，但在考慮現實問題時並不特別吸引人，因為在一般人的認知中，它的最高階段「商業社會」並未超出當時中國之狀況，因此對中國人未來的前途不具強烈指示性。

民國初年，孔德（Auguste Comte, 一七九八—一八五七）的三階段論也有一定的地位，當時北京即有孔德學校。孔德的論述是基於人類知識與社會的發展經歷三個階段：神學階段、形上學階段、實證階段。由此孔德認為按照科學發展的序列，就是首先產生作為自然科學基礎的數學，然後用數學方式考察天文，依次會產生天文學、物理學、化學、生物學，最後產生研究人類學問的社會科學（就是社會學）。孔德的第三階段，即「實證階段」，就是以科學取代形而上學的階段，無異於預測這是人類共有的「未來」，這對當時中國思想界產生了一定的影響。一九一九年十二月，蔡元培（一八六八—一九四〇）在「北京孔德學校二周年紀念會演說詞」中強調的即是這一點，他說「我們是取他注重科學精神、研究社會組織的主義，來作我們教育的宗旨」。[35]

隨着嚴復（一八五四—一九二一）所譯《社會通詮》而大為流行的三階段論是：「圖騰—宗法—軍國」，[36] 它不只影響到線性歷史觀的寫作，更重要的是在這個階段論架構中，人類最高的發展階段是「軍國社會」。這也使得當時許多人認為下一個階段的中國必將成為「軍國社會」，所以「未來」是已知的，「現在」的任務是再清楚不過了，那就是加快軍國社會的到來。但在中國真正帶來彌天蓋地影響的是馬克思主義的五階段論，五階段論在學術與現實政治上的影響，比前述的各種階段論不知大過多少。[37]

三、新「歷史哲學」與「未來」

前面提到過，在新未來觀的影響之下，歷史的角色產生了巨變，由研究「過去」變成照應「未來」。Koselleck 說革命解放了一個文化，同時帶動一個「新的過去」（new past），[38] 但此處所說的主要是對歷史寫作的影響。在這裏讓我們回味一下海德格（Martin

Heidegger, 一八八九—一九七六）的說法。海德格提到，「過去」、「現在」、「未來」三種時間時時刻刻都在互為影響、互相建構，人們總是依照想像的（或甚至認為已印證的）「未來」來規劃「現在」並研究「過去」。海德格又說：對於作品的預期性反應，不可避免地會影響哪些內容非被涵蓋，哪些非被排除。或者我們可以認為這與佛經「三世一時」的觀念相近，而在這一時的三世卻以「未來」這一世佔了過於突出的地位。在此前提下，「過去」、「現在」、「未來」之意義與以前不同了。

近代幾種史學影響到這種可知或已知的未來觀的形成，即使有程度輕重的不同，但不可否認地，近代有不少歷史著作似乎有過於明顯的「未來」是已知的色彩。在一九三〇年代，中國史學有兩股重要的新潮流，一支是「歷史主義化」，一支是「歷史哲學化」。前者是盡可能地重建古代歷史真象，並在那個歷史重建的過程中，為新文化的建立找到一些基礎；而左翼史家為主的「歷史哲學化」主要是為了建構「未來」，要在「未來」中尋找解釋過去與現在的一切的基礎，它是歷史的，[39]但也可能是反歷史的，是隱隱然以「未來」為已知，進而形塑對過去歷史的解釋，或者用一個時髦的詞彙說，就是「回憶未來」。[40]

在各種新的「歷史哲學」中最為關鍵的是一九二〇年代後期以來流行的「五階段論」。一九一九年，列寧（Lenin, 一八七〇—一九二四）在《論國家》中介紹了恩格斯的《家庭、私有制和國家的起源》，從「原始公社制」、「奴隸制」、「封建制」、「資本主義制」到「社會主義制」的五階段論，[41] 後來斯大林（Stalin, 一八七八－一九五三）更有具體的表述：「歷史上生產關係有五大類型：原始公社制的、奴隸佔有制的、封建制的、資本主義的、社會主義的」。[42] 在中國方面，范文瀾（一八九三－一九六九）於一九四〇年五月發表〈關於上古歷史階段的商榷〉，即完全接受此一論述：「人類歷史的發展，要經過原始公社、奴隸佔有制度、封建制度、資本主義制度，而後達到社會主義的社會」。[43]

有許多人批評這純粹是「反歷史」的，如沃格林（Eric Voegelin, 一九〇一－一九八五）說的「在二十世紀，歷史作為一種根本的偽造，對異化的生存狀態之實在的偽造」。[44] 不過新的歷史哲學並不像沃格林所說的全是「偽造」，譬如在一九三〇年代的中國，它往往是既吸收了當時最新歷史研究的成果，但又宣稱（或實質上）涵蓋之、凌駕之、修正之，並賦予較高層次的科學規律解釋，因而超脫出歷史主義過度問題取向式的零碎性，賦予歷史大圖景、大時段、大跨度的解釋。

更值得注意的是，有一個重要的時代心態在支撐「歷史哲學」派的生存，這個特殊的時代心態從晚清以來已經逐漸出現：既要承認中國落後於西方，應該吸收、模仿西方，但同時又終要能超越西方的一種複合性的心態。而「歷史哲學」藉着歷史發展規律，使得這三種看來互相矛盾的思維形成一個有機體，它「把構造者及其個人的異化狀態，解釋成所有先前歷史的頂峰」。[45]

社會發展的「五階段論」既把前述三種矛盾結合在一起，而且又為「未來」賦予清晰的圖景。由於相關的史料太多，所以我只徵引比較早的作品。蔡和森（一八九五－一九三一）《社會進化史》〈緒論〉的標題即表明「人類演進之程序」，文中敍說摩爾根（Lewis Henry Morgan, 一八一八－一八八一）對美洲土著考察數十年後，得知從「群」到「國家」的形成是「挨次追溯社會的進化」、「我們所知道的一切歷史時代的各民族莫不經過這樣的幼稚時期」，[46] 其中四個字「莫不經過」尤值注意，既然「莫不經過」，則中國的「未來」即可在五階段的格局下推定而知。在社會發展史的影響下，許多歷史哲學家對胡適等所代表實驗主義史學發表強烈的批判，批判的層面相當廣泛，其中非常重要的一點就是實驗主義史學不談「未來」。翦伯贊說：「（實驗主義）歷史學的任務就是研究這個社會怎樣一點一滴的和平進化到了現在。而且也就只准到『現在』為止，對於歷史之未來的發展傾向，是不許研究的」。[47]

在社會發展史中，「未來」不但是可確知的，而且是確定會實現的，詩人聶紺弩（一九○三－一九八六）說：「總有一天，誰是混蛋就要倒下去的。當然，馬克思主義的勝利，無產階級的勝利，這是不成問題的，這是歷史確定了的」。[48]「未來」是確定的，是可知的，或已知的，「過去」反而是未知的；這種思維變得相當普遍，差別只在於程度的輕重而已。以一九四〇年代的呂思勉為例，他並非左派史家，但受當時史學思潮的影響就曾經說過我們在前面引過的一段話：「新發展是沒有不根據於舊狀況的。假使我們對於已往的事情，而能夠悉知悉見，那末，我們對於將來的事情，自亦可以十知八九。」[49]所以這個時候相當流行的一種的歷史觀念是弄清「過去」，即可以找出定律，如果能掌握發展規律，那麼這條線上的許多點都可以弄清楚，「未來」當然也就在掌握之中。呂思勉又說：「然則史也，所以求知過去者也。其求知過去，則正其所以求知現在也」，[50]「過去」、「現在」、「未來」平擺在一條定律上。如果好好把過去的歷史研究清楚了，「未來」就是可知的。

另一個例證是「中國社會性質論戰」。在這個論戰中，「未來」也是非常清楚的，「過去」反而不清楚了。「未來」就是五階段論中的某一階段，「過去」則決定於如何定義中國傳統社會的性質？這個論戰中的積極主張者們往往從「未來」一定會前往的地方回過頭去解釋中國歷史，提供了不少因確定的「未來」，而大幅影響對過去歷史重建的例子。

不過當時另外有一些歷史學家，像錢穆（一八九五—一九九〇）、柳詒徵、胡適、傅斯年（一八九六—一九五〇），他們在談歷史與未來時，其敍述方式便不是那麼突出。主要原因之一是他們並不服膺或根本反對進化史觀和階段論史觀。但史觀派的信徒越來越廣大，當「未來」是已知時，做事情的方式就不同了，人們不再是那麼瞻前顧後、猶豫不決了，生命的意義也在這裏得到最積極的提升。領導人的任務也變得很清晰，也就是指揮人們向那條路走，因為那條路可到達可知或已知的「未來」。

綜前所述，「未來」還代表了一種對無限樂觀的理性力量（unbounded rationality）的樂觀情緒，想像力有多高、未來就可能有多高，一切由「有限」變「無限」，包括對物質的想像。「未來」是希望的，甚至是判斷是否合乎道德的準則，違反它似乎帶有倫理上的負罪感。人們不應有太多遲疑，應該毫不遲疑地順着這條路往「未來」走，所以這個已知的未來帶有巨大的行為驅動力，政治行動的性質和決策者的思考角度都發生改變，史家與政治家或所有人的任務變得非常清楚。「未來」是已知的，史家或政治家的角色成了「推動者」或「加速者」。

孫俍工（一八九四—一九六二）的小說《前途》，就把「未來」當成一列火車往前開，「現在火車開滿了機器，正向着無限的前途奔放！」、「車上的人或沉默地坐着，或高聲笑談着，或唱着不成調的樂歌：大都是在那裏等候着各人所想像的前途到來」。[51] 劉少奇（一八九八—一九六九）一九三九年在延安馬列學院演講時，也有類似的這麼幾句話：

「馬克思列寧主義整個的理論作了無可懷疑的科學的說明；而且說明那種社會由於人類的階級鬥爭的最後結局，是必然要實現的」，「而我們的責任，就是要推動這一人類歷史上必然要實現的共產主義社會更快的實現」，彷彿在告訴他的群眾們說路都幫你指好了，你就往前衝吧。[52] 這是有史以來第一次在日常生活文化中出現這樣突出的時間感與未來觀，影響所及的不只是政治，而且廣及人們的日常生活世界。

四、「未來」與日常生活行動

對於過度「未來」性的政治思考，錢穆有扼要的觀察：「不知以現在世來宰制未來世，而都求以未來世來改變現在世」。[53] 「未來」不但是已知的，而且如果加以適當地推動，是必然會實現的。政治家的任務便是加快它的實現，而且不向前推動是有道德責任的，恰如《民報》中所說的「如謂不能，是反夫進化之公理也」。或是如同俄國詩人馬雅可夫斯基（Vladimir Mayakovsky，一八九三－一九三〇）的名詩〈把未來揪出來〉：「未來／不會自己送上門來」，我們必須採取些辦法，不管是「共青團」、「少先隊」或「公社」都應該計算好，對準目標，才能把未來揪出來。[54] 而為了到達那個未來，所有人都應服務於這個任務，轉變成「馴服工具」。

「未來」既是已知的，則有一種與「未來」進程親近的、或可導向其實踐的、或適合當時之情境性質的行動，所以不是處於對作了這個決定究竟與整個未來前景會發生什麼作用完全沒有把握的狀態。因為「過去」、「現在」、「未來」如常山之蛇，首動則尾動、尾動則首動，既然「未來」是已知的，那就使得常山之蛇的另一端也要跟着調整，才能說明已知的「未來」的形成。

新的未來觀也成為近代人人生行為的指標，這裏以一個共產黨的小人物馮亦代（一九一三—二〇〇五）為例。馮亦代是章伯鈞（一八九五—一九六九）後期最信任的後輩，常常在章家走動，可是後來人們從馮的日記中發現，不斷向中共黨中央報告舉發章伯鈞的人便是他。馮亦代的例子顯示，按照歷史發展規律，「未來」社會革命一定會成功，所以反推回來，此時應當舉發章伯鈞才是合乎歷史發展規律的方向，所以從馮本人的角度看來，他的報告舉發與他和章伯鈞的私人情誼似乎並不矛盾。[55] 從這個例子，我們可以看到對「歷史發展規律」的信仰，從「未來」完成式出發來作日常生活的抉擇的實況。

社會發展史就好比是一列火車，開向美好的「未來」，作為個人，安心地坐上車跟着往美好「未來」前進，生命的行為與抉擇，應該心安地被「未來」所決定。早在新文化運動之後，這種乘坐火車往「未來」行駛的態度便已非常清楚了。如同前面所引孫俍工小說中所講的，丟掉過去，面向未來的、前途的，只要向着這無限的前途走即可，上了火車就不要多問了。

此外我還想引一九四五年七月的一聯詩。民國年間人李仲騫有詩云「生我不於千載上」，詩人夏承燾（一九〇〇—一九八六）說他要把這一聯詩改一個字——「恨不生於千載下」。[56]「上」是過去、「下」是未來，嚮往「未來」式的人生，上下之別，顯現了傳統與近代對人生態度、對事情的看法、對行動的策略等層面的重大不同。

在一種新的時間感與未來觀之下，人們思維世界的憑藉變了，人們閉眼所想已與前人不同，新「未來」觀廣泛滲入日常生活世界。至少，認為最好情況是在「未來」，而不只是在「黃金古代」這一點，就足以產生重大的影響了。

餘論

晚清以來，從新的歷史哲學或各種歷史律則論、歷史階段論中，浮現出一種非常普遍的意識，認為「未來」是已知的，「過去」反而是未知的，這種「未來」觀迅速滲入各個層面。在這一個新的思想格局中，「歷史」與「未來」關係密切，可信的「未來」是由社會發展史所背書的。「歷史」是「未來」的靠山，歷史成為一種「新宗教」。在社會發展史的框架下，形成了一個「大小總匯」，可以解釋人生宇宙的種種困惑，即使在人生觀方面的影響，也非常明顯，包括存在的意義、生命的目標都可以在其中得到安頓。

不過，本文所講的主要是當時的樂觀派、激進派，當時也有許多人並未受此影響（如學衡派）。他們雖然與樂觀派一樣都關心如何建立一個好的社會，但是他們並不把心力用在「未來」之上，而且也有許多人認為這種具有社會達爾文主義色彩的「未來」觀是不道德的。我在另一篇文章中提到近代中國的一種「扶弱哲學」，即是一個例子。[57] 對於傾向保守的知識分子，如何不將「時間等級化」（temporal hierarchy），如何不總是接受「線性」的時間格局——即「過去、現在、未來」的格局，使自己的國家與歷史文化總是處在下風，是一個持續關注的問題（譬如梁啟超晚年即有此變化）。

而且上述的「未來觀」與西化激進並不能簡單劃上等號。晚清以來「西化激進派」對「未來」的見解差別很大，[58]其中並不一定都是如錢穆所說的「求以未來世來改變現在世」，尤其不同的是，以「未來」為「可知」或「已知」的態度，也不一定是西化激進派所共有的。

最後我還想藉機說明幾點：第一，清末民初的中國受到西方武力、經濟、文化的侵略或壓迫，感受到亡國滅種的憂慮，卻意外地對「未來」抱持樂觀的心態，究竟應該如何解釋？對於這個困惑，我個人以為至少可以提出一種說明：各種歷史哲學或階段論，往往強調亡國滅種的危機與充滿希望的「未來」同在一條發展線上，既揭露了現在的落後不堪，也保證努力之後可以達到無限樂觀的「未來」。第二，從今天的「後見之明」來看，本文提到的那些未來說，基本上是套用西方的理論公式，提供國家社會政治改革的方案，實際上仍只是種種主觀的價值信念，並不全然對未來真有所知。但是我們不能忽視當時的人的確樂觀地相信自己對「未來」已完全掌握，而且還能說服廣大群眾相信他們代表着「未來」。這件事當然有很複雜的時代背景，它跟晚清以來的現實環境與學術思潮有分不開的關係，值得進一步探究。第三，「未來」究竟是單一的還是多元的。在「公理」、「公例」的時代，「未來」似乎是一元的。當時人們往往宣稱自己掌握了「公例」，但大體而言，

「公例」的世界是西方歷史經驗所歸納的「普遍真理」，人們模模糊糊中感覺到「公例」是一元的真理。但是到了後來，尤其是在「主義」的時代，每一個政黨都宣稱它擁有一個具有寡佔地位的「未來」。而且「未來」也由學理的探討，變成政治指定，由誰來規劃「未來」等於是由誰來規定新的政治圖景，於是規劃者成為新的政治、道德、秩序的權威；同時，也有不少人靠着「販售」自己所預見的「未來」，為自己謀得一個有權威的角色與地位。第四，由對理想的「未來」的想像，或學理的探討，變成人們被「未來」所挾持。為了達到這個美好的「未來」，人們要用許多政治力去落實它，所有人應該要做的只是「跟上來」，最後，整個國家就形同被「未來」挾持了。[59]

不過，我們現在對「未來」似乎又由「已知」變成「未知」了。我小時候看過一部漫畫，說未來最快的送信方式是直升機在每個家裏降下來把信放進信箱，萬萬沒想到幾十年後，突然跑出 email——「未來」顯然是「未知」的。本文所提到的幾種史學，不管是文明史學、公例史學、進化史學或階段論史學，現在都已退潮或完全沒人聞問了，在現代史學中，「未來」幾乎沒有什麼角色，而且也不再是「可知」或「已知」的了。

註釋

* 本文曾在北京師範大學「思想與方法：近代中國的文化政治與知識建構」國際高端對話暨學術論壇中宣讀，得到包括 Axel Schneider 教授、羅志田教授等人的批評，深表感謝。評論內容參見註 59。本文構思甚久，後來在實際撰寫過程中也受到 R. Koselleck 著作的啟發。

1 雖然從後來者的眼光看，這些只是種種價值觀，並不代表對未來真有所知，但當時許多人是這樣相信的。

2 清代小説《鏡花緣》裏就出現很多的「將來」，其實「將來」是「將」要「來」的意思，而「未來」則可以想成是「未」「來」或「未」可能「來」，而傳統經典中如《孟子》講「五百年必有王者興」，有點未來世的味道。

3 以中央研究院「漢籍電子文獻資料庫」檢索「未來」一詞，大約出現了一千多筆資料，其中有許多是指人沒有出現的意思，至於「將來」與「來者」，則有一萬二千多筆資料。

4 由政治大學預測市場研究中心和未來事件交易股份有限公司合作的網站：http://xfuture.org。

5 關於這個方面的研究很多，包括我的幾篇論文，如王汎森，〈時間感、歷史觀、思想與社會：進化思想在近代中國〉，陳永發主編，《明清帝國及其近現代轉型》（台北：允晨文化出版公司，2011），頁 369–393。

6 參考熊月之，《西學東漸與晚清社會（修訂版）》（北京：中國人民大學出版社，2011），頁 320–323。

7 顧頡剛，〈《古史辨》第一冊自序〉，收於《顧頡剛選集》（天津：天津人民出版社，1988），頁 17。

8 胡適，〈新文化運動與國民黨〉，《新月》第 2 卷第 6、7 號合刊（1929），頁 11–25。

9 參見黃自進、潘光哲編，《蔣中正總統五記》（台北：國史館，2011）。

10 張奚若，《張奚若文集》（北京：清華大學出版社，1989），頁 23。

11 Reinhart Koselleck, "Historia Magistra Vitae: The Dissolution of the Topos into the Perspective of a Modernized Historical Process," in *Futures Past: On the Semantics of Historical Time*, translated by Keith Tribe (Cambridge, Mass. and London: MIT Press, 1985), pp. 21–38.

12 柳詒徵，《國史要義》（台北：台灣中華書局，1957），頁 127。

13 宋育仁，《經術公理學》（上海：同文社，光緒三十年〔1904〕）。

14 參考黃明同、吳熙釗主編，《康有為早期遺稿述評》（廣州：中山大學出版社，1988）。

15 Charles Taylor, *Hegel and Modern Society* (Cambridge, New York: Cambridge University Press, 1979), pp. 1–3.

16 嚴復說：「乃考道德之本源，明政教之條貫，而以保種進化之公例要術終焉」。赫胥黎著，嚴復譯，《天演論》（台北：台灣商務印書館，1969），頁 4。

17 梁啟超，〈新史學〉，《飲冰室合集》（北京：中華書局，1989 年），第 1 冊，頁 10。

18 呂思勉，〈史籍與史學〉，《呂著史學與史籍》（上海：華東師範大學出版社，2002 年），頁 41。

19 呂思勉，〈史學上的兩條大路〉，《蒿廬論學叢稿》，收入《呂思勉遺文集》（上）（上海：華東師範大學出版社，1997），頁 471。

20 呂思勉，〈《史學與史籍》補編〉，《蒿廬論學叢稿》，收入《呂思勉遺文集》（上），頁 279。

21 梁啟超，《新民說》（台北：台灣中華書局，1972），頁60。

22 參考拙著，〈近代中國的線性歷史觀——以社會進化論為中心的討論〉，《新史學》第19卷第2期（2008年6月），頁1-46。已收入本書。

23 過庭，〈紀東京留學生歡迎孫君逸仙事〉，《民報》第1號（1905年11月），頁73。

24 黃進興，《後現代主義與史學研究》（台北：三民書局，2006），頁245。

25 有關劉咸炘史學思想的討論，請參見拙作，〈風——一種被忽略的史學觀念〉，《執拗的低音：一些歷史思考方式的反思》（北京：三聯書店，2014；台北：允晨文化實業公司，2014）。

26 巴克爾的影響，參見：李孝遷，〈巴克爾及其《英國文明史》在中國的傳播和影響〉，《史學月刊》，2004年第8期，頁85–94。

27 陳黻宸，〈獨史〉說：「夫歐美文化之進，以統計為大宗」，「吾又觀於泰西之言史者矣，曰統計史者，非今日所能盡行也」，「斯亦史家之獨例也」。收於陳德溥編，《陳黻宸集》（北京：中華書局，1995），上冊，頁562–563。梁啓超也有類似的史學觀。

28 張爾田，〈論偽書示從游諸子〉，《遯堪文集》（傅斯年圖書館藏古籍線裝書），卷2，頁6a。

29 張爾田說：「然則孔教之為宗教，南山可移，此案殆不可復易矣」。〈與人書二〉，《遯堪文集》卷1，頁24a。

30 張爾田，〈與人書二〉，《遯堪文集》卷1，頁26a。

31 張爾田，〈與陳石遺先生書〉，《遯堪文集》卷1，頁34a。

32 熊月之主編，《晚清新學書目提要》（上海：上海書店出版社，2007），頁454。

33 章清，〈「普遍歷史」與中國歷史之書寫〉，楊念群等編，《新史學：多學科對話的圖景》（北京：中國人民大學出版社，2003），頁 236–264。

34 關於蘇格蘭啓蒙運動四階段論的討論文章很多，如最早而有系統的論述參見 Ronald Meek (1917–1978), *Social Science and the Ignoble Savages* (Cambridge: Cambridge University Press, 1976) 及其 *Smith, Marx & After* (London: Chapman & Hall; New York: Wiley, 1977)。Meek 認為馬克思之五階段（原始共產、奴隸、封建、資本主義、社會主義／共產）啟迪於亞當・斯密的四階段論。近人 Levine 持不同意見，Norman Levine, "The German Historical School of Law and the Origins of Historical Materialism," *Journal of the History of Ideas* 48:3 (1987): 431–451。歷史方面考察如 Istvan Hont（1947–2013）的 "The Language of Sociability and Commerce: Samuel Pufendorf and the Theoretical Foundations of the 'Four-Stage' Theory" 收在是氏 *Jealousy of Trade* 第 1 章 (Cambridge, Mass.: The Belknap Press of Harvard University Press, 2005), pp. 159–184. "Conjectural history" 與達爾文有所關聯，參考 Stephen Alter, "Mandeville's Ship: Theistic Design and Philosophical History in Charles Darwin's Vision of Natural Selection," *Journal of the History of Ideas*, 第 69 卷第 3 號 (2008), pp. 441–465.

35 蔡元培著，高平叔編，《蔡元培全集》（北京：中華書局，1984），第 3 卷，頁 373。

36 參考王憲明，《語言、翻譯與政治：嚴復譯《社會通詮》研究》（北京：北京大學出版社，2005）。

37 潘光哲，〈摩爾根、馬克思、恩格斯與郭沫若——中國馬克思主義史學理論淵源的討論〉，李永熾教授六秩華誕祝壽論文集編輯委員會編，《東亞近代思想與社會——李永熾教授六秩華誕祝壽論文集》（台北：月旦出版社，1999），頁 363–409。

38 Reinhart Koselleck, "Historical Prognosis in Lorenz von Stein's Essay on the Prussian Constitution," in *Futures Past: On the Semantics of Historical Time*, pp. 56–57.

39 林同濟和雷海宗的「文化形態史觀」也是新「歷史哲學」的一支。

40 「回憶未來」是 Harald Welzer 在《社會記憶：歷史、回憶、傳承》的序中說的：「製作歷史總是從『預先回顧』（Antizipierte Retrospektion）出發，就是人們將回顧某種尚待創造性的事情曾經是怎樣的」。但 Welzer 是從楊・阿斯曼（Jan Assmann）的論文中得此觀念的。哈拉爾德・韋爾策編，季斌、王立君、白錫堃譯，《社會記憶：歷史、回憶、傳承》（北京：北京大學出版社，2007），頁 10。

41 列寧，〈論國家〉，中共中央馬克思恩格斯列寧斯大林著作編譯局編，《列寧選集》（北京：人民出版社，1972），第 4 卷，頁 41–57。

42 斯大林，《論辯證唯物主義和歷史唯物主義》，收入中共中央馬克思恩格斯列寧斯大林著作編譯局編，《斯大林選集》（北京：人民出版社，1979），下冊，頁 446。

43 范文瀾，《范文瀾歷史論文選集》（北京：中國社會科學出版社，1979），頁 81–92。

44 艾理斯・桑多茲（Ellis Sandoz）著，徐志躍譯，《沃格林革命：傳記性引論》（第二版）（上海：上海三聯書店，2012），頁 107。

45 同上，頁 107。

46 蔡和森，《社會進化史》（北京：東方出版社，1996），頁 1、2、3。

47 翦伯贊，《歷史哲學教程》（石家莊：河北教育出版社，2000），頁 249。

48 章詒和在《總是淒涼調》的〈告密〉中說：聶紺弩對抗打擊他的人，用的還是「未來」可知的思維，他接着說：「不過，馬克思主義絕不是這些人，他們什麼馬克思主義，是封建主義」。章詒和，《總是淒涼調》（台北：時報出版公司，2011），頁 16。

49 同註 19。

50 同註 20。

51 孫俍工，《前途》，收於趙家璧主編，《中國新文學大系・小說一集》（上海：上海文藝出版社，1981），頁 209。

52 劉少奇，〈論共產黨員的修養〉，《解放》第 82 期（1939 年），頁 10。

53 錢穆，《現代中國學術論衡》（台北：東大圖書公司，1984），頁 102。

54 馬雅可夫斯基著，戈寶權等譯，《馬雅可夫斯基詩選》（北京：人民文學出版社，1959），頁 141。

55 馮亦代對他的臥底、告密心中有不安，故他常打電話請示一位直接選用他的長官——彭奇，傾訴煩悶，如「晚上八時去看彭奇同志，我告訴他我的焦慮的心情」，「彭奇同志來電話說他今晚有事，我真想多些時候早些時間和他談談，這對於我的改造是有好處的」，「晚上彭奇同志來電話約我去，這真是個好機會……思想中還沒有政治掛帥，還沒有真正一切跟着黨的指示走，還沒有做黨的馴服的工具」。日記中與彭奇有關者甚多，此處不一一列舉。馮亦代著，李輝整理，《悔餘日錄》（開封：河南人民出版社，2000），頁 95、113、121。

56 夏承燾，《天風閣學詞日記》（二）（杭州：浙江古籍出版社，1992），頁 609–610。

57 參見拙著，〈時間感、歷史觀、思想與社會：進化思想在近代中國〉。

58 當然，關於這一點還有一些問題值得再探討，譬如這些未來觀是不是有中國本土的成分，如佛教、白蓮教對「未來」的想像是不是也對此有所影響等。

59 2014年冬，於北京師範大學舉辦的「思想與方法：近代中國的文化政治與知識建構」國際高端對話暨學術論壇中，我的評論者Axel Scheneider教授及在場的學者，提出了一些相當有見地的評論。在這裏謹將Axel教授的一部分評論抄錄，其中如有任何錯誤，一概由我負責。一、因為時代變化太快，故難以靠「過去」提供鑑誡，因而寄望「未來」，法、比、荷幾位史學家都特別注意到這一點，西方對這個問題的討論可以追溯到海德格。到了現代，「未來」與「過去」的關係從以「史」為鑑轉變成以「未來」為鑑。但事實上不如此清楚，仍要靠「過去」。二、「未來」與現代性（modernity）之關係，「未來」更深一層的變化，背後是人對世界的一種重新的想像、新的關係，世界變成對象，突顯「人」之力量。笛卡爾式的世界觀，可以用規律來解釋這個世界，來控制它，世界成為一個改造的對象，因有主體與客體之分，故才有救贖式的，不再是宿命論的「未來」，是主體創造出來的「未來」，因此「規律」變得如此重要，都是超越上帝。「人」代表上帝的想像，靠自己來想像「未來」。故「未來」可知，背後是一種「人」把世界對象化轉變的結果。三、現代的時間觀變成抽象的、機械性的、可以計算的時間觀，這個新的時間觀背後是資本主義的發展。Time is money，「時間」變成衡量一切的客觀標準。法蘭克福學派討論了近現代的史觀、時間觀與資本社會的關係。

第五章

思想史與生活史的聯繫

五四研究的若干思考

五四運動是改變近代中國思想氣候的重大事件，可以化為無數研究課題。在思想方面，相關研究甚多，所以我想在文章一開始強調，本文主要是想探討五四運動還可以從哪些方面去研究。我們是不是可以試着將五四運動與整個生活世界的變化聯繫起來思考？

一、研究歷史及參與歷史

在過去五、六十年，五四研究對台灣整體的發展有着深厚的意義。它不只是歷史研究，同時也參與塑造當代，而且兩者往往密不可分、交互作用，用佛經的話來說，即是「互緣」。事實上我們只要翻開任何一份五四研究的目錄，[1] 就會很快地看到在一九九〇年代（甚至更晚）以前，對台灣的報刊雜誌而言，紀念五四是一件很嚴肅的任務，五四書寫往往帶有雙義性，即一方面是為了研究，另一方面是為了現實，「寫歷史本身即是歷史的一部分」。五四的「民主」與「科學」兩大口號，成為批判、評定當前政治、文化等各個方面的重要判準。人們一方面發揚五四，一方面批判現實。[2] 正因為五四研究與現實發展之間的聯繫如此密切，它的研究史本身也成了一個饒富意味的問題。

當法國大革命兩百週年的時候，西方世界出版了大批相關書籍，其中像傅勒（François Furet，一九二七—一九九七）和霍布斯鮑姆（Eric John Ernest Hobsbawm，一九一七—二〇一二）都不約而同地注意到研究史之研究，並指出研究與實踐之間的密切關係。[3] 用 Furet 的話說，史家研究法國革命史，其實也在參與他們當代的歷史。[4]「五四」與「法國大革命」不能等同，但它們也有彷彿之處，所以傅勒及霍布斯鮑姆的兩本書很可以作為我們回顧九十年來五四研究的一個參照。我個人覺得這兩本書很注意每一個時代的「時代特質」與「法國大革命的歷史解釋」之間的密切對應關係。譬如當馬克思主義流行時，有關法國大革命的研究就有一番相應的變化。

但是我們可以從這類「對應論」式的研究史中看出一點瑕疵：在「對應論」式的討論時，「過去」、「現在」、「未來」三種時間是靜止、分開並列的，而不是三者之間形成一種不間斷地、快速旋轉的、漩渦般的關係。[5] 如果過去、現在、未來不是可以清楚切割並立，而是像漩渦一樣「不能以一瞬」（蘇軾〈前赤壁賦〉）的速度交纏而進，那麼「過去的五四」、「現在的書寫」、「未來的影響」這三者的關係像漩渦般交互揉纏，也就不能說成是一種簡單的「對應」關係。

二、兩個五四

回顧過去九十年的五四文獻，我們一定會很快看出過去五、六十年在政治壓力之下，海峽兩岸的五四研究形成一種左右分裂的現象。中國大陸有關五四的文獻大多集中在左翼青年，尤其是與共產革命有直接或間接關係的人物與事件。[6]台灣的五四書寫基本上偏重在右翼的人物、刊物、團體、事件，在戒嚴及白色恐怖的壓力下，除非是為了批判或為了「匪情研究」，否則接觸一九三〇年代的左翼思想與文學往往帶有極大的危險。

事實上，五四幾乎從一開始就逐漸浮現出左右兩翼的思想成分，而且兩種成分常常出現在同一個人或同一個團體身上。我們可以大致看出，從民國六年（一九一七）左右開始，新文化運動是以民主、科學、白話新文學等為主軸。在俄國十月革命成功之後，毛澤東（一八九三—一九七六）說「十月革命一聲砲響，給我們送來了馬克思列寧主義」。此後左右兩翼時濃時淡，像調色盤中的色彩到處竄動、交融，[7]其成色與分量之增減，與北伐、清黨等政治局勢的變化也有非常複雜的關聯。但是愈到後來，則儼然有左右兩個五四運動。

我認為，國共分裂的局面為五四的研究帶來了一種「後見之明」，有意無意間投射回被研究的人物、團體或事件上，因而使許多論者忽略了五四新文化運動時期的思想中有一種模糊、附會、改換、倏忽不定的特質；當時青年常將「新學理」掛在嘴上，但是不同宗派、甚至相互衝突的宗旨也在「新學理」的大傘下被並置。從《五四時期的社團》或《五四時期期刊介紹》等書，可以看出同一個社團或同一個期刊，往往同時擁有在當時不覺得互相排斥、而在左右兩翼分裂之後覺得不共戴天的思想成分。例如《毛澤東早期文稿》中有許多材料顯示，青年時期的毛澤東不管是閱讀的書刊，或是信從的觀點，都是左右雜存的。[8] 蔣介石（一八八七—一九七五）早期的日記與年譜，亦復顯現他在五四時期一方面服膺「輸入新學理」的主張，積極學英文、想遊學歐美三年，他愛好《新青年》、《新潮》，但同時也是王陽明、曾國藩的信仰者。[9]

以傅斯年（一八九六—一九五〇）、羅家倫（一八九七—一九六九）兩位五四運動的主將為例，他們後來皆成為胡適（一八九一—一九六二）陣營的人物，而且都堅決反共。可是如果以後來的發展，倒着回去看他們在五四時期的思想面貌，就會發現後來發展出的單一面相與五四時期有明顯的差距。傅斯年在《新潮》中發表過〈社會革命——俄國式的革命〉，在傅斯年過世之後台灣大學所編的集子以及一九八〇年聯經出版公司所出版的

《傅斯年全集》，這篇文章都未被收入，因此遮蓋了他在五四時期思想的複雜性。至於羅家倫，他在唸北京大學時原與李大釗（一八八九—一九二七）過從甚密，曾積極撰文響應李大釗，主張俄國革命是最新的思想潮流，即將成為全世界之主流。[10]

我們暫時不管這些全國知名的風頭人物，改看當時在地方上尚不知名的小讀者，也常見左右兩翼成分出現在同一人身上的情形。最近我有機會讀到《王獻唐日記》的打印本，在王獻唐（一八九六—一九六〇）一九一七年所讀的書中，既有胡適的《中國哲學史大綱》、《嘗試集》及《杜威五大講演》，也有《馬克司經濟學說》、《革命哲學》。倭鏗（Rudolf Eucken, 一八四六—一九二六）的《人生之意義與價值》（*Der Sinn und Wert des Lebens*）雜在《老子》、《莊子》、《東塾讀書記》、《求闕齋日記》之類古籍中。[11] 這一位不知名的山東青年的私人紀錄告訴我們，在當時青年心中，我們後來以為天經地義的分別是不存在的，所以應當合「左」、「右」兩端看那個時代，才能比較清楚地把握當時的實況，也比較能有意識地觀察它們後來為何分道揚鑣。

三、五四幾乎無所不在的影響

前面提到五四是一個改變近代中國各種氣候的關鍵事件，所以它的影響不僅限於思想。在追溯五四之思想根源時，我們往往因過度注意平滑上升的軌跡而忽略了事件發展、積累到一個程度，會因各種因素的匯集而有一個「量子跳躍」（quantum leap）的時刻。「量子跳躍」造成一種大震動、一種重擊，它對日常之流造成「中斷」、「回頭」、「向前」，形成了一種新意識，在識認原有的情境與材料時，形成了新的線索。

探究這樣一個歷史事件，用蒙文通（一八九四—一九六八）的意思來說，必須要能「前後左右」。[12]一方面是，在了解這個運動的形成時，不能只注意與運動內容直接相關的部分，必須從「前後左右」去尋找；另一方面是，描述這個運動的影響時，不能只侷限在思想領導者所試圖要傳達的訊息，因為它的影響無微不至，常常在意想不到之處也發生了影響，故必須從「前後左右」去求索。

五四給人們帶來一種「新眼光」，老舍（一八九九—一九六六）即回憶經過五四，有一雙「新眼睛」在影響着他的創作：

> 沒有「五四」，我不可能變成個作家。「五四」運動是反封建的。這樣，以前我以為對的，變成了不對。……既可以否定孔聖人，那麼還有什麼不可否定的呢？……這可真不簡單！我還是我，可是我的心靈變了，變得敢於懷疑孔聖人了！這還了得！假若沒有這一招，不管我怎麼愛好文藝，我也不會想到跟才子佳人、鴛鴦蝴蝶有所不同的題材，也不敢對老人老事有任何批判。「五四」運動送給了我一雙新眼睛。

老舍又說：

> 看到了「五四」運動，我才懂得了「天下興亡，匹夫有責」。……反帝國主義使我感到中國人的尊嚴，中國人不該再作洋奴。這兩種認識（案：反禮教及反帝國主義）就是我後來寫作的基本思想與情感。雖然我寫的並不深刻，可是若沒有「五四」運動給了我這點基本東西，我便什麼也寫不出了。[13]

我的觀察是，五四的瓜架上不是只有「德先生」、「賽先生」這兩隻大瓜，不經意的幾篇短文或幾句話都可能造成重要的影響，形成一種新的氣氛或態度：包括新的學術態度、[14]文化氛圍、人生態度、善惡美醜好壞的感覺與評價、情感的特質（譬如強大的「道德激情」）等。

五四也帶來一種新的政治視野，對於什麼是新的、好的政治，有了新的評價標準。用胡適在〈新文化運動與國民黨〉中的話說：

> （民國）八年的變化，使國民黨得着全國新勢力的同情，十三年（國民黨改組）的變化，使得國民黨得着革命的生力軍。[15]

從清季以來有一波又一波的「紳士大換班」（鄭超麟〔一九〇一—一九九八〕語），[16]五四運動造成一波新的政治運動與政治菁英。

五四亦牽動到思想與現實的利益。以出版界來說，五四造成老字號與新字號的「大換班」，思想變化夾帶着現實利益的重新分配。上海商務印書館在五四之後改組，即是一個顯著的例子。汪原放（一八九七—一九八〇）筆下的亞東圖書館，由一九一三至一九一八年間生意清淡，到新文化運動之後因承印新書籍而大為昌盛（譬如《新青年》由起初只印一千本，到後來一個月可印一萬五、六千本）。後來當青年由新文化運動轉向革命之後，亞東圖書館承印《建設》等革命刊物，更是大收鴻利——用汪原放的話說：「不久後，（《建設》）多數的編、譯、著者，都到廣東去忙更重要的事情了」，「出頭了，我早就說過，一定要出頭的」，「革命的人都出頭了」。[17] 在此氣氛下一方面響應新思潮，一方面藉機圖利的出版事業不勝枚舉，它們一面爭利，一面幫助了新思潮的擴展。

真誠的信從者（true believer）與現實的利益往往套疊在一起，不再能分彼此，「新青年」及後來的「進步青年」成為一種既帶理想又時髦的追求後，帶出了一種新的現實，成為出風頭、趕時髦的資本。同時，連出風頭、趕時髦、吸引異性、戀愛的方式都有一種微妙的變化。

五四運動激起了一種關心國事、關心「新思潮」的風氣，造成了一種閱讀革命，書報閱讀者激增，能讀新書報即代表一種新的意向；而且也深刻地影響着青年的生命及行為的型式，人們常常從新文學中引出新的人生態度及行為的方式。在研究法國大革命時期的閱讀史時，有學者從一宗訂閱盧梭（Jean-Jacques Rousseau，一七一二—一七七八）著作的通信中發現，有的讀者因為太深入盧梭的思想世界，竟模仿起盧梭的生命歷程及行為方式來。[18] 這類例子當然是常見的，晚清以來有許多人讀曾國藩（一八一一—一八七二）的日記或家書，而在生命的安排及行為方式面深受其影響。除了生命風格的改變之外，新青年對事事物物也有一套新的看法，譬如美化工農群眾。夏濟安（一九一六—一九六五）就說：「五四時代，對於『下等人』有種肉麻的抬舉」。[19]對所謂「下等人」品格境界的美化，也影響到許多人的行為抉擇。

像五四這種改變歷史的重大運動，它搖撼了每一面，把每一塊石頭都翻動了一下，即使要放回原來的地方，往往也是經過一番思考後再放回去。而且從此之後，古今乃至未來事件的評價、建構方式，每每都要跟着改變。譬如以五四作為新的座標點，古往今來的文學、藝術、政治、歷史等，都要因它們與五四的新關係而經過一些微妙的變化。[20]即使連反對派也不能完全豁免。許多反對派隱隱然接受某些新文化運動的前提，或是為了與它對抗而調動思想資源，形成某些如非經過這一對陣，是不可能以這個方式形成、或如此展現的討論形式，或是根本在新文化運動論述的籠罩之下而不自知。

這不是一種單純的「影響」，應該說是新文化運動當空「掠過」而使得一切分子的組成方式發生變化。此處可舉達爾文（Charles Robert Darwin, 一八〇九—一八八二）進化論與近代中國思想界的例子。這一學說影響許許多多人，可是起而與之對抗的學說（譬如宋恕〔一八六二—一九一〇〕等人的以弱者為主體的「扶弱哲學」），顯然是針對「優勝劣敗」、「適者生存」的「強權公理」的一種反擊；但反擊在另一種方面說是潛在的「反模仿」，如果不是因為有「天演論」，則不至於有像宋恕那樣動員各種思想資源來構作以歷史上的弱者為中心的哲學。至於章太炎（一八六九—一九三六）提出「俱分進化論」，主張「善進惡亦進」，太虛大師（一八九〇—一九四七）用佛經來評「天演論」等等，也都不是「天演論」之前會出現的表述。

四、「新青年」與「進步青年」

事實上，從晚清以來「青年」的發展經歷過幾個階段：清末是「革命青年」，五四時期是「新青年」，後來則是「進步青年」。「新青年」的關心與「進步青年」有所不同，前者關心獨立自主、個人主義，後者倡導社會主義、社會革命。[21]

五四造成一代青年群體的生命特質，「新青年」要做的事，是提倡新文學、白話文、新劇，喜歡講哲學、文學、藝術，關心人生、家庭、戀愛、高深學理、人道主義、留學、理想，關心「人」的問題，主張「人」的解放。此外，他們也探究新宗教、新教育、新生活。

在生活態度上，他們則重視作為「國民」的身份，由不看報改成看報，由不關心國家大事改為關心國家大事，痛恨政治上武人升降及政客之起伏。「新青年」認為如果當時中國沒有在教育文化方面造成一種全新的空氣，說不定會再有第二回、第三回恢復帝制的把戲。「新青年」認為一切希望皆在教育，對當前的政治則非常冷淡，有「非政治化」的傾向。在教育方面，受到杜威（John Dewey, 一八五九－一九五二）的影響而主張生活與教育合一，理想的學校裏應該有圖書館、療病院、商店、報館、工場、農場，學校簡直是現實世界的雛型。

「新青年」因為五四的震動，而有一種精神上的「驚醒」，深入省察自己，有一種批判自己、革新自己的精神在心中流蕩，寫文章也好用「覺悟」一詞。「新青年」要廢除一切束縛，要重新估定一切價值。對於學術思想、風俗習慣、政治制度，都想重加檢驗後才決定是否接受。

「新青年」好辦書報，讀刊物、辦刊物猶如雨後春草般萌生，而且刊物大多有個「新」字。西洋學術思想成為一時的嗜尚，出洋留學成為一時時髦，西洋文學也逐漸風行，購求原本或英文譯本成為風氣。

在學術上，「新青年」認為學術只有世界的學術，絕對沒有國別的區分；只有化學，沒有中國的化學。如果稱為「中國學」，就表示那是一大堆尚未加以整理的學術材料，尚未歸入「天文學」、「人類學」等世界的學術裏頭去的意思。

以上所說的一切，叫做「新思潮」。因為「新思潮」的發動區往往是在都市，所以青年們成群地向都市裏跑，希望能親身參與。北京、成都、長沙、上海、廣州等城市尤為活躍，「他們覺得他們的生命特別有意義；因為這樣認識了自己的使命，昂藏地向光明走去的人，似乎歷史上不曾有過。」上面引的這幾句話，以及前面有關新青年生命特質的描述，都取材自五四青年葉紹鈞（葉聖陶，一八九四—一九八八）的小說《倪煥之》，[22]它雖然是一部小說，但一般認為它很能傳達五四青年的形象。

漸漸的，由「新青年」轉向「進步青年」，從關心個人的生活與解放，慢慢轉向關心整個社會的解放。「進步青年」認為「為教育而教育」、「為人生而人生」之類的主張是沒有意義的，他們大談「工人」、「貧困」、「勞動神聖」、「主義」、「同志」、「階級」、「社會」，並質疑「國家」。由「新青年」變為眼光完全向前凝視着一個理想社會的「進步青年」後，青年由原先指導、教誨人民者變成努力想成為工、農中之一分子。此處讓我再引《倪煥之》中的句子為例。《倪煥之》的敍述愈到後來，「社會」的成分愈強：「單看見一個學校、一批學生不濟事，還得睜着眼看社會大眾」，[23]「學校同社會脱不了干係，學校應該抱一種大願，要同化社會」，[24]小説並藉着傾向社會革命的王樂山之口，質疑倪煥之做的事：「社會是個有組織的東西，……要轉移社會、要改造社會，非得有組織地幹不可！」[25]此後，「組織説」開始閃在心頭，他們讀國民黨〈第一次全國代表大會宣言〉，認為「為教育而教育，只是毫無意義的言語，目前的教育應該從革命出發」，[26]否則一切徒勞，「同時意想着正要去會見那些青布短服的朋友，只覺得他們非常偉大」。[27]然後是革命，入黨參加革命成為新的社會菁英，而成為這一新菁英不需通過科考、不需學歷——「革命不是幾個人專利的，誰有熱心，誰就可以革命！」[28]同時，新文化運動領袖的魅力也逐步減退中，那也正是胡適在北大的課堂由最大的禮堂一步一步變到較小教室的時候。[29]

五、新名詞與新概念、文學與思想

在一波又一波、各式各樣的運動時，真正可能對一般人產生影響的，不一定是長篇大論，更多是改寫的、刪選的小冊子，幾張傳單，還有幾句琅琅上口的新名詞或新口號。從晚清以來，「新名詞」就已經在扮演這樣的角色了。大軍壓境般的新名詞所構建而成的「群聚」（clusters），為市井百姓帶來了思想資源。劉師培（一八八四—一九一九）一九〇六年〈記新名詞輸入與民德墮落之關係〉這樣說「新名詞」在道德倫理方面產生轉轍器般的作用：

> 當數年以前，人民雖無新智識，然是非善惡，尚有公評。自新名詞輸入中國，學者不明其界說，僅據其名詞之外延，不復察其名詞之內容，由是為惡、為非者，均恃新名詞為護身之具，用以護過飾非，而民德之壞，遂有不可勝窮者矣。[30]

這一類材料非常多，茲不俱引。我想說明的是，從晚清到五四再到共產革命，有一批又一批非常強大有力的新名詞、新概念所形成的「群聚」，構成一張又一張新的詞彙地圖，它們與一種清楚的目的論意識相隨，形成一種「態度與指涉的結構」。[31] 這些新的概念、詞彙，形成一種高度目的論意義的境界，創造一種「向上」的軌轍，在人們心中形成一種嚮往意識，並且帶來一套「激發視野、模塑實踐」的性情，[32]讓人們覺得理想上應該盡力向它趨近，因而成為一種有力的思想滲透及改變行為的力量。

譬如在民國時期的小說《新廣陵潮》中不斷出現「文明禮數」、「西洋慣例」、「輕蔑女界」、「有志青年」、[33]沒有受新教育者「人格便不能完備」[34]等等字眼，似乎隨着新的思想資源的介入，當時的世界已經構成一種清楚的劃分：一方面是尚未起步的，一方面是值得向上追求的價值與行為。《新廣陵潮》所描寫的時代，顯然是晚清以來一直到五四新文化運動左右。隨着時代推進，前面所舉的那種由新詞彙、新概念所構成的目的論式世界的內容不斷改變。

我個人認為在解讀五四時期重要思想文獻時，我們每每費心重建作者意圖而忽略了「文字的影響，每發生在作者所不及料處」。[35]而且不只是思想文獻，當時的小說、詩、散文等，也表達了許多新概念或形成了新的感情結構，人們就在這張新網絡之下吸收、編織他們的思想及意義，而且這張新的思想網絡也成為公眾構思評判事物的新標準。

新文學作品有深刻的思想史意義，五四新文學中所傳達的社會思想及批判意識，對於現實的影響絕不輸於一些里程碑式的思想文獻。當時青年往往同時受文學及思想文獻的影響，往往因為新文學而決定思想上的動向，或是以文學中所建構的社會理想作為思想及政治追求的目標。而文學中的不滿與譴責，也往往轉化為思想上的批判與反抗。艾略特（T. S. Eliot，一八八八—一九六五）在討論英國十七世紀的「形而上詩人」時提到他們善於將思想轉化為情感，又在另一篇文章中提到將思想轉化為情感的過程中，必須要先構思一個兩者之間的「等價物」，以便利於它們的轉換。[36] 思想與文學中情感世界的轉換確實是很明顯的。五四時期文學中的社會思想，對「未來」的想像與建構等無數方面，對現實都極富影響力。

六、街頭層次的五四運動

目前為止，學界對五四的研究仍然較集中在舉國聞名的人物，對那一群北大老師、明星學生及各省響應的知識青年的了解很充分，但是對地方或草根層次的五四研究卻相當之少。[37] 我使用「街頭層次」一詞，當然是受到當代法國大革命史家羅伯特・達頓（Robert Darnton）的一個小冊子的影響。這本小冊子由兩篇文章組成，第一篇的標題即是〈街頭層次的法國大革命〉[38]——雖然那篇文章所討論的還不是真正的「街頭」層次。

不過我們的思維不應宥於不是「上」就是「下」，不是「菁英」就是「草根」，而是應當注意當時各個層次都可能受到五四的影響，而且因為影響、改換常常是在日常生活中悄悄進行，所以未必能夠引起足夠的注意。

這裏要舉五四前後上海戲劇界的一個個案為例。一九一八年，上海「新舞台」首演《濟公活佛》一劇時，以舊道德的悍衛者自居，對歐風東漸大加抨擊。李孝悌的研究說明了經過《新青年》的〈戲劇改良號〉中對傳統戲曲的猛烈攻擊、新思潮的洗禮、《娜拉》（*A Doll's House*）之類新劇的影響，到了一九二〇年，「新舞台」的告白全變了：

> 排這一本社會最歡迎的《濟公活佛》，并不是迎合社會心理，老實說是拿遷就社會的手段去征服社會。換一句話說，就是利用濟公活佛，拿極淺近的新思想去改革社會上的「惡習慣」和「舊思想」。十五本《活佛》，是我們征服社會的戰利品。他的情節發鬆到極點，佈景精緻到極點，令人百觀不厭。他的思想，竟和近代的新文化吻合。十五本《活佛》，第一是勸人要勞動，不可倚賴親族不勞而食。第二勸人要為社會服務，不要為社會分利的官吏。第三排斥多妻主義。第四勸人不可自殺。[39]

一九二〇年三月一日刊登在《申報》上的《濟公活佛》一劇之廣告，還極力宣稱它是一齣「問題戲」，廣告一開頭先用加大字體寫出全劇主旨：「今夜活佛是『問題戲』」。然後有如下的說明：

西洋戲中有一種叫做「問題戲」，戲中演的情節，有關於政治的，或社會的，或家庭的，或……的。故意演出疑難的情節，要徵求看戲人的意見，要請看客心中感覺戲中的事跡，是否正當？[40]

「問題戲」的觀念完全是從胡適〈建設的文學革命論〉來的。[41]至於該劇中模仿《娜拉》的部分，幾乎完全是易卜生（Henrik Johan Ibsen, 一八二八—一九〇六）的框架。[42]

上述是五四對當時上海市民最喜歡光顧的劇院的影響，其變化之微妙與迅速，非常值得注意。這一類的例子可能發生在街頭，也可能發生在小教室。此處再舉一例。五四之後，山東省立一師國文論理教員兼附屬小學主任王祝晨（一八八二—一九六七）首先積極響應，與正誼中學校長等組織尚學會，先將各地新刊物中的文章，選取其菁萃，分為文學、教育、哲學、倫理、社會五種印成書，名為《文化新介紹》；同時連絡已成全國知名人物的傅斯年等邀請杜威前往濟南演講，因而引起當地守舊派的激烈鬥爭。《文化新介紹》風行各地，讀眾極廣，後來轉交上海文化書店出版，王祝晨成為山東省立一師的校長。可是到了一九二六年，山東督軍張宗昌以「提倡白話文即是赤化」，封閉書報介紹社，撤去王祝晨的校長職位並加以通緝。[43]

事實上像這一類地方上的事例在當時簡直不勝枚舉，如果加意搜集這方面材料，我們可以觀察在地的小知識分子或在地讀書人，如何感知、回應這個舉國震撼的運動？如何迎接或推拒？如何賦予在地的詮釋？新思想如何影響在地的生活方式？以及這一個全國震撼的運動如何造成各種動員，與舊派人士如何競爭，與抱持其他意態的人如何互相競合，在思想、家庭，或行動方式方面有何變化、以及如何因此而形成群體的劃分等。在廢科舉之後，地方青年如何因着反對、或是響應、模仿、號召、動員，而與外面的新力量聯合，形成新標準或新力量，並把自己塑造成為新的地方菁英等。

前面我曾引用鄭超麟的「紳士大換班」一語來形容晚清以來對地方社群菁英群體間的大洗牌。在後科舉時代，當科名已不再是那麼絕對的社會菁英的識認標準，新學校系統的學歷承擔起部分傳訊機制（signalling system）時，到處都有吃五四飯的「新青年」，成為地方社會或國家的新棟樑，成為人們羨慕追求的對象。在《倪煥之》、《子夜》這一類小說中，我們更可以看出在國民革命軍北伐之後有一段時間，入黨與否成為能否取代鄉紳成為新菁英的憑藉。在《倪煥之》中，自幼不學好的蔣華在父親心目中本來毫無地位，但是因為在北伐期間入了黨，成為可以與外面正在沸騰發展的大局勢相連絡，又能在地方上調動各種資源的人物。他那惡名昭彰的父親蔣老虎便懇切希望兒子能介紹他入黨。入黨不需什麼資格，連地方名聲都不用，最後蔣老虎順順利利入了黨，成為地方上的新菁英。

當然，我們還要發掘各階層的思想材料。在我研讀日本明治時期的思想史時，我注意到色川大吉（一九二五—）的《明治の文化》[44]中所提到的一件頗為引人注意的事件。一九六八年，色川大吉在明治時期的武藏國多摩郡、一個只有二十幾戶人家的深沢村裏，從一戶人家的倉庫中，[45]發現了〈五日市憲法草案〉。這個草案有二〇四條，是五日市學藝講談會的三十名會員在自由民權運動期間持續討論，再由山村中小學的助教員千葉卓三郎起草的一部草根憲法，時間大約是明治十四至十五年（一八八一—一八八二）。這個山村中的小圈子是以深沢名生（一八四一—一八九二）及其子深沢權八（一八六一—一八九〇）為中心，在他們周圍的是一群村中名士、校長、神官、僧侶、醫生、地主、農村青年。色川大吉發表這個消息之後，發現事實上當時存在三十餘種民間的憲法草案，其中嚶鳴社的草案比〈五日市憲法草案〉的條文還多四倍。而且這一類文稿相當多樣，譬如千葉卓三郎對 Henry Peter Brougham（一七七八—一八六八）《法律格言》（*Institutional Maxims*）的詮釋，與元老院對《法律格言》的翻譯便截然不同，茲引一例：[46]

元老院譯文	千葉卓三郎譯文
國君的精神應當可假定為符合法律的精神及理所當然的事理，如有疑問時，特別是可作如此疑問時，其假定（presumption）常要有利於國君。	全體國民的精神應當可假定為符合法律的精神及理所當然的事理，如有疑問時，特別是可作如此疑問時，其假定常要有利於國民。

我們在討論五四新文化運動這類掀天揭地的大事件時，應該注意挖掘像〈五日市憲法草案〉這一類在地知識分子所形成的文本，並充分了解其思想意義。

七、結語

最後，五四運動雖然是一個青年運動，但是當時年紀較大的人的作為與反應，也值得留意。[47]這包括廣大人士的觀感與反應，尤其是那些年紀較長者的確切反應。此處僅舉一例：山西太原的一位前清舉人劉大鵬（一八五七—一九四二）留下了一部相當詳細的日記，在五四這幾天，他完全不知道有這一件事，幾天之後他才對此有所記錄。如果說五四新文化運動有政治與文化兩面，則他先只注意到這個運動的政治面，也就是抗議帝國主義的愛國示威運動，[48]但劉大鵬對新文化運動的部分似乎一直到相當長一段時間之後，才有較為清楚的了解。相較之下，當時在上海目睹罷市的王國維（一八七七—一九二七）則有如下反應：

> 而不知以後利用此舉者當接踵而起，則大亂將隨之矣。有人自北來，言北京政象極險，……如危險思想傳入軍隊，則全國已矣。[49]

像王國維這樣的議論在當時並不罕見，它提醒我們應當深入分析當時對五四「半信半疑」或反五四的思想，細緻地了解其中的底蘊。

在本文中，我提議把五四與近代生活世界的變化進行聯繫，在這個方面，可以探討的面相一定還非常之多。最後，我想重申本文一開頭說到的，記憶五四、研究五四，始終是一個值得被研究的問題，現在如此，將來恐怕也是如此。

註釋

1 例如 2009 年 3 月出版，由國家圖書館參考組編的《五四運動論著目錄初稿》（台北：國家圖書館，2009）。

2 在台灣，一直到政治解嚴及政黨輪替，「民主」與「科學」似乎不再那麼迫切之後，紀念五四或發揚五四才逐漸不再成為必要的活動。

3 François Furet, *Interpreting the French Revolution*. Translated by Elborg Forster (Cambridge: Cambridge University Press, 1989); Eric John Ernest Hobsbawm, *Echoes of the Marseillaise: Two Centuries Look Back on the French Revolution* (New Brunswick, NJ: Rutgers University Press, 1990).

4 François Furet, *Interpreting the French Revolution*, p. 1，原文是 "written history is itself located in history, indeed *is* history..."。

5 關於這一點，可能受到已故京都大學哲學家田邊元（1885–1962）的影響，但是一時找不到出處。

6 資料性的纂輯比較例外。如中共中央馬克思恩格斯列寧斯大林著作編譯局研究室編，《五四時期期刊介紹》（北京：人民出版社，1958–59）；張允侯等著，《五四時期的社團》（北京：三聯書店，1979）。

7 譬如傅斯年也寫過〈社會革命——俄國式的革命〉，《新潮》第1卷第1號（1919年1月），頁128–129。

8 中共中央文獻研究室等編，《毛澤東早期文稿：1912.6–1920.11》（長沙：湖南出版社，1990），如頁535–544。「問題與主義論戰」期間，毛澤東一度還是胡適「問題」派的信徒，參見同書，頁396–403。

9 中國第二歷史檔案館編，萬仁元、方慶秋主編，《蔣介石年譜初稿》（北京：檔案出版社，1992），頁38–39。

10 Maurice Meisner, *Li Ta-chao and the Origins of Chinese Marxism* (New York, NY: Atheneum, 1973), p. 71.

11 丁原基整理，《王獻唐日記》打印本，頁1–29。

12 羅志田，〈事不孤起，必有其鄰：蒙文通先生與思想史的社會視角〉，收入蒙默編，《蒙文通學記（增補本）》（北京：三聯書店，2006），頁240–270。

13 徐德明編，《老舍自述》（武漢：湖北人民出版社，2006），頁25。

14 譬如有「新」意識的人，對古代經書可能採取批判的態度，不會再把先秦禮經當作周代生活的實際紀錄。

15 胡適，〈新文化運動與國民黨〉，收入季羨林主編，《胡適全集》（合肥：安徽教育出版社，2003），第21卷，頁436–450。

16 鄭超麟著、范用編，《鄭超麟回憶錄》（北京：東方出版社，2004），頁115、150。

17 汪原放，《亞東圖書館與陳獨秀》（上海：學林出版社，2006），頁20、33、34、45。

18 Robert Darnton, "Readers Respond to Rousseau: The Fabrication of Romantic Sensitivity," in *The Great Cat Massacre and Other Episodes in French Cultural History* (New York, NY: Basic Books, 1984), pp. 215–256.

19 夏志清輯錄，〈夏濟安對中國俗文學的看法〉，收入夏志清，《夏志清文學評論經典：愛情・社會・小說》（台北：麥田出版公司，2007），頁242。

20 又如「傳統」，如果它是像艾略特所說的那樣，是「由既存的紀念物所構成的一種理想的秩序」，那麼經過五四的震盪，既存紀念物便重構成另一種理想的秩序。艾略特著、杜國清譯，《艾略特文學評論選集》（台北：田園出版社，1969），頁448。

21 曹聚仁，《文壇五十年》（香港：新文化出版社，1955），頁112。

22 以上出自葉聖陶，《倪煥之》（北京：人民文學出版社，1962），頁34–35、71、65、174–187、190、191。

23 葉聖陶，《倪煥之》，頁181。

24 同上，頁182。

25 同上，頁 199。

26 同上，頁 207。

27 同上，頁 214。

28 同上，頁 238。

29 鄧廣銘的原文是：「從他到北大任教，直到二十年代，胡先生是在北大最大的三院大禮堂上課，三十年代就改在稍小點的二院禮堂上課，而到抗戰前夕，則改在更小的紅樓大教室上課。」鄧廣銘，〈我與胡適〉，《鄧廣銘全集》（石家莊：河北教育出版社，2005），第十卷，頁 300。

30 此文原載《申報》1906 年 12 月 13 日，收入萬仕國輯校，《劉申叔遺書補遺》（揚州：廣陵書社，2008），上冊，頁 457。

31 參見李有成，《在理論的年代》（台北：允晨文化實業公司，2006），頁 246：「若干符碼、意象、辭彙、信念、以及這一切所構成的文化價值，無不屬於這些『態度與指涉的結構』，這些結構自然形成某一時代的精神意向或意識形態環境。」

32 李有成，《在理論的年代》，頁 246。

33 李涵秋、程瞻廬合著，《新廣陵潮》（揚州：江蘇廣陵古籍刻印社，1998），第九回，頁 9。

34 同上，頁 10。

35 曹聚仁，《文壇五十年》，頁 157。

36 以上兩點，前者見於 T. S. Eliot, "The Metaphysical Poets," 後者見於 "Hamlet," in *Selected Essays 1917–1932* (New York, NY: Harcourt, Brace and Company, 1932), p. 246, 248, 125。

37 大地方的五四，在過去已有陳曾燾撰、陳勤譯，《五四運動在上海》（台北：經世書局，1981）的專書等。

38 Robert Darnton, "Lecture I: The French Revolution at Street Level," in *What was Revolutionary about the French Revolution* (Waco, TX: Baylor University Press, 1990), p. 5.

39 《申報》1920年9月27日。轉引自李孝悌，〈上海近代城市文化中的傳統與現代（1880s–1930s）〉，收入劉翠溶、石守謙主編，《經濟史、都市文化與物質文化》（中央研究院第三屆國際漢學會議論文集歷史組；台北：中央研究院歷史語言研究所，2002），頁361–409。

40 李孝悌，〈上海近代城市文化中的傳統與現代（1880s–1930s）〉，頁395。

41 胡適，〈建設的文學革命論〉，《胡適文存》（台灣：遠東圖書公司，1953），第一集，頁71。

42 參見「新舞台」的宣傳文字，《申報》1920年6月30日，見李孝悌，〈上海近代城市文化中的傳統與現代（1880s–1930s）〉，頁396。

43 鄧廣銘，〈王世棟（祝晨）先生服務教育三十五周年事略〉，《鄧廣銘全集》，第10卷，頁404。

44 色川大吉，《明治の文化》（東京：岩波書店，1976）。

45 現屬東京都西多摩郡五日市。

46 色川大吉，《明治の文化》，頁110。

47 如前面提到日本〈五日市憲法〉的例子，其成員多半是三十至四十歲。

48 劉大鵬遺著，喬志強標注，《退想齋日記》（太原：山西人民出版社，1990），頁278–280。

49 袁英光、劉寅生，《王國維年譜長編（1877–1927）》（天津：天津人民出版社，1996），頁278。

第六章

啟蒙是連續的嗎？

從晚清到五四

前言

近代思想可以大略分成幾個階段：第一階段是一八六〇—一八九〇年，即洋務運動到戊戌變法之前的時期；第二階段是一八九〇—一九一一年，略等於戊戌前後到辛亥革命；第三階段是一九一七年「新文化運動」之後。與「新文化運動」相續的是一九一九年的「五四運動」，這兩個運動又常被視為一個整體，故人們通常稱之為「五四新文化運動」，或簡稱為「五四運動」。

近代中國的思想劇變——晚清、辛亥到五四新文化運動（本文所討論的主要是到新文化運動為止）這三個階段，可以被考慮為一個連續的格局。這幾十年思想的發展雖然參差不齊，不斷地在擴增或變化，但大致看來仍有個延續的趨勢。在這個階段中，許多新興事物往往有較早的源頭，以新文化運動為例，陳獨秀（一八七九—一九四二）在他的自傳中便說新文化運動的源頭是在清末。[1]

但是所謂的延續顯然不是簡單的連續，現代人的「後見之明」每每把歷史中一些頓挫、斷裂、猶豫的痕跡抹除，使得思想的發展，看起來是一個單純而平整的延續。各種以"origin"為題的思想史研究，很容易加深這種單純延續的印象。另外，各種《選編》、各種資料集，也往往給人一種印象，以為特定議題是單純的前後相連，這些文章原來分散在各種刊物、分刊於不同時間，但是選編或資料集裏往往去除了這種零散感。

即使是單一歷史人物，他們的思想軌跡也不必然是單純連續的，從胡適（一八九一—一九六二）給梅光迪（一八九〇—一九四五）的書信看來，胡適的思想立場也是不斷挪移、斷裂、逆反。他先是提倡理學、反對顏李，後來又反理學、倡顏李。[2] 從錢玄同的日記中也可以看出頓挫的、遲疑的、混亂的、往復的、劇烈變動的情形。[3] 個人如此，國家亦如此。我們今天倒溯回去看，總以為辛亥革命必然會成功，中華民國的建立是自然而然的事，但是身歷其事的周作人在他的《知堂回想錄》中竟說：「中華民國居然立住」，[4] 可見對當時人而言，這件事也未必有百分之百的把握。

但我們可以確定地說從晚清、辛亥到五四，其間雖然有種種頓挫、往復、斷裂、岔移，但隱隱然有一個連續的方向。然而，「連續」具有種種不同的型態，以晚清政治為例；惲毓鼎在《崇陵傳信錄》中便提出了「四事連環說」：「甲午之喪師，戊戌之變政，己亥之建儲，庚子之義和團，名雖四事，實一貫相生，必知此而後可論十年之朝局。」[5]「一貫相生」並非原樣不變，它們是如火箭發射，一節一節推進，每一節自成一個結構。在本文中我想以晚清到五四的這一段思想歷史為例，說明如果有連續，那麼連續的方式是什麼？

在本文中我將討論到「轉轍器」、政治與思想互相激發、議題的延續等現象，但是我又希望指出在延續中，其實內部仍存在着不同的段落，形成參差不齊的現象。

從連續的格局中，區辨出一次又一次的斷裂、跳躍、再激發，識別出連續中其實仍然各有段落，是有其重要性的，它使我們比較深入地把握到表面看來是簡單、延續，甚至是完全相同的概念或行為、議題，在不同的時代架構中往往有不同的意涵，譬如 Goodman S. Wood 討論美國革命時說的，美國獨立之後，傑佛遜他們的蓄奴行為看起來是延續的，但在獨立之後，包括傑佛遜在內，幾乎所有革命領袖都宣稱蓄奴是不義的，宣稱蓄奴制度很快會消失，[6] 蓄奴的行為看似連續，但前後對於蓄奴的看法和觀點已大不相同。如果未對連續格局中，每一次再震盪所形成的個別新結構，做出大致的區辨，則往往會誤失了其內部的真正意義，而且誤判了其間的因果關係。很容易誤將最後一個階段的結果倒推回第一階段，認為兩者只是一單純的延續，而做了許多錯誤的歸因與判斷。

一、連續格局中的思想「轉轍器」

首先我要檢討晚清共和思想與革命之間的關係，說明一種思想轉轍器的作用。有許多人認為辛亥以來直到五四屬於前後承接的連續格局。辛亥到五四有許多方面是延續的，首先是晚清以來新思潮，以及逐漸發展與傳統決裂的態度。辛亥革命是晚清以來思想、政治等方面層層堆疊而成的，而思想與革命之間、革命之後對新思潮的擴展，形成了我以下要提到的「轉轍器」的連續性關係。辛亥革命的成功使得國家制度產生的巨大轉變，造成如火車轉轍器般的作用，使得許多在晚清被認為是大逆不道的思想，轉而藉着國家之力，成為正統的、權威的。

辛亥革命的成功與晚清以來的思想啟蒙之間有着千絲萬縷的關係，尤其是民主共和與種族革命的思想。由於這方面的研究非常多，故此處不贅。如果不是晚清以來啟蒙思想的前導，那麼「革命」之後，並不必然是建立一個民主共和政體。誠如 John Dunn 所說的，不是所有近代的革命都是邁向激進、開放的，譬如墨西哥的革命便是邁向內修的、保守的（inward、backward）。[7] 晚清最後一、二十年間，新思潮賦予辛亥革命變革的方向和基調，使得這個革命一方面是以民主、共和為主軸，另一方面對傳統的思想文化採取批判甚至決裂的態度。

辛亥之前有若干變革，使得舊的傳統文化、舊的思想失去依靠，其中之一便是科舉制度的廢除。戊戌變法之後學校大行，學校與科舉有一段時期重疊並行。但當時很多人是買雙重保險的，一方面上新學堂，另一方面還準備科舉，因為在一九〇五年廢掉科舉之後，曾有過一次動盪，宣稱要廢了又沒有廢，使很多人產生買雙重保險的心理。[8]很多人以為科舉還會回來，但辛亥革命成功則明示它永遠不會回來了。那些以前白天要上學堂，晚上要去書塾補習的人，從此完全死心。蔣夢麟《西潮》裏講，小時候在私塾裏唸書的時候，那些成績最好的，老師認為他將來最有成就的學生，後來卻因為無法適應日新月異的環境而落伍了。反而像他這種四書五經念不好的，後來卻因禍得福。[9]科舉廢除後，八股文就沒有了市場，四書五經也不用再考了，從此以後晉身社會菁英的渠道完全改變了，如同胡適所說，假使科舉制度至今還在，八股文依然當令，「白話文學的運動決不會有這樣容易的勝利」，[10]可見廢除科舉的影響是非常深遠而且關鍵的。

辛亥革命之後，民主共和的體制一旦確定了，就很難回到舊的時代，雖然日後不斷有人說以前的時代比較好，應該回到君主制度，但如果仔細看後來張勳復辟時的相關文獻，就會發現復辟這件事居然招致許多軍閥的反對。[11] 如梁啟超在〈五十年中國進化概論〉中所說的，在辛亥以後「任憑你像堯、舜那麼賢聖，像秦始皇、明太祖那麼強暴，像曹操、司馬懿那麼狡猾，再要想做中國皇帝，乃永遠沒有人答應。」[12] 韋伯在《新教倫理與資本主義精神》一書中最後比喻資本主義一開始像罩上一件斗篷，後來則變成了鐵籠，它一旦罩上去，你就不能輕輕的把它移開了。[13]

辛亥革命成功以後，南京的民國政府雖然只有九十天，但它用體制性力量在民元的最初一個月間公佈了許多符合西方潮流的政策，三十幾通除舊佈新的文告。如一九一二年三月的〈臨時約法〉，將天賦人權、自由、平等、博愛的理想加以條文化、法典化，並且確立議會政治、三權分立的原則，以內閣制代替總統制以限制袁世凱的權力。雖然後來中央政府落到袁世凱手中，地方政權落到舊官僚、舊軍閥、立憲派手中，但此後它形成一種建制性遺產（institutional legacy），使得贊成或反對者都不能繞過它。在教育方面，蔡元培於一九一二年一月頒佈「普通教育暫行辦法」中宣佈：改學堂為學校、小學廢止讀經、各種教科書務必合乎共和國國民宗旨、清學部頒佈的教科書一律禁用，不合共和宗旨者可隨時刪改等。[14] 這些條文當然都有重大的建制性影響。許多原是晚清革命宣傳之思想，現在以法令、政策頒行全國，那麼它們的影響力最初也宛如一件輕紗罩在身上，最後變成「鐵籠」。周作人在他的《知堂回想錄》裏說，辛亥革命以後有兩件大事，一件是停止祭孔，另一件是北大廢經科為文科，「這兩件事在中國的影響極大，是絕不可估計得太低的」。[15]這兩件事代表傳統文化從此頓失所依，這是以制度的力量推行全國，跟晚清時零零星星的宣傳是不一樣的。[16]

韋伯說：「直接支配人類行為的是物質上與精神上的利益而不是理念。但是由『理念』所創造出來的『世界圖像』，常如鐵道上的轉轍器，決定了軌道的方向，在這軌道上，利益的動力推動着人類的行為」。[17]當火車前進之時，將轉轍器一拉，本來要往北跑的可能就變往另一方向了。在我們討論的這一段歷史中，思想與政治，政治與思想交互為轉轍器。先是觀念的力量推動種族革命、推倒王權，往追求憲政共和的方向邁進；接着辛亥革命成了一個轉轍器，它使得原來最核心的思想變成邊緣，原來邊緣的變成核心，清朝末年在日本東京等地，一群留學生所鼓吹的「離經叛道」的思想，此後變成「建制性遺產」，以政府的力量推行下去。原來只是文人腦內所思考的東西，現在要變成日常生活的一部分。

這個「轉轍器」的變化非常重要，所以我想多引一些材料來佐證。梁濟（一八五八—一九一八）說：「今開國時大倡反道敗德之事」、「想像從前中國，本係仁禮德義最為著名之國。自民國肇興，特開奢淫縱恣之惡風」、「信以為共和之國，但取人生行樂，無須檢束準繩，於是舉國若狂，小人無復忌憚」、「昔所目為不肖者，今或以為當行」。[18] 或如劉大鵬（一八五七—一九四二）日記中所說：「叛逆多居要津」、「辛亥大變以來，倫常全行破壞，風氣亦更奢靡，禮義廉恥望誰講究，孝弟忠信，何人實行，世變日亟，岌岌乎其可危」、「學變為新，吾道非特不行，而且為之大晦耳。親聞有毀謗聖人者，謂聖人毒害世人，歷久遠近乃不以聖人為準則方為大幸事」，[19] 皆說明了辛亥革命之後，新思想價值被定在最核心的位置，舊東西或者消失、或者退到邊緣。

劉大鵬在他的日記中記載了他對省視學視察學校的觀察，他說：「省視學到縣一日，今日來晉祠查學校，僅許辦理新學，不許誦讀經書」。[20] 在晚清主張不讀四書五經的是異端邪說，但原來天經地義的現在變成異端；又如民初安徽都督柏文蔚（一八七六—一九四七）批准警察廳長之請將城隍廟充公，撤毀偶像，是派警察負責執行的，這在辛亥革命成功以前都是不可思議的。[21] 以上兩個例子說明了，革命前不容於當道的舉動，革命後都是由官方動手執行。正如梁巨川所說：「今人為新說所震，喪失自己權威。自光宣之末，新說謂敬君戀主為奴性，一般吃俸祿者靡然從之，忘其自己生平主義」，以前被稱頌為忠君愛國的，如今同樣的行為變成是「奴性不改」；他又說：「昔所目為不肖者，今或以為當行」，[22] 以前的叛徒，現在成為革命英雄，這就是革命。革命不單是消滅那些不相容的東西，而是重新排列它們之間的價值，原來核心的變為邊緣，如劉大鵬說：「自變亂以後，學堂之內禁讀經書，只令學生讀教科書，則聖賢之道將由是而泯焉」，新式學堂不再唸四書五經，改唸教科書。[23]這是因革命而起的一個大翻轉。

鄭超麟（一九〇一—一九九八）在他的回憶錄裏有句話說：「皇帝的城牆怎麼可以拆去呢？」，[24]王權、傳統就像一道矗立的城牆，辛亥革命的成功象徵着那道牆被拆了、推垮了，但這並不是說舊的、專制的東西從此都消失了，而是新的和舊的東西全部都衝過去了，它們所居的相對地位產生了劇烈變化。晚清時的革命宣傳在當時是大逆不道的，可是現在它跟原來最正統的東西都衝過這道牆，成為可以被感受到的，甚至慢慢成為領導性的思維。這造成了一個時代「感知架構」的變化，有些東西在過去只是邊緣，或被視而不見，但在某一時代它開始被感知。

革命消滅了王權以後，與王權相關的很多機構也都消失了，這些機構所蘊含的思想意義也隨着消失了。鄭超麟認為辛亥革命到五四運動的地方社會，有種「紳士大換班」的現象。[25]科舉制度的廢除加上辛亥革命，使得原來有些阻撓新思想的一些地方士紳被推到旁邊去了，地方上所謂的「道德鎮守使」也失去了權威。[26]李六如的《六十年的變遷》裏面有一段說男主角參加革命成功以後，原來壓迫他們的叔叔伯伯，也要到他家來巴結他，因為他已成為新的菁英了。[27] 辛亥革命以後，紳士換班了，到北伐時，紳士又換成奉行主義的黨人。葉聖陶有一本小說叫《倪煥之》，北伐勢起時，有辦法的人要填一張申請表，弄一張黨證，有這張黨證就變成新的地方紳士。[28]

林毓生先生說，中國傳統的王權是政治、文化、道德、宗教、心靈的一個叢聚（cluster），[29] 而辛亥革命使得政治、宇宙論跟倫理秩序、道德，這些原來綁在一起的叢聚散開，就像木桶散開一樣，不能裝水了。皇帝一方面要治國安民，另一方面以祭祀神祇及教導道德為統帥國民之要義，這種思想一直維持至清代。所以當王權消失時，這個凝合所有東西的力量就散掉了。

《呂氏春秋》說：「亂莫大於無天子」，董仲舒在《春秋繁露》的〈原道〉中說：「道之大原出於天」，王權作為「天」在地上的代表，既是政治的，也是道德倫常的。又如《白虎通》對「普遍王權」（universal kingship）的特殊地位都有很好的描述。《白虎通》裏面按照宇宙秩序，連飛鳥走獸都列入王權的範圍裏面，所有動物的名字都有原因，譬如飛禽走獸的「禽」，是指可以擒來為用的意思，每一個字音都可以變成有意義的道德解釋，整個宇宙都屬於一個無所不包的系統，而這個系統在人間的中心就是皇帝。

過去，我們在思考王權崩潰時，大部分想的都是經書、先秦諸子或者其他文獻中對王權（kingship）的看法。事實上在一九一一年之前，人們對於王權的想像，有很大一部分是來自於小說戲曲、通俗文學，或是胡亂的猜測。譬如小說《乾隆下江南》裏，皇帝幾乎就是天地鬼神的總主宰，譬如乾隆有難的時候，城隍神會出現，然後調兵幫他解圍。皇帝不是我們一般想像中的「王權」而已，它是包含一切的整體。所有東西都假皇帝之名來宣稱。皇帝是一切事物的最終統領者，所以有許多人一談到皇帝，就有一種莫名奇妙的感動。

「王權」在一九一一年突然消失、崩潰，它的影響絕對不只在政治層面。清末劉大鵬說：「草野人民皆謂上既無君，吾等皆可橫行矣。」[30] 在這裏我要再引《鄭超麟回憶錄》所紀錄中下層社會對皇權崩潰的幾段觀察：「皇帝沒有了。這一點，漳平縣老百姓無論如何想不通。世界怎麼可以沒有皇帝呢？自從盤古開天地就有皇帝」、「但『老爹』背後沒有皇帝，畢竟減損了威風」，[31] 當王權突然在一九一一年被消滅掉，就好像人們突然從銀行或自動提款機中領不到錢了。

對比於日本的發展則截然不同，日本天皇仍在，隨時可以發佈《教育敕語》之類的文件。《教育敕語》說：「爾臣民，孝於父母，友於兄弟，夫婦相和，朋友相信，恭儉持己，博愛及眾」、「一旦緩急，則義勇奉公，以扶翼天壤無窮之皇運。」[32]這是對明治以來過度崇拜歐美新潮、忽略日本固有道德的一個大反逆，在辛亥以後的中國這是辦不到的。

辛亥革命那一年胡適剛好在美國唸書，當時大部分美國留學生是反對辛亥革命的，尤其是學理工科的人，稍微贊成的大多是學文科的，胡適是其中很少數的一位，而且很快就看出辛亥革命的重要意義。[33]甚至稍後袁世凱當政的時候，美國有很多後來成為民國時期重要人物的留學生也是支持袁世凱的，他們都認為中國需要一個有實力的政府，不然會大亂，而胡適依然反對他們。胡適有一篇講辛亥革命的文章說，連皇帝都得走了，那麼還有什麼事情可以再安然地被認為是神聖的呢？[34]所有東西都要拿出來拈一拈才放下去。胡適後來在新文化運動時期引用了尼采的「重新估定一切價值」作為口號，他並未主張打倒所有舊的東西，但提出要「重估」，這個口號與他先前所說的，既然兩千多年的皇帝制度都打倒了，還有什麼可以視為當然、視為神聖的想法一脈相承。

中華民國作為亞洲第一個民主共和國，這個新的「國體」與後來的五四新文化運動的興起，是有某種程度延續性關係的。如前所述，我們從復辟時代很多相關文獻中可以看出當時不少軍閥都反對回到原來的君主制，表示民主共和這頂帽子已經戴上了，所以即使後來有無數的來回動盪，但是這個大致方向已隱然在那裏。

革命派只短暫地當政，不久即落入舊派手中。一九一五年共和國體急遽向「帝制」過度，一九一五年十二月參議院推舉袁世凱為皇帝，北京報紙稱「臣記者」，革命只是表面的，實質上仍是兩不相關的帝制，各地軍閥及保守勢力復活，成一新舊並置之局。尤其是受了張勳復辟的刺激，使很多人覺得文化上並沒有相應於民國的改變，於是人們呼籲在這樣的國體之下，思想文化上要有一個相應的變化。我曾經撰寫一文題為〈思潮與社會條件〉，[35]就談到五四新文化運動與辛亥革命之間的關係。在新文化運動的相關文獻中，可以一再看到許多人批評民國是一個掛了假的招牌的「民國」，名為民主共和，其實文化、思想都還停留在君主時代。所以新文化運動時期人們才會說：「要想在思想文藝上替中國政治建築一個革新的基礎」。[36]

陳獨秀在〈舊思想與國體問題〉一文中說：「我們要誠心鞏固共和國體，非將這班反對共和的倫理文學等等舊思想，完全洗刷得乾乾淨淨不可」，[37]〈袁世凱復活〉一文中說：「袁世凱之廢共和復帝制，乃惡果非惡因；乃枝葉之罪惡，非根本之罪惡。若夫別尊卑、重階級，主張人治、反對民權之思想之學說，實為製造專制帝王之根本惡因。吾國思想界不將此根本惡因剷除淨盡，則有因必有果，無數廢共和復帝制之袁世凱，當然接踵應運而生。」[38]所以他提出以「民主」、「科學」作為徹底解決黑暗政治的利器，也就是說在共和革命之後，為了思想文化與共和國體之間的不協調，在思想界形成了一種重大的不滿與動力。他認為如果不從思想、文化上徹底改造，永遠都會有另一個張動、另一個復辟。所以新文化運動有一個很重要的源頭，來自於辛亥革命所定下的國體，但兩者之間不是簡單的因果關係。

新文化運動的前驅人物每每與陳獨秀相似，都是從這個方面的反省出發，開始了他們的文化改革論述。這方面的言論到處可見，儼然成為一個時代的標誌。如經亨頤一九一九年在〈願犧牲就是新思想〉上說：「我們假冒共和已經八年了。」[39] 胡景翼這一個陝西的軍人，在他一九一九年的日記中說：「中華民國實為可笑。」[40] 這是當時許多人共同的看法，這裏我還要舉另一個比較典型的例子。

從錢玄同日記看，他在五四之前的思想痕跡看不出會邁向激烈反傳統。但是可以看出當時的他對傳統思想態度處於極不穩定的狀態，東移西改、不斷變換。而且其中有一個重要傾向，每每抱定傳統的一枝一節，就好像以為整個文化命運可以寄託在這一枝一節之中。就是說從整個傳統的庫存中任選一個合乎當時希望的「點」，然後宣稱這個「點」可以支撐全部。另外，五四之前的錢玄同也表現出我先前所說的，[41] 認為中華民國只是個名義上的共和國，實際上在政治、文化、倫理上都與共和國的理想相去十萬八千里的憤怒，希望能對此有所「覺悟」，而且是「徹底的覺悟」。[42]

此處我想以魯迅的話作結。魯迅在《阿Q正傳》裏講到，「（阿Q）知道革命黨雖然進了城，倒還沒有什麼大異樣」，[43] 在經歷了辛亥革命之後，實際上阿Q生活的「未莊」似乎沒什麼改變。前面提到過，革命把「牆」推倒之後，新的舊的都衝過去了。舊的力量仍以其原狀或各種變體存在着，雖然表面上「未莊」沒有什麼改變，但很多東西事實上已經悄悄改變了，民主共和的帽子已經戴上，總統已經是選出來的，人們心裏雖然可能不想要這個東西，但口裏都說要民主自由。袁世凱當選總統時的誓詞：「世凱深願竭其能力，發揚共和之精神，滌蕩專制之瑕穢」。[44] 當籌安會大起時，許多輿論痛斥它是與原來國體相反，實屬大逆不道。袁世凱宣誓時口口聲聲說要維護共和憲制，後來的軍閥曹錕想當總統也得要透過賄選，證明表面上沒有變，但事實上已經變了。成為哲學家奧斯汀（J. L. Austin, 一九一一—一九六〇）所謂的 "illocutionary act"（「作言」或「話語施事行為」），革命所定下的種種形成一個又一個「施事話語」（performative utterance），[45] 人們奮力向它們趨近。所以即使一時之間沒有什麼實質改變，但變化的可能性存在着。雖然這些變化歸根結底不可能是徹底的，且讓我們看一下鄭超麟在回憶錄中是怎麼說的：「以後徹底的革命，就是從那次不徹底的革命發展下來的。形式上、稱謂上的改變，孕育着後來實質上的改變」，[46]「形式上、稱謂上的改變」如此重要，這是非常值得注意的。

相對而言中國革命所追求的方向與美國革命比較接近。美國革命帶有濃厚的以羅馬共和為師的色彩，[47]美國首任總統華盛頓在功成之後退隱到農莊，就是師法古羅馬大將辛辛那提功成之後退職莊園的精神。[48]美國革命之後，在思想、文化及社會方面的影響非常廣泛：如敵視任何階級，不願從屬於任何人之下，不願為僕人，社會看重自己努力成材之人；不再為固定人生產，主人變成僱傭人，教育大興，人們努力使得思想與舉止符合共和政府之理想；各種學會、刊物興起、印刷氾濫等等。[49]

從本節的討論來看，思潮與政治（政制）、政治（政制）與思潮，在時代的發展過程中交互成為對方的轉轍器。過去我們之所以忽略了辛亥革命在思想上的重要性，主要是因為一種「後見之明」，認為革命之前與革命之後，許多思想元素是一氣相連的，它們在清季已經出現苗頭並慢慢擴張，在民國初年接續發展。所以認為一切都是線性積累的成果，而忽略了政治革命與思想運動兩個介面互相轉接的現象；忽略了同一脈絡的新思想在「轉轍」之前可能是零星的、邊緣的，甚至是「大逆不道」的，經過革命的「轉轍」，藉着新的制度和機制去落實、擴散，原先「大逆不道」的、「顛倒正面」的，成為領導性的論述。

啟蒙的另一種連續方式是思想議題的延續。從晚清、辛亥到五四，思想界有過許多熱烈討論的議題，這些議題從字面上看起來幾乎是一樣的。我隨手翻閱幾種辛亥革命研討會論文集與五四研討會論文集，有許多題目幾乎是相同的，譬如：婦女解放、白話文等等。但是在此下的討論中，我想試着闡述，表面看來相仿，並不一定表示是單純的延續。類似的議題在各自時段中的幅度、廣度、強度、滲透度等各有不同，而隨着時代的不同、「背景文化」（background culture）的相異，即使是相近的議題，它們在當時的實際意義也不一定相同。

晚清與五四以來的時代變化非常劇烈，不管是國內政治的變化、國際的局勢（如一次大戰、俄國大革命、對日關係）、新思想成分的加入（如無政府主義等）等等，它們一層一層的，像捲麻花般纏夾在一起。所以這兩個階段的整體「背景文化」呈現不連續的部分是很自然的。

在廣泛閱讀晚清刊物——尤其是革命陣營的之後，我們發現晚清的思想界雖然有形形色色一直延續到五四的議題，如思想解放、革命、共和、民主、科學、女學、婦女解放、家庭革命、教育現代化、白話文、無政府主義等等。但在晚清，其「背景文化」基本上是為了求「強」，是希望步趨西方列強（尤其是德國），甚至嚮往滅人國、滅人種，成為一個

「民族帝國主義」式的國家。立憲派如此，梁啟超本人便是「民族帝國主義」最積極且持久的鼓吹者，革命派亦然，如章士釗在〈疏《黃帝魂》〉中主張絕對排滿且不反對「帝國民族主義」。[50] 從晚清到辛亥，許多看來具有啟蒙或現代意味的工作，往往是在求「強」的背景文化下進行的。

五四前後，一方面是一戰之後，人們認為這是「公理戰勝強權」，對「強權」有不同看法，更重要的是受到無政府主義，或當時瀰漫的、帶有烏托邦思想色彩的各種書的影響。「國」變成是有兩歧性的，[51] 一方面，五四是一個愛國主義運動，另一方面在一部分青年心中「國」是成問題的（而且兩者常常同時出現在一個人身上），甚至認為「國」是需要被破除的，譬如青年毛澤東（一八九三—一九七六）在《倫理學原理》的批注中，即認為「國」是四大「惡魔」之一。[52] 傅斯年（一八九六—一九五〇）在〈《新潮》之回顧與前瞻〉中說：「我只承認大的方面有人類，小的方面有「我」是真實的。「我」和人類中間的一切階級，若宗族、地方、國家等等，都是偶像。」[53]

從「民族帝國主義」變為反對「帝國主義」，甚至反對「國」，顯然不是個簡單的過程。彭明在《五四運動史》中已敏感地指出，晚清以來服膺進化學說者，每每以為「民族帝國主義」為天演之強者。這個想法經晚清到新文化運動前仍有勢力。陳獨秀一九一九年的〈自覺心與愛國心〉一文中說：「海外之師至，吾民必且有垂涕而迎之者矣。」[54]李大釗也曾在〈青春〉中說新興之族與陳腐之族相爭，後者必敗，並歌頌德意志帝國，認為它會在第一次大戰中得勝。[55]在新文化運動初期，服膺進化思想者，對此並不覺得有什麼不對。楊振聲的一篇回憶文字中便說，在五四初期，人們還不太能認識到帝國主義與封建政治的內在關係，當然還不知道反帝、反封建這個口號。[56]在新文化運動之際，用西方民族帝國主義的思維來想像自己的口氣消退了，人們雖然仍服膺進化思想，但是希望進化到新的理想。

當時北大校長蔡元培的言論，也反對狹隘的國家主義。蔡元培宣揚的思想跟價值，是要破除十九世紀以來西方的帝國主義相隨的種種強權式的義理，所提倡的往往是超越性的、普遍性的價值與學說，[57]這些理想在當時獲得了許多士人的認同。

以陳獨秀為例，從進化論出發。他與其前輩一樣「在一個很長的時間內，沒有提出反對帝國主義的口號。」[58]但是後來這種論調漸漸消失了，陳獨秀在〈偶像破壞論〉中，主張君主、國家……都是「偶像」，都應破除。「世界上有了什麼國家，才有什麼國際競爭；現在歐洲的戰爭，殺人如麻，就是這種偶像在那裏作怪。我想各國的人民若是漸漸都明白世界大同的真理，和真正和平的幸福，這種偶像就自然毫無用處了。」[59]一方面是五四的愛國主義，一方面是新文化運動的一種超越的普遍主義，兩者交織成一種新的「背景文化」，這與晚清以來是大不相同的。

二、晚清以來參差不齊的思想變化

在晚清，東西不分的思維是主流，譬如陳熾的中西「同軌同倫」，或「今之西學，周秦諸子多能道之」，或是像康有為認為「人理至公」，而美國、瑞士近於中國古代的「大同之世」，或如孫中山認為西方的共和主義同於中國之「三代」。[60]

尤其是晚清以來，「公理」、「公例」的觀念非常流行，這些概念基本上認為天下之「公理」、「公法」不分中西、不分古今，一體適用。它們有幾方面的特質。第一，它是中西普同的、新的「大經大法」。梁任公說「公理」、「公例」皆西人所獨擅，宋育仁說西人得公理十之七八，得「公例」幾全。第二，它是律則式的，所以對「道德」等皆提供一種新因素，相當於經書中的道理（尤其是「公理」），又高於經書。第三是道德、人事、身體、政治合而為一。它們既可能是反建制的，也可能是為建制提供更穩固基礎。第四，有一條由經學→公法→今日之西學的發展脈絡。用「公理」、「公法」把古書及西方摻和在一起，如「春秋合公法」。到了新文化運動之前，原本無所不包的「公理」、「公例」，好像變得人人可得而專之、人人都可以隨口秀出一句「公法如此」或「公理如此」，看似有根據，但又沒根據，使得「真理」沒有最高法庭，而且往往分裂成「新」、「舊」兩派，新派宣稱某者合乎公理，舊派也往往宣稱相反的東西合乎公理。真理的無政府狀態，是公法、公例的影響力慢慢消退的原因之一。一如法國大革命前之「靈學派」，宣稱一切都可以用靈學解釋，結果就是什麼都不可信了。Robert Darton 認為這是「啟蒙時代的結束」，[61] 在中國則是當一切現象都可用「公理」、「公例」解釋時，也就是「公理」、「公例」時代的結束。

晚清以來，各種經世文編中有五、六百條言及「公法」，好像這是全世界共通的大經大法，但是一次大戰後，一開始人們認為是「公理戰勝強權」，並立了「公理戰勝強權」的紀念碑，後來人們發現這個世界並不照「公理」、「公法」進行，從列強在巴黎和會中的種種作為，人們強烈感覺到強權畢竟還是壓倒公理。由陳獨秀使用「公理」一詞態度之轉變，即可知當「公理」在現實上變得不能兌現時所形成的諷刺與反差。

它們的沒落象徵了一些意義。第一，我覺得最為關鍵的是，晚清以來「公理」、「公例」的概念大多假設中西是共通的，這與中國傳統思想中「道一而已」（孟子）、「道通為一」（莊子，〈齊物論〉）的思維相合。即使是以西方為優位而建立的共通觀念（如前面宋育仁所説的，西人得其十之八九），但是中國也在一個共通的平台上。第二，人們使用「公理」、「公法」、「公例」時常明示或暗示，「中外通」、「古今通」，所以「古」、「今」是在同一個平台上的。[62] 第三，在「公理」、「公例」的世界中，道德、政治，科學、人生等混合為一，在共同的平台上。

但是在新文化運動前後出現一種態度，要人們刻骨銘心地承認東西文明之根本的差異，古今之根本差異，道德、政治、科學、人生的根本差異。所以，如陳獨秀、李大釗等人的文章，承認凡事不如人，「不塞不流，不止不行」，要清除舊的才能有新的，是從中西通用為主體到變為只有西方是主體，也就是魯迅説的「公理是只有一個的。然而聽説這早被他們拿去了，所以我已經一無所有。」[63]

他們認識到自己所處的時代不只是「古今之變」，同時也是「中西之變」，他們領略到「古今」、「中西」不在同一個平台上，陳獨秀、李大釗等人便大談東西文明之根本差異、古今文化的根本差異，即使這些文章在今天看來卑之無甚高論，但在當時卻振聾發聵，它告訴中國人，中西文明完全不同，它們不是在同一個平台（公理、公例）上，要努力去除自己原有的傳統，要努力學習西方才能做個「人」，也才能追上西方。

陳獨秀在他的里程碑文章〈憲法與孔教〉中，重新提出韓愈辟佛時所宣揚的口號：「不斷不流、不止不行」，意味深遠。[64] 意指「古」、「今」在一個不同的平台上，甚至是不相容的。區分東西方文化的差異，當然不始自此時，如嚴復在〈論世變之亟〉中便有這方面的表示。但在不同的「背景文化」下，即使表面上似乎講同一件事，實質意義可能也有所不同。

李大釗在〈東西文明根本之異點〉中說：「東洋文明主靜，西洋文明主動」、「一為自然的，一為人為的；一為安息的，一為戰爭的；一為消極的，一為積極的；一為依賴的，一為獨立的；一為苟安的，一為突進的；一為因襲的，一為創造的；一為保守的，一為進步的；一為直覺的，一為理智的；一為空想的，一為體驗的；一為藝術的，一為科學的；一為精神的，一為物質的；一為靈的，一為肉的；一為向天的，一為立地的；一為自然支配人間的，一為人間征服自然的。」[65] 陳獨秀在〈東西民族根本思想之差異〉中說：「西洋民族以戰爭為本位，東洋民族以安息為本位」、「西洋民族以個人為本位，東洋民族以家族為本位」、「西洋民族以法治為本位、以實利為本位，東洋民族以感情為本位、以虛文為本位」。[66]

東方一定是「精神的」，西方一定是「物質的」，而且語氣如此斬釘截鐵。又如後來以「科學」與「人生觀」對分，但是在「科學」與「人生觀」之外，是不是還有一些別的東西。[67] 五四為什麼只提「民主」、「科學」，沒有「經濟」或「道德」，這些當然都是非常值得進一步玩味的問題。

我認為從晚清一八八〇年代以來，一直到一九三〇年代，近五十年時間是近代「概念劇變」的時期，而這可以分成兩波。這兩波並不表示截然分開的，有許多是一直流行下來的，但也有不少是可以比較清楚地，依它們的起落分出一個分水嶺來，而這個分水嶺就在新文化運動前後。由於概念世界異常混亂，黃茅白葦一望皆是，所以要分別出這個界限，是非常不容易的事。而時間序列有其思想史意義的。[68]

而在處理概念的起落時，我主要以金觀濤、劉青峰兩位在他／她們的《觀念史研究》後面所附的詞彙表，參考該書的文章而勾勒出來的。我是想在這個簡表之後，選擇一、兩個觀念說明概念的興衰或新陳代謝的情形。另外，我也將選擇兩個觀念說明思想概念之鞍型期，相比於傳統的概念展現的排他性等特質。最後則準備以 Kenneth Burke 的論點，說明概念形成的「網格」（grid）如何造成現實的改變。

從金觀濤、劉青峰《觀念史研究：中國現代重要政治術語的形成》一書中的〈附錄二：百個現代政治術語詞意彙編〉，我們可以看到一九一五年後使用次數減少的詞彙有：「公議」、「公論」、「國民」、「立憲」、「憲法」、「自治」、「自主之權」、「主權」、「小己」、「群」、「群學」、「會」、「天下」、「民政」、「民權」、「合眾」、「富強」、「生計」、「計學」、「格致」。一九一五後使用次數增加的詞彙有：「真理」、「理性」、「會議」、「義務」、「個人」、「個人主義」、「群眾」、「社會」、「公會」、「經濟」、「科學」、「知識（知識分子、知識階級）」、「迷信」、「進步」、「革命」、「鬥爭」、「階級」、「共產主義」。[69]

綜合上述，除了明顯的事實，如東語詞彙的勝利、新文化運動以後馬克思主義相關概念的崛起以外，一個較容易觀察到的現象是循儒家傳統觀念所創造的政治詞彙逐步沒落——包括公議、公論、自主之權、群與群學、會、天下、民政、民權、合眾等觀念皆然。

以個人的觀察，由金觀濤所謂「儒學式公共空間」所產生的政治社會詞彙，到新文化運動以後現代語彙的確立，應該是一個確定的變化過程。此外，和知識論與形上學有關的範疇之興起（包括真理、理性、科學、知識、迷信）。「真理」取代「公理」，由「格致」

到「科學」和「生產力」，科學完全取代格致以後「中國知識系統脫離儒家道德倫理的軌道」。[70]

若是回到新文化運動在「價值層面向西方學習」這個比較傳統的階段分類，似乎可以說，從辛亥革命到袁世凱帝制失敗，確立了民主共和的政治價值後，學者才開始從政治社會語彙，以及廣義的從中國經世之學的角度包括歷史學，轉向更內核的以科學的訴求為核心的知識論與形上學來展開探索以及概念建構，並批判傳統。而由於知識論與形上學並不像政治社會術語可以在短時間之內吸收運用（如梁啟超一八九七至一九〇二年間所為），所以這批能以現代科學或哲學之名進行討論的學者，應與以庚子賠款美國退款留美受教育者有直接關係，而又與同時期的留歐、留日學子和百日維新後留日的知識分子在訓練方面有所差異。

如果翻讀《五四時期的社團》裏的相關文字，我們還可以看出在一九一九年之後，有一批概念興起：學術、非政治、道德、無意識、組織、國民、世界、無政府主義、國家、團體、國民、愛國、人、平民、平等、自由、資本家、主義、合不合「現代進化」、人的生活、覺悟、進化無窮、問題、社交公開、不應受環境的支配應該支配環境、反抗帝國主義、資本主義、社會革命、改革惡社會、工人、破階級、工人同智識階級合作、釋放全人類、造一種新生活、各盡所能各取所需、共同生活、真理進化、向上進化、血洗出一個新紀元、不可抗拒的世界革命潮流、科學、文化、實業、為真理而真理、點滴改造、文化運動、思想革命、專門學者之培養、人生觀、世界觀、世界問題、兼容並包、向上。

而且新概念每每表現出幾種特色：一、愈來愈強的排他性，獨斷性或力量化。譬如「思想」一詞比較沒有強烈的排他性，而「主義」則有排他性，區別「歷史」與「非歷史」也具有明顯的排他性。此外，這時代的概念逐漸高度意識形態化、絕對化、抽象化、有時候名詞具有動詞性、演進性（如以「人」為經過有意向的進步提升過程才能達到的境界）。有「化」作為綴詞的詞彙也展現了一種動感的維度（dynamic dimension）。

以下我要舉一個例子來説明。我曾經相當驚訝地發現，在古代中國，使用「傳統」一詞的情況很少，而且在這麼少數的用例中，幾乎無一例外的都是指血緣上的傳續，是某人傳某人之統，尤其是王位的傳遞，而且這個詞並不常用。當「傳統」一詞再度活躍時，原來是為了爭論誰應該傳光緒皇帝之統，以及由某人繼統衍生的相關問題。除此之外，從我目前掌握的簡單材料，如教皇是承統，如西方君主世襲國家的王位「傳統」，或如工匠的「傳統」。這些都是血緣的或具體的傳某位的意思。

從「中報數據資料庫」，我們可以發現具有現代含義的「傳統」大概是從民國七年開始使用的，與日本的情況大致相同。日本也是進入二十世紀以後才改變了原有的意思，「傳統」成為"tradition"的譯詞。日本翻譯過來的文章中，「傳統」一詞取得了"tradition"一意。新文化運動之後，「傳統」一詞變得愈來愈活躍。「傳統」一詞成立之後，具有排他性，某些東西是「傳統」，其它的不是，譬如梅光迪寫給胡適的信中説：「彼之Tradition如是，吾人無此種Tradition，可盲從之乎？」[71]

在這裏我要提到Kenneth Burke的一種論點，他總是強調透過「詞幕」有一個「轉換」的作用，我個人認為Kenneth Burke談到「轉換」時好像是比較消極的，是社會現實透過這些「詞幕」表達出來，使人們「意識到什麼是什麼」。然而這些概念也有其積極性，會驅動人們追求或完成某些目標，所以它不只是「意識到什麼是什麼」，同時也成了爬升的階梯或追求的目標。如果深入到個人生活世界及各個地方、城鎮社會去看，更是明顯。晚清舊派人物厭惡「新名詞」者，真是不可勝數。在清亡之後，升允甚至將清朝的覆亡相當程度地歸罪於大量的「新名詞」。[72]足見Kenneth Burke認為「詞幕」或「概念之幕」（terminitic screen）對現實有重大作用之説是有一定的道理。[73]因為人們是用這些象徵、詞彙系統來篩選、理解經驗世界（Burke 說他在探討 words on words），所以支配了這個經驗世界的性質意義。

三、「未來」時態的五四新文化

晚清以來，許多啟蒙的新議題已經出現過，但它們在那個時代所居的位置是不是主軸、核心的地位，及與其他分子的相對關係，所推展的幅度、廣度，所適用的範圍是不是「整個的」，是不是運用到全部人生日用之中，而道德、思想與政治、社會的黑暗病根的關係，何者是因，何者是果，還是只是平鋪並置、互不相涉，這些都是至關重要的。

「整體的」觀點包括對當時「病根」的理解。譬如陳獨秀與胡適聯名答覆易宗夔的信，不同意所謂文學革命只限於提倡「文言一致」，而不必推翻孔學，改革倫理、破壞古文。他提出：「舊文學、舊政治、舊倫理，本是一家眷屬，固不得去此而取彼」，[74] 將舊政治、舊文學、舊倫理、視為「一家眷屬」，這是先前沒有的說法。

至於在積極提倡的方面，民主、科學、人權、文學、哲學，這些議題自晚清以來已經談論得很多了，但是在五四時期談法顯然有所不同。首先，民主與科學第一次被緊密的結合起來。[75]此外，在此之前，整個時代圖景的主軸是政治的，而新文化運動所標舉的主軸，用遠在四川的吳虞所覺受到的話說：是「文學的」、「哲學的」。[76]五四新文化運動則刻意擺脱以政治範疇解決政治，而專以文化範疇救國，新文學、新思想、新倫理居於解決所有黑暗政治、道德、學術等一切問題的主軸位置。[77]

晚清以來，在某些人的思想中，民主、民權等價值，有時是互相矛盾的，如鄭觀應等提倡民權而反民主，即使戊戌政變之後，梁啟超亦高倡民權與民主二者，其意義絕異。[78]但在五四新文化運動中這裏是以「民主」概括一切價值，不再認為民主自民主，民權自民權。而且「民主」不只是為處理政治事務，而是運用到日用人生，一切場合之中。所以，一方面民主不再僅是與政體有關，而是「一切倫理、道德、政治、法律，社會之所嚮往、國家之所祈求」，都可以用「民主」一詞概括之。「科學」也不只是運用在科學實驗中，而是所有人生社會一切的場合都要合乎「科學」、「理性」的精神。[79]五四時所鼓吹的白話文亦復如此，從晚清以來便不斷地有人鼓吹白話文，但是設想的運用範圍有所侷限，五四時是要將白話文運用到一切場合中，包括文移來往等官方文書。

從晚清以來，對三綱或其他舊倫理問題的討論便不罕見，戊戌時期對三綱的攻擊即是一例。但是五四時期一方面是居於不同的地位，而且它與政治、社會等之相對關係不同。一方面「倫理的覺悟」是「為吾人最後覺悟之最後覺悟」，[80]而且「倫理覺悟」是結束所有政治黑暗之鑰匙。

晚清以來對傳統的反省、批判言論便時常出現，但正如彭明等在《近代中國的思想歷程》中所說的，晚清以來的批判每每是局部的，非總體的，或是「偏重政治層面，而非倫理文化層面」，或認為有「真」孔子，有「真」儒術（如章太炎的〈儒術真論〉），或認為三綱之類的陋說是曲解、誤解孔子真義的產物等。[81]而五四的批判，至少在宣示的層面上，是整體地批判儒家的文化傳統。胡適提出尼采的「重新估定一切價值」的口號，〈新思潮的意義〉一文中說：「評判的態度，簡單說來，只是凡事要重新分別一個好與不好。」[82]這是聲稱要施及包括政治、道德、習俗等所有事情的。至於「以個人為本體」的主體觀，而且要推展到一切議題上，便是不可忽視的。[83]

受到五四新文化運動影響，想從「文化」、「思想」入手處置「政治」的這個方式成為一個新的時代旋律。孫中山陣營方面，一九一八年當新文化運動正如火如荼的進行時，孫中山自粵到滬開始專心著述，宣傳學說。一九一九年五月，孫中山所著《孫文學說》出刊，在五四之後不久，《星期評論》、《民國日報》副刊《覺悟》出版，接着《建設》雜誌出版。同年底，陳炯明在福建刊行《閩星》（半月刊）。在梁啟超方面，也於新文化運動期間，在由上海赴歐的行前表示深悔過去不該從事政治，今後決心為思想界盡力。梁派並在五四之後辦《解放與改造》、《時事新報》則發行《學燈》副刊。少年中國學會在成立一年多後，於五四之後發行《少年中國》、《少年世界》等。[84]

五四帶來了看待事物的新方式，它們影響了包括文學、政治等許多方面的事物。老舍談「五四」說：「沒有『五四』，我不可能變成個作家」、「『五四』運動是反封建的。這樣，以前我以為對的，變成了不對」、「既可以否定孔聖人，那麼還有什麼不可否定的呢？……這一下子就打亂了二千年來的老規矩」、「假若沒有這一招，不管我怎麼愛好文藝，我也不會想到跟才子佳人、鴛鴦蝴蝶有所不同題材，也不敢對老人老事有何批判。『五四』運動送給了我一雙新眼睛」、反禮教與反帝國主義「這兩種認識就是我後來寫作的基本思想與情感。」[85] 顧頡剛在〈古史辨〉自序中則說：「不逢到新青年的思想革命的鼓吹，我的胸中積着的許多打破傳統學說的見解也不敢大膽宣佈。」[86]

故第一是放棄或否定了許多。第二是解放、開啟了無限可能性，而給予嘗試新表達方式的可能性。第三、新的思想、新的情感，種種翻天覆地的變化，使得受五四影響的人對晚清的事事物物有新的看待方式。[87]

除了文學、藝術、哲學、思想、人生等方面，吳之椿在他的〈五四運動在中國近代史上的意義〉一文中，則從各種方面描述這一個天上大風的影響。如「新學術」，吳之椿說：「這不是說，辛亥的領袖們不曾注意到思想與學術的重要；乃是說，他們未曾覺悟，中國的學術思想需要根本的改造」、「『五四』徹底的認識了學術與人生的密切關係」。他又說事實上，「中國近代史上的大建設，幾乎無一不是成功於『五四』以後。」如廓清軍閥、中國統一，以及其他大小事業，如交通、禁煙、行政之整理、法律之改革、主計制度、學校之充實、研究事業等等，人們對新事業的觀念與五四之前的看法有根本不同。[88]

如Reinhart Koselleck所說，概念中有不同的時間向度，有的是描寫過去的或現狀的，有的是投向未來的、理想的。譬如「民眾」（volk）在十九世紀是投向未來的，是將在未來實踐的。[89]用這個觀點來看陳獨秀、胡適等人當時文字中的時間感，尤其是把他們與當時保守主義思想家的文本相比較時，便可以得到如下印象：他們傾向攻擊「過去」，賦予「未來」、「期望」的思想或概念積極而正面的地位。而且對於讀者而言，只要是「未來」的、

「期望」的，便帶有龐大的吸引力。在新派作家的筆下，過去與未來、譬喻與現實之距離，常常呈現一種愈來愈近的情態。文學中可以區分兩種「時態」，一種是「此時性」的描寫，寫得再純熟也引不起新式青年的興趣，一種是「未來性」的描寫，這種文字往往能引起青年極大的興趣。[90]青年要的正是「夢想」與「追求」，不管是小說、詩、戲劇，「前向性」的內容，「未來」的時態才能引起進步青年的興趣。「過去」與「未來」之距離，改變了歷史的性質，並且塑製一種「期待」的文化。這個「時間差」本身就是一個塑造歷史的力量。[91]

每一個時代都有「青年」，五四時代特別突出這一個年齡層的人作為意見的主體。「進步青年」有一種「心理結構」，它們往往是不成邏輯的、片斷的、無意間出現的。從新文化運動文學作品中所顯現的進步青年的社會、政治、人生的觀點，什麼是好的、正面的，什麼是惡的、負面的，還有他們特有的一種「道德激情」，這些都是非常值得注意的歷史面相。

最後，五四的思想所乘坐飛翔的翅膀與以前有所不同了。報刊數量的急速擴增，使得五四的思想內容向四面八方急遽擴散與下滲。五四之後，新出的週刊、旬刊、半月刊、季刊多達四百種左右，多為大學生或中學生所辦，依當時人觀察，五四言論每每下及二、三等城市、縣城、鄉鎮。[92] 許多在此之前仰賴大都市知識分子思想資源的地方，開始出現了一種文化、思想、公共意見在地化的傾向，給他們自己提供言論表述的工具。[93]

結論

從晚清到辛亥再到五四，其中雖有許多模糊的、往復的、頓挫的變化，但大致而言是連續的。然而，這並不是簡單的連續，聯結的形式也時有變化，有時是傳遞式的關係，有時是「轉轍器」式的關係，有時是思想與政治相互激發而前進的關係。並且往往在積累某種動能之後，會出現一次既有所延續又帶有「量子跳躍」性質的變化，而且經過這樣一次變化之後，會在社會上產生廣泛而重大的影響。

那為什麼我要檢討啟蒙思潮是不是連續的，因為正如本文一開始所說的，火箭一節一節地爆破，而每一節的組成分子、結構及內在諸分子之關係是不一樣的，每一個分子在其中的意義可能也有所不同。而且，在歷史發生重大變化之後，各個時代的「背景文化」也往往有不同，所以即使討論的議題相似，這些議題在各個時代的歷史意義也可能有所不同。

以五四的兩件事白話文及標點符號為例。晚清便出現許多白話報，戊戌時期有人提出「白話為維新之本」的口號，至於標點符號，一八七六年《申報》副刊早已有標點符號了，但它們或是零星出現，或只針對特定對象。如果不釐清晚清到五四「背景文化」的變化，或將忽略它們在不同時代可能有不同的意涵，正如本文中所提到的，在美國大革命之前與之後，傑佛遜蓄奴這件事的意義是不一樣的。

從晚清到五四啟蒙是否是連續的？整體而言，當然是延續的，但是在延續之中還有跳躍、變化。我個人傾向於以「竹節」的比喻來說明這個過程，竹子一方面延續生長，可是又有竹「節」來區分竹幹的各個部分。

最後我要強調歷史並不總是連續的，五四之後「主義時代」崛起，黨人取代學生、信仰取代思想……其中固然有連續的成分，但是我們不能不承認其間有嚴重斷裂的情形，歷史逐漸進入另一個格局中。「啟蒙」已不再是此格局的重點，對主義的信仰成為了此階段的基調。正如胡適於一九一六年給許怡蓀的信中說中華民國有「第一民國」、「第二民國」之分，[94]那麼晚清以來的啟蒙，也可以區分為「第一啟蒙」、「第二啟蒙」、「第三啟蒙」吧？

註釋

1 陳獨秀，《實庵自傳》（台北：傳記文學出版社，1967），頁32。

2 梅鐵山主編，梅杰執行主編，《梅光迪文存》（武漢：華中師範大學出版社，2011），頁498–505。

3 楊天石主編；閻彤，王燕芝，左瑾，陳盛榮，劉貴福整理，《錢玄同日記》（北京：北京大學出版社，2014），頁219–315。

4 周作人，《知堂回想錄》（蘭州：敦煌文藝出版社，1998），頁182。

5 惲毓鼎，《崇陵傳信錄》（北京：中華書局，2007），頁60。

6 Gordon S. Wood, *The American Revolution: A History* (New York, NY: Modern Library, 2003), p. 128.

7 John Dunn, *Modern Revolutions: An Introduction to the Analysis of a Political Phenomenon* (Cambridge; New York: Cambridge University Press, 1989), p. 149.

8 當時居高位的袁世凱（1859–1916）便指出「科舉一日不停，士人皆有僥倖得第之心，以分期砥礪實修之志，民間更相率觀望」。即使在1905年清廷下詔廢科舉之後，還是不斷有士人上書請求恢復科舉，迫使張之洞（1837–1909）於 1909 年出言恫嚇：「如再有請復科舉者，從重嚴懲。」。清廷為了減低廢科學衝擊，於 1907、1909 年各舉行一次生員補充優貢，於 1909 年舉行一次補考拔貢與考職。廢科舉的相關爭議，見李長莉，閔杰，羅檢秋著，劉志琴主編，《近代中國社會文化變遷錄》第 2 卷（杭州：浙江人民出版社，1998），頁 468–472。

9 蔣夢麟，《西潮》（台北：世界書局，1974），頁 30。

10 胡適，〈五十年來中國之文學〉，《胡適文存》第二集（台北：遠東圖書公司，1980），頁 246。

11 張玉法，《中國現代史》（台北：東華書局，1988），頁 191–192。

12 梁啟超，《飲冰室文集》第 4 冊（台北：台灣中華書局，1960），頁 46。

13 Max Weber, *The Protestant Ethic and the Spirit of Capitalism*. Translated by Talcott Parsons (London: Unwin University Books, 1970).

14 陶英惠編，《蔡元培年譜》下冊（台北：中央研究院近代史研究所，2015），頁 334。

15 周作人，《知堂回想錄》，頁 424。

16 在許多青年思想心態上打開了一道大門，如葉聖陶《倪煥之》中說辛亥後覺得與往日不同，「彷彿有一股新鮮強烈的力量襲進了身體，遍布到四肢百骸，急於要發散出來——要做一點事。」甚至連考大學也受革命的影響。李濟在《安陽》一書中，即講到辛亥革命對考古學的震動。請見葉聖陶，《倪煥之》（北京：人民文學出版社，2008），頁 12；及李濟著，蘇秀菊、聶玉海譯，楊錫章校，《安陽》（北京：中國社會科學出版社，1990），頁 27。

17 （德）馬克斯・韋伯著，康樂、簡惠美譯，《中國的宗教・宗教與世界》（桂林：廣西師範大學出版社，2004），頁447。亦可參考 "The Social Psychology of the World Religions," in *From Max Weber: Essays in Sociology*, edited by C. Wright Mills. (New York, NY: Oxford University Press, 1958), p. 280.

18 梁濟著，黃曙輝編校，《梁巨川遺書》（上海：華東師範大學出版社，2008），頁66、71、75、76。

19 劉大鵬，喬志強標注，《退想齋日記》，（太原：山西人民出版社，1990），頁177、182、193。

20 同上，頁184。

21 劉志琴主編，《近代中國社會文化變遷錄》第3卷，頁75。

22 梁濟，《梁巨川遺書》（上海：華東師範大學出版社，2008），頁55、66。

23 劉大鵬，《退想齋日記》，頁179。

24 鄭超麟，《鄭超麟回憶錄》（北京：東方出版社，2004），頁22。

25 同上，頁115、150。

26 王汎森，〈「儒家文化的不安定層」——對「地方的近代史」的若干思考〉，《思想是生活的一種方式：中國近代思想史的再思考》（台北：聯經出版，2017），頁344。

27 李六如，《六十年的變遷》（北京：人民文學出版社，2007），頁333。

28 葉聖陶，《倪煥之》，頁220。

29 詳見林毓生，〈「五四」式反傳統思想與中國意識的危機——兼論「五四」精神、「五四」目標與「五四」思想〉，《中國傳統的創造性轉化（增訂本）》（北京：三聯書店，2011）頁178–179。

30 劉大鵬，《退想齋日記》，頁 179–180。

31 鄭超麟，《鄭超麟回憶錄》，頁 7。

32 《教育敕語》各版本的內文，可見陳瑋芬，《近代日本漢學的「關鍵詞」研究：儒學及相關概念的嬗變》（台北：國立台灣大學出版中心，2005），頁 242–246。

33 參考周質平，〈胡適論辛亥革命與孫中山〉，《現代中文學刊》，2011 年第 6 期（上海：2011 年 12 月），頁 14–17。

34 Hu Shih, "The Memory of October Tenth"，收入周質平主編，《胡適英文文存》第二卷（台北：遠流出版公司，1995），頁 786。

35 陳獨秀說，中華民國是一個「空架子」。詳細討論請見王汎森，〈思潮與社會條件——新文化運動中的兩個例子〉，收入余英時等著，《五四新論：既非文藝復興，亦非啓蒙運動》（台北：聯經出版，1999），頁 103–144。

36 胡適，〈我的歧路〉，收於季羨林主編，《胡適全集》第 2 集（合肥：安徽教育出版，2003），頁 467。

37 陳獨秀，〈舊思想與國體問題：在北京神州學會講演〉，《新青年》第 3 卷第 3 期（1917 年），頁 3。

38 陳獨秀，〈袁世凱之復活〉，《新青年》第 2 卷第 4 期（1916 年），頁 2。

39 經亨頤，《經亨頤集》（杭州：浙江大學出版社，2011），頁 117。

40 中國社會科學院近代史研究所編，章谷宜整理，《胡景翼日記》，（江蘇：江蘇古籍出版社，1993），頁 9。

41 譬如《錢玄同日記》1917 年 2 月 12 日條，頁 309。

42 詳細討論請見王汎森，〈思潮與社會條件——新文化運動中的兩個例子〉，《五四新論：既非文藝復興，亦非啓蒙運動》，頁 103–144。

43 魯迅，〈阿 Q 正傳〉，《魯迅全集》第 1 卷（北京：人民文學出版社，1981），頁 517。

44 〈孫文關於袁世凱受職誓詞電〉，收於中國第二歷史檔案館編，《中華民國史檔案資料彙編》第 2 輯（南京：江蘇古籍出版社，1991），頁 105。

45 J. L. 奧斯汀（J. L. Austin），《如何以言行事 1955 年哈佛大學威廉・詹姆斯講座》（北京：商務印書館，2012），尤其是第一、八、九講。

46 鄭超麟，《鄭超麟回憶錄》，頁 6。

47 John Dunn, *Modern Revolutions: An Introduction to the Analysis of a Political Phenomenon* (Cambridge; New York: Cambridge University Press, 1989), pp. 47–71.

48 Gordon Wood, "The Legacy of Rome in the American Revolution," in *The Idea of America: Reflections on the Birth of the United States* (New York, NY: Penguin Press, 2011), pp. 71–73.

49 Gordoan Wood, *The American Revolution* (New York, NY: Modern Library, 2002), pp.117–129. 與劉志琴主編的《近代中國社會文化變遷錄》第 3 冊中所描述的辛亥革命之後的各種文化現象相比，可以看出兩者之間的相似性。

50 章士釗，〈疏《黃帝魂》〉，《辛亥革命回憶錄》第 1 集（北京：文史資料出版社，1981），頁 219。

51 張灝，〈重訪五四：論五四思想的兩岐性〉，收於張灝著，任鋒編校，《轉型時代與幽暗意識》（上海：上海人民出版社，2018），頁 285–306。

52 「故凡有壓抑個人、違背個性者，罪莫大焉。故吾國之三綱在所必去，而教會、資本家、君主、國家四者，同為天下之惡魔也。」毛澤東，《倫理學原理批註》，收於中共中央文獻研究室、中共湖南省委《毛澤東早期文稿》編輯組編，《毛澤東早期文稿》（長沙：湖南出版社，1990），頁 151–152。

53 傅斯年著，傅孟真先生遺著編輯委員會編，陳槃等校訂增補，〈《新潮》之回顧與前瞻〉，《傅斯年全集》第 4 冊（台北：聯經出版，1980），頁 161。

54 陳獨秀，〈自覺心與愛國心〉，該文原刊於 1914 年 11 月 10 日，《甲寅雜誌》第 1 卷第 4 號，後收入陳獨秀撰，任建樹、張統模、吳信忠編《陳獨秀著作選》（上海：上海人民出版社），頁 118。

55 李大釗先歌頌德意志帝國，說為「青春之國民」與「白首之國民」相遇，則白首之國民必敗。

56 楊振聲，〈回憶五四〉，收於中國社會科學院近代史研究所編，《五四運動回憶錄》（北京：中國社會科學出版社，1979），頁 261、264。

57 例如教育一直是首務，反孔、廢讀經、講求美學、以學問為本。1912 年，時任教育總長的蔡元培，在北大開學典禮致詞時說：「大學為研究高尚學問之地。」

58 彭明，《五四運動史》（北京：人民出版社，1998），頁 135–136。

59 陳獨秀，〈偶像破壞論〉，《獨秀文存》（上海：亞東書局，1922），頁 229。

60 彭明，程歗主編，《近代中國的思想歷程（1840–1949）》（北京：中國人民大學出版社，1999），頁242，290。

61 Robert Darnton, *Mesmerism and the End of the Enlightenment in France* (Cambridge, Mass.: Harvard University Press, 1968), pp. 127–159.

62 「斷限化」一切，專精化、科學化，嚴密定義化，如以定理、定例取代公理、公例即是。

63 魯迅，〈新的薔薇——然而還是無花的〉，《魯迅全集‧華蓋集續編》第3卷（北京：人民文學出版社，1956），頁212。

64 陳獨秀，〈憲法與孔教〉，《獨秀文存》，頁112。

65 李大釗，〈東西文明根本之異點〉，收於中國李大釗研究會編注，《李大釗文集》（北京：人民出版社，2006）第2卷，頁211–212。

66 陳獨秀，〈東西民族根本思想之差異〉，《獨秀文存》，頁29。

67 李長之〈五四運動之文化的意義及其評估〉一文即在反省這一點，這為這是膚淺的理智主義，不肯正視浪漫主義及其情感。收入楊琥編，《民國時期名人談五四》（福州：福建教育出版社，2011），頁393。

68 金觀濤、劉青峰將中國現代政治觀念的形成區分三個階段，並具有不同特色：第一階段由洋務運動到甲午戰爭，此時期特點是用中國文化原有的政治文化觀念對西方現代觀念的意義進行「選擇性的吸收」。在這個時期，假如西方現代觀念與中國傳統概念的意義完全沒有重疊之處，則很容易受到拒斥。第二階段始自甲午戰爭，止於新文化運動之前（1895–1915），金觀濤稱之為「學習階段」，認為這是中國人接收西方現代觀念時心態最開放的時期，原來不存於傳統文化中的觀念，都是在這一階段引入的，而且比前一階段更趨近西方的原意。第三階段則是新文化運動時期，特別是1919年以後，金觀濤認為此時的特色是中國人對外來觀念的「消化、整合和重構」，並定型成為中國當代的觀念，並建構了中國主要的意識型態。換言之，金觀濤認為這是中國「現代性」的確立，而這個階段確立的詞彙意義往往與第二階段不同。金觀濤並強調，他的分期比一般學者所區分的「洋務運動為器物層次向西方學習、戊戌變法到立憲共和是制度層面向西方學習，以及新文化運動係價值層面向西方學習」更為理想。詳見金觀濤、劉青峰，《觀念史研究：中國現代重要政治術語的形成》（香港：香港中文大學出版社，2008）。

69 本段係根據金觀濤、劉青峰教授編的〈附錄二：百個現代政治術語詞意彙編〉中所提到的92個詞彙統計而成。金觀濤、劉青峰，《觀念史研究：中國現代重要政治術語的形成》，頁481–571。

70 金觀濤、劉青峰，《觀念史研究：中國現代重要政治術語的形成》，頁56、338。

71 梅鐵山主編，梅杰執行主編，《梅光迪文存》，頁529。

72 中國歷史博物館編，勞祖德整理，《鄭孝胥日記》第3冊（北京：中華書局，1993），頁1470。

73 詞彙之幕（或框架），使我們從無限多元的可能性的解釋區分隱蔽開來，每一個都遮蔽了一些其他見解。像一片起司，可以用無限種方式切分，而為什麼我們選擇這個方式切呢？Kenneth Burke, , *On Symbols and Society*, edited by Joseph R. Gusfield (Chicago, IL: University of Chicago Press, 1989), p. 26, 33.

74 陳獨秀，〈答易宗夔〉，《獨秀文存》，頁209。

75 彭明，程歗主編，《近代中國的思想歷程（1840–1949）》，頁408。

76 請參考王汎森，〈思潮與社會條件——新文化運動中的兩個例子〉一文。

77 陳獨秀，〈本誌罪案之答辯書〉，《新青年》，第6卷第1期（1919年），頁10–11。

78 熊月之，《中國近代民主思想史》（上海：上海人民出版社，1987），頁 137。

79 相關討論請見彭明，程歗主編，《近代中國的思想歷程（1840–1949）》，頁 409–410。

80 陳獨秀，〈吾人最後之覺悟〉，《青年》，第 1 卷第 6 號，收入《獨秀文存》，頁 56。

81 彭明，程歗主編，《近代中國的思想歷程（1840–1949）》，頁 414。

82 胡適，〈新思潮的意義〉，《胡適文存》第 1 集，頁 728。

83 彭明，程歗主編，《近代中國的思想歷程（1840–1949）》，頁 418。

84 郭廷以，〈新文化運動〉，收在林能士、胡平生合編《中國現代史論文選輯》（台北：華世出版社，1984），頁 126。

85 徐德明，《老舍自述》（武漢：湖北人民出版社，2006），頁 25。

86 顧頡剛，〈自序〉，《古史辨》第 1 冊（上海：上海古籍出版社，1982），頁 80。

87 譬如在史學方面，何齡修認為 1925 年謝國楨寫〈明季奴變考〉，顯然受到五四運動以來新思潮的影響。見何齡修，〈悼念謝國楨先生〉，《五庫齋清史叢稿》（北京：學苑出版社，2004），頁 57。

88 吳之椿，〈五四運動在中國近代史上的意義〉，楊琥，《民國時期名人談五四》，頁 412。

89 Gabriel Motzkin, "On Koselleck's Intuition of Time in History," in *The Meaning of Historical Terms and Concepts*, edited by Hartmut Lehmann and Melvin Richter (Washington, DC: German Historical Institute, 1996), p. 41.

90 夏濟安說：「禮拜六派小說之所以失勢，還有一個原因，即它們的作者對於新興的青年大多不了解，他們只會寫舊式的才子，或莫名其妙的瞎鬧的新青年的表面，他們不懂青年人的夢想、追求等」、「他們雖能極老練的描寫社會眾生相，但是青年人（還有一幫不成熟的中年知識分子）所注意的只有兩件事（大約可與 Shelly 相比），一是他們的熱情、二是理想，小說寫這兩樣東西，他們看了就有勁。」新文學作品的影響與里程碑式的思想文字相去是那麼遙遠，考慮思想運動時，通常只關注思想史中核心文獻的詮釋及影響，但若是談思想史運動落實在時代文化「總相」的作用，各種文本都是這個合唱團中的一員，五四新文化運動更是如此。思想文獻發揮啟蒙的作用，而小說、新詩等文學作品每每畫出了一幅畫，提供一個思想與生活呈現之輪廓。夏志清，〈夏濟安對中國俗文學的看法〉，收於《夏志清文學評論經典——愛情・社會・小說》（台北：麥田出版社，2007），頁 234。

91 Reinhart Koselleck, *The Practice of Conceptual History: Timing History, Spacing Concepts* (Stanford, CA: Stanford University Press, 2002), p. 11.

92 黎琴南，〈五四運動史的檢討〉，收於楊琥編，《民國時期名人談五四》，頁 514。

93 胡適，"Intellectual China in 1919"，收於胡適，季羨林主編，《胡適全集》第 35 冊（合肥：安徽教育出版社，2003），頁 254。

94 梁勤峰，楊永平，梁正坤整理，《胡適許怡蓀通信集》（上海：上海人民出版社，2017），頁 52。

第七章

後五四的思想變化

以人生觀問題為例

前言

在過去幾年中，我曾針對從「五四時代」到「主義時代」的思想發展作了一些研究，牽涉的層面較廣，其中一條線索便是「人生觀」的問題。[1]我想了解，「人生」何以成為問題，以及人生觀方面的問題在五四前後的發展。此外，這個研究還多少牽涉三個問題：第一，由五四之後有關人生觀的論戰，看「社會科學」如何崛起成為一個有力的詮釋體系；第二，在儒家經典逐漸失去權威之後，什麼成為新的「大經大法」；第三，人生觀的困惑與政治的抉擇如何牽纏在一起，同時與近代中國私人領域逐步政治化的現象相關。

一

新文化運動的一個重要層面是反傳統，胡適引用尼采「重新估定一切價值」這句話，成為反傳統的有力口號。反傳統運動把每一塊石頭都翻了一遍，幾乎沒有任何傳統是可以理所當然地被接受。這當然並不表示在實際上傳統已經完全不起任何作用，但是至少在理想的層次上，它不再是順順當當就可以依據的規範了。

值得注意的是，五四前後的思想世界出現了一種雙重危機：中國文化與西方文化皆面臨危機。前面提到，中國傳統文化因「重新估定一切價值」而面臨前所未有的危機，然而西方文化也在一次世界大戰之後出現種種問題，其中像「西方文明破產論」、或隨着社會主義思潮的崛起而否定西方近世資本主義文明的論調，使得當時不少人認為西方亦正處於恫惶無主的狀態，使得有意向西方取經的人亦感到彷徨。因此這不只是一個反傳統的運動，同時也是一個無遠弗屆的、將一切都「問題化」的時代。

新文化運動是多面的，它是解放的、無限希望的，樂觀地認為可以在很短的時間內尋找到真正屬於「人」的文化。但是解放的另一方面是生命意義都得由自己從新造起，因此也有人感到茫然而無所適從，對於這一部分的人來說，新文化運動帶來解放，同時也帶來一種失落感。無政府主義等思潮的影響，進一步加強了文化中的消解及懷疑的力量。一位敏感的青年有這樣的觀察：

甚至國家要不要，家庭要不要，婚姻要不要，財產應私有應公有，都成了亟待研究的問題。[2]

以人生觀為例，在傳統中國，「人生觀」是相當清楚而確定的。經過新文化運動洗禮之後，人們儘管未能在實質上清洗掉舊人生觀，但至少在理念層次上，每每認為舊人生觀是有問題的。新文化運動的重要議題之一就是「人生」，面向「人生」而不是面向所謂衰腐的傳統來思考什麼是人的生活。過去的「人生」是落伍的，是應該打倒的。問題是合理的「人生」是什麼？這對新、舊或不新不舊的青年都是一個大問號。舊派即使堅持舊的理想，也因失去信心，不敢自持。不新不舊的青年，則不知是要舊的還是新的。至於新派，則對於新的「人生」應該是什麼有時也未能得到確定的答案。

而且在近代中國，人的生命世界添加了許多舊社會所沒有的概念與範疇，「國家」、「社會」、「團體」等觀念都是。當時一般人對這些新東西常常感到莫名所以，[3]即使是到處向人們講解這些新觀念的青年們內心中往往也一樣困惑。過去對皇帝、對朝廷、對家庭應採取的態度是非常清楚確定的，現在加進這些新的社會關係像「國家」、「社會」、「團體」等，使生活變得陌生起來，本來可以理解的變得很不可理解。茅盾在《我走過的道路》

中就說五四點醒青年思考「人生」是什麼，[4]但是並未給答案。五四確實一再說文學應表現人生且指導人生，[5]但並未確定說明「人生」是什麼。

過去的研究大體都強調新文化運動之後守舊派之挫折、苦悶，此處要特別強調當時的新派青年也同樣感到困惑、無主。其中最為嚴重的，是因茫然、困惑而演出層出不窮的自殺事件，陳獨秀〈自殺論——思想變動與青年自殺〉，正是在這種背景下寫的。[6]在錢穆〈悼孫以悌〉這一篇不大引人注意的文章中，也道出介於新舊之間無所適從的青年，因為對「要怎麼生活」這一個最簡單的問題產生困惑，最後竟至於自殺。[7]

以下我想舉當時幾個青年的例子來說明，對他們而言，本來可理解的「人生」變得不可理解，本來順理成章的「人生」變得充滿問號。

吳康形容一些青年是：「一生的生活，都歸於『莫明其妙』。」[8]柔石（趙平復）說只知自己的過去是白過的了，但同時也不知未來何所往，對「人」究竟是什麼，也表示不清楚。[9]「『人』究竟是真的還是假的？」[10]「一個人，就是所謂人的一個人，究竟是一件什麼東西呢？」[11]「宇宙啊！為什麼有一個『人』的大謎呵？」[12]柔石的內心狀態則可以用他日記中的一句話概括：

> 心裏總覺得不安定。[13]

陳範予說：「做一天人，就不能一天沒人生觀。」[14] 人生觀過去由舊體系管轄時，是清清楚楚的，但陳氏說：「我自墮地到現在，都是昏昏董董，在夢昧裏謀生活；什麼人生觀，都是莫明其妙。」[15] 陳氏當時與許多人一樣想從佛學中尋找人生的解答，但是從他後來的發展來看，佛學似乎未能為用世情懷非常強烈的他提供這方面的解答。不過這裏要強調一點：困惑焦慮的同時，是解放的快感；困惑的同時是無限希望，是想主動地追求、塑造一種新的人生觀。

除了「人生」的困惑之外，辛亥革命、新文化運動以後，出現了一種精神層面的危機。[16] 對此，王恩洋觀察說：

> 人心失其所信，竟無安身立命之方……[17]

價值層次的、信仰的需求是非常自然的，故周作人的〈麻醉禮贊〉曾說：「信仰與夢、愛戀與死，也都是上好的麻醉。能夠相信宗教或主義，能夠做夢，乃是不可多得的幸福的性質，不是人人所能獲得。」[18] 宗教界、思想界自然都意識到信仰的危機，當然也出現許多新的選項，如太虛的人間佛教，宣稱佛教是最好的世界主義；周作人所謂的「人的宗教」，還有所謂「心力救國論」[19]等等，不一而足。但是在「科學」當令及救國的緊急壓力下，上述選項對當時青年的吸引力顯然很有限。

二

當時在「科學萬能」的想法下，是有不少人認為科學可以對人生、信仰方面的困惑有所解答的。但「科學」所承諾的很多，在涉及人生、價值、信念等層面上卻建樹有限。

當時中國的新興科學以「客觀化」、「科學化」為特質，對事物取「研究」的態度，基本上認為「價值」與「事實」應有所區別，「學問」與「生活」也不宜隨便混為一談，用胡適的意思説，學問是一回事，道德是一回事，信仰又是另一回事。學術從此脫離了政治與道德教訓的干擾，使學術發展得到長足的進步。然而對於一般人所渴望的價值、意義、方向之問題，則因為被認為不夠科學或有礙學術發展而被刻意褫落。新學術在牽涉價值、信仰、社會、政治的部分，尚未能建立一套足以完全取代傳統文化的系統。譬如許多出國學習心理學的人，都想尋找一套新的內在世界的法則，但是他們也很快地放棄如此豪華的夢想。以科學與人生觀論戰為例，科學派宣稱科學可以涵攝人生觀，但是一場論戰下來，人們很快發現科學能解決的範圍有限，帶來的新疑問反而更多。茅盾曾說：「大家的想法是：中國的封建主義是徹底要打倒了，替代的東西只有到外國找。」[20]但是到外國找來的新學問，並不能完全代替「封建」文化在傳統社會所扮演的角色。

在五四青年的期刊與社團的材料中，我們不時可以看到那一代人對人生、價值等問題迷茫不定、求解無門的彷徨與虛無感，「科學與人生觀論戰」在一九二三年發生。其近因固然是《歐遊心影錄》及東方文化派的興起，但也是當時青年思想界所埋伏的大問題。[21]

在這個論戰中，玄學派基本上是以受宋明理學及柏格森思想影響的一批人為主，科學派基本上是科學主義或實證主義傾向相當濃厚的一群人。論戰當中有一個問題被突顯了出來：人的價值世界與科學世界是不是分開的？

科學派宣稱世界是一元的，認為沒有主觀的價值世界，一切皆可納入大自然的規律中，包括人生觀在內。當時科學派確實也提出一套自認為比較系統的看法，如吳稚暉的「漆黑一團的人生觀」。胡適則一方面推崇吳稚暉的《一個新信仰的宇宙觀及人生觀》，認為它已經給人一個好榜樣，一方面擴充吳稚暉的觀點，開出了十條最低限度的科學人生觀，諸如根據生物及心理的科學，讓人知道「一切心理的現象都是有因的」，根據生物學及社會學的知識，「叫人知道道德禮教是變遷的，而變遷的原因都是可以用科學方法尋求出來的」。其中最後一條較有實際意義。他說根據生物學及社會學知識，「叫人知道個人——『小我』——是要死滅的，而人類——『大我』——是不死的，不朽的；叫人知道『為全種萬世而生活』就是宗教，就是最高的宗教；而那些替個人謀死後的『天堂』、『淨土』的宗教，乃是自私自利的宗教」。[22]丁文江則宣稱科學家在專注於他們的科學工作時，實事求是的精神訓練不是理學的修養所能產生的。[23]

而玄學派則認為上述兩個世界是分開的；科學自科學、人生自人生、價值與事實、主觀與客觀、科學與主觀意志、精神與物質之間不能隨便混為一談。人生觀的問題是主觀的，不能用科學規律來解決。玄學派的張君勱提出了九種人生觀，認為它們皆起於人的自由意志，不是科學所能置喙，主觀的世界與客觀的世界不可能在科學的世界統合起來。張灝先生便這樣說：「康德和休謨所代表的理性主義都承認科學理性無從替人類的價值建立一個理性的標準。」[24]

三

科學派與玄學派對人生觀的問題打得難解難分，討論往往說不到點上，對許多讀者而言，恐怕都未能有切心饜理之感。但是慢慢的，出現了一種宣稱能結合科學與價值層面的新論述。陳獨秀在為《科學與人生觀》所寫的序中，便透露出一種新訊息，它同時打擊玄學、科學兩個派別：對於玄學派，陳獨秀認為人生觀是物質生活及社會關係等因素所造成的，「都是他們所遭客觀的環境造成的，決不是天外飛來主觀的意志造成的」，故也都有定律可循；對於科學派，陳大罵說這一派不但沒有得到勝利，而且幾乎是丟盔卸甲，發表文章雖多，但是「下筆千言、離題萬里」，讀來像是《科學概論講義》，而不曾闡明自然科學的定律如何能夠指導「人生觀」。陳獨秀提出一種新「科學」——「社會科學」，它同時辯證地統合科學與價值、客觀與主觀、自由與必然兩個看來分裂的層面。陳一方面宣稱關於科學與人生價值互不相涉的論述是錯誤的，它們是可以結合起來的；另一方面主張「社會科學」既是科學的、又是關於人的社會的，它對人類社會活動的探討，足以發現一些規律，而這些規律可以作為人生問題的指導。[25]

瞿秋白在〈自由世界與必然世界〉中也宣稱「社會科學」可以結合前述的分裂。在「社會科學」的世界，既承認了社會現象有科學定律，同時也承認了人的意志自由，理想上應該把兩者結合起來，愈能認識社會的客觀定律，人的意志就愈有自由。瞿秋白說：

> 「自由」不在於想像裏能離自然律而獨立，卻在於能探悉這些公律。因為只有探悉公律之後，方才能利用這些公律，加以有規劃的行動，而達某種目的。[26]

他又說：

> 人的意志愈根據於事實，則愈有自由。[27]

因此可以用社會科學來為人生指出一個方向，探悉社會現象的「必然」因果律之後，主觀意志則循因果律而行，才有真正的自由意志可言，然後再由人生觀導向行動；如果否認社會科學，「而一切社會運動都成盲目的無意義的僥倖行動」。[28]

在過去，是經史子集，尤其是儒家經典或種種諺語、格言、家訓等在指導人生，但是當人們不再相信那些傳統的「大經大法」時，「社會科學」宣稱可以發現人類社會的新「大經大法」，並為人們提供一套新的人生觀。

值得注意的是，因為「社會科學」取得了新的權威，所以許許多多青年人，原先在新文化運動時期是渴望研究文學、哲學的，現在紛紛轉向，希望研讀「社會科學」，語氣之間似乎覺得不能在這方面下功夫，即有「落後」之感。[29]

這一明顯地由文學、哲學轉向「社會科學」的風潮，當然不只是為了解決人生觀的問題。「社會科學」在此時成為思想界的寵兒，它與全部思想、文化、政治、社會等層面密切嵌合。它遠遠超過學術，它是一種與人生的道路、政治、社會的未來，國家的命運，乃至整個世界的前途都環環扣聯的新科學，人們既期待也相信它能夠對以上種種提供清楚、確定、系統的解答。

在當時青年心中，「社會科學」一時成為解決各種問題的「大小總匯」，它似乎對新文化運動以來的種種問題，提出一個認識框架及解答，真、善、美三個層次皆在裏面，既是啟蒙，又是救亡。人們得到一個確定的框架去思考過去、現在、未來、價值、行動的抉擇與方向，這些都是以前龐大的傳統思想體系所能提供，而新學術無法提供者。

一九二〇年代左翼刊物中，大多強烈要求人們多看「社會科學」書籍，並宣稱雖然它不是一種技術知識，但對於從解決人生的問題到改造社會的事業都最有幫助，[30]而且還可以解決「動盪不寧的病症」。[31]「社會科學」被突出為「救國之學」[32]——「在人間世，只有社會學是唯一的、根本的、究竟的真實學問」。[33]「我是為了要致用」。「把他致用在解放改造的進程上」。[34]「一切學問，都只是為了社會學而先在的了」。[35]「『大家一起來研究社會科學』，這是最值得我們中國的青年注意的」。[36]

此處再回到人生觀問題。人生觀問題所牽涉的，不僅限於人生觀而已，對人生觀的困惑與渴望，往往引領一個青年走到包括唯物辯證主義在內的各種新主義的大門，他們往往在對傳統人生觀不滿而又對新人生觀感到茫然時，在各種新主義中找到一種新人生觀。

前面引用的《陳範予日記》中，有一段說他自出生以來都是「昏昏董董」，是「在夢昧裏謀生活，什麼人生觀，都是莫明其妙」。接着他說：「到去年的下半年，受了國家的新文化運動、世界的大潮流衝動，剛才發出一線光明；知道我個人這樣？我對社會這樣？對國家這樣？已經摸着一點頭引子，找出一點小光明了！」[37]陳範予一路摸索、一路變換，他那一條出路似乎是一種帶空想色彩的無政府主義。一九二〇年代以後，則有許多人因人生觀困惑，最後從「社會科學」唯物辯證主義中找到系統的人生觀。

一九二三到一九二四年左右，杭州一位青年學生張崇文在當地的報紙上寫文章《人生的意義是什麼？》說：「人生莫測，前途茫茫。」另一個青年安體誠在《杭州報》上則以公開信、用馬列主義的觀點論證了社會發展的規律，「指出在社會前進的道路上，不管前面有多麼大的阻力，它總是要發展、要進步的，這是一條不可抗拒的規律，人生的意義在於順應這一規律，自覺地為人類社會的發展和進步做出貢獻。」這封信在當時一般青年中引起極大的反響，張崇文、張新錦、黃文容、李和濤、方恆圃、酈咸明等，讀了這封公開信，「思想豁然開朗，精神為之一振」，後來許多人走上共產革命的道路。[38] 此處特別值得注意的是下面這個邏輯的關聯：發現社會規律↓不可抗拒的規律↓人生的意義在於順應這一規律↓為人類社會的發展與進步作出貢獻。從這四步邏輯可以看出從人生觀到所發現的歷史規律，到革命行動的密切關係。

應該強調的是，當時各家各派，儒家、佛家、道家、基督教，乃至當時的通俗宗教，都提出形形色色的人生觀，國民黨的理論家也不例外。譬如邵元沖寫了〈三民主義之人生觀〉強調三民主義的人生觀是互助、人和的社會，其理想是各盡所能、各取所需的人生觀。[39]

在各種人生觀的競逐中，左派的理論體系顯然勝出。一位從未成為馬列主義信徒的史學家回憶說，當時左派作家的書，尤其是人生觀方面的著作，將人生觀與歷史觀結合在一起，將鴉片戰爭至民國十六年這一段歷史，認為是民族恥辱之開始，是國家被殖民化的開始，是反封建、反帝國主義之源頭，「這一說法使一代青年們的心投入且溶入這股歷史大流中，使他們知道自己的歷史地位，自己的歷史使命。這是無數優秀青年撲向共產黨而甘願為之犧牲而成為烈士的秘密所在」。他也抱怨在孫中山的信徒這一邊，卻無人能依「民生哲學」寫出有分量的著作，指導青年應走的歷史方向。[40]

由上面這一段追述，可以看出人生觀與歷史觀結合，找出「自己的歷史定位」，「自己的歷史使命」，並引向反帝、反封建的一套系統的說服力與吸引力，從此生活本身不再是沒有確定答案的問題，也不再是沒有方向的浮萍。生命中的煩惱往往也可能是導向救國道路的開始。[41]

四

以下我將引在北伐之前《中國青年》中幾件讀者與編者的通信，說明新主義如何成為新的「大經大法」，指導、安頓人生、道德、人格，乃至日常生活的一切困惑，並將問題的解答、現實人生的出路一齊匯向反帝、反軍閥的道路的情形。

一九二五年五月《中國青年》收到一封署名淮陰兒的讀者來函，詢問惲代英〈怎樣打破灰色的人生〉，這位讀者是復旦大學的學生，信中提到因為家庭的變化、教會學校的強迫、身體較弱、社會的黑暗、國家的危亡和帝國主義的侵略，使其走到厭世的路，「人生愈覺變成灰色了」，像是一隻小船在大洋漂泊，不知將來作何歸宿？惲代英的回答是，你不願居此悲苦之境，「要去設法應付他，去做一個改革社會國家與打倒帝國主義的人」。而且要結交一些勇敢的朋友，與他們結伴前進，「你若能研究得到一種信念，知道國家社會一定是可以改造的，那譬如你在黑暗中間見了燈光」。[42]灰色人生的問題自然得到解決。

一九二四年五月《中國青年》刊出汝良的〈人格與國事〉討論「人格救國」的問題：

在殖民地和半殖民地的弱小國家，受外國經濟勢力的宰割壓迫，很不容易得着正當的生活機會，那種人民，哪是人格救國說所能救濟，……中國人不是不想要人格，不過非能打倒列強和北洋軍閥，要維持人格，在大多數人終是無把握的事。

我們要想實現「人格救國」，我們只有聯合全國人努力國民運動，以革命手段去對內打倒軍閥，對外推翻世界帝國主義，然後可以使人人不靠出賣人格以換取生活。[43]

所以強調的是革命的人格與革命的修養。這種人格的定義非常清楚，不是循規蹈矩，而是既「反抗」舊的，又「服從」新的——主義與革命的指導者，他們通常不提溫良恭儉之類的德目，而是認為人格的培養只是「認清楚路徑，猛勇前進」。養成人格的辦法是研究「社會科學」，明瞭現代社會國家的政治經濟狀況、一般民眾的生活情形與需要、國亂民困的病根之所在，「於是我們才能認清楚了革命的必要而可能的路徑」，而「對於未來的新社會發生渴慕嚮往之深厚情感」，[44] 然後在革命指導者領導下犧牲個人，不顧一切去奮鬥，「最後……我們要有堅定的主義的信仰。我所說的主義的信仰，是從歷史和社會實際狀況的研究觀察而得到的結果」。[45] 新的品性是刻苦耐勞的習慣、剛健奮鬥的精神、勇敢冒險的膽量，要「服從團體的紀律，服從真正的領袖根據團體的意志的指揮」，[46] 在革命的實際工作中去磨煉這些品性。

我認為，「主義」之所以吸引人，除了政治方面的因素是最重要的，還有一個不可忽視的原因：即它提供了一套藍圖，將個人遭際與國家命運聯接起來，將已經被打亂了的、無所適從的苦悶與煩惱的人生，轉化、彙聚成有意義的集體行動。

主義的吸引力是透過不斷的「換喻」形成一種具有說服力的思考框架。Kenneth Burke 一再提醒他的讀者，所有的了解都是"in terms of"式的，是「意識到什麼是什麼」，在不斷換喻的過程中，使我們的日常生活世界得到它的外型與形式，意識的模式幫助我們組織我們的日常生活經驗，使得它們變得可以理解。[47]

有龐大吸引力的「主義」是不斷進行「意識到什麼是什麼」的「換喻」，使得陌生亂的日常生活世界變得可以被系統地理解。但是如果僅限於把陌生的變得可以理解，還遠遠不能吸引當時進退失據的中國人。換喻到最後，是一套可以改變現實困境的實際辦法，提供解決所有問題的入口。

為了觀察這種「説服」的實際情況，我採用了二十世紀二十年代幾種進步刊物所刊載作者與讀者的問答。晚清以來這種文類非常流行，各種刊物中的「問答欄」是「消費者」與「銷售者」的聯接點，方便我們不只是從思想家的角度，而是從「消費者」——「讀者」的角度觀察一代思想的動向。

《中國青年》的問答欄很珍貴，它提供的材料讓我們得以觀察當時青年人現實生活中的苦悶與困惑；以及主義宣傳家如何引導當時青年把他們人生的困惑、生活的遭際與國家命運結合在一起，最後把各種困惑、挫折的情緒調動到一處，找到共同的出路。在這些回答中，惲代英、蕭楚女等的調子是簡單而一致的：一、中國在軍閥及西方帝國主義的雙重覆壓之下。情勢已經混亂到無可挽救的地步。中國立即要做的事是打倒軍閥及帝國主義。二、解救中國的唯一道路是「社會改造」、「社會革命」，完全重新來過，在此之前所有的零星努力都是沒有用的。由於「問題是整個的」，所以必須整體地解決、一次解決。三、唯一的出路便是停下手上個別的、零碎的工作，加入群眾運動、群眾革命，儘快地完成社會改造與社會革命，路只有一條，現在馬上可以的辦法是「到黃埔去」或「到武漢去」。四、唯有如此才能解決所有問題，不管是人生的困惑、煩惱、戀愛、家庭、學校，甚至連買不起書都可以貫串在一起加以解決——投入社會革命的行動，救國即所以救自己，並且在整個藍圖中把自己的人生安頓在一個有意義的座標中。在這裏，人生觀的問題、主義的抉擇與整個國家、政治的出路緊密相連在一起了。因為「主義」與人生觀及生命中的困惑、苦惱密切相連，而且有龐大說服力的「主義」提供了一個新的體系來引導人生，最後，包括私人領域都被「主義」整合在一起，而一步步地政治化了。人生觀的問題不是走向「主義」的唯一一條路，但卻是不能忽視的一條路。

註釋

1 過去幾年，我曾針對從「五四新文化運動」到「主義時代」的興起這段時間內青年思想界的特質及變化，作過一些研究。此次因杜立中先生邀約，節錄手邊草稿的一部分收入《五四運動論著目錄初稿》中。因為是節取全稿中的一部分，故照顧不能周全，請讀者諒察。

2 毛澤東，〈健學會之成立及進行〉，中共中央文獻研究室等編，《毛澤東早期文稿：1912.6–1920.11》（長沙：湖南出版社，1990），頁 364。

3 這裏要舉一個有趣的例子，五四時期的北京大學「平民教育講演團」到北京近郊演講，常講的題目便是用最淺顯的內容向他們說明什麼是國家、國民、團體、愛國。什麼是「人」等一連串對常民而言莫明其妙的觀念。晚清陳獨秀即已用白話文宣講什麼是國家等觀念，故此應非五四特例。見陳獨秀，〈說國家〉，原刊《安徽俗話報》第 5 期（1904 年 6 月 14 日），收入任建樹等編，《陳獨秀著作選》，上海人民出版社1993年版，第1卷，頁55–57。另請參考李孝悌的《清末的下層社會啟蒙運動》（台北：中央研究院近代史研究所，1992），也有類似之例。

4 茅盾，《我走過的道路》（北京：人民文學出版社，1997），上冊，頁404。

5 同上，頁173。

6 陳獨秀，〈自殺論——思想變動與青年自殺〉，任建樹等編，《陳獨秀著作選》，第2卷，頁53–68。

7 錢穆分析北大史學系孫以悌的自殺，其實也是在講廣泛的時代現象。第一。「怎樣生活」為什麼成為一個問題？他說：「當社會的秩序比較安定，政治法律風俗信仰等等在比較有遵循的時候，做學問的人，盡可一心做他的學問，本不必定要牽涉我們該怎樣生活的問題上去」，但當時中國家庭的父老兄弟早已失去指導子弟的權威及自信，所以不可能從生活環境中「得到一些將來生活上的習慣和信仰的可靠的基礎」，「舊的信仰和習慣，儘量破棄，新的方面的建立還遙遠無期」。錢穆，〈悼孫以悌〉，《史學論叢》（北京：北京大學潛社，1934），第1冊，頁1–6。

8 吳康，〈從思想改造到社會改造〉，《新潮》第3卷第1號（1920年），頁26。

9 趙帝江、姚錫佩編，《柔石日記》（太原：山西教育出版社，1998），頁11。柔石一度甚至說改造社會的起點是提倡娛樂（參見頁21）。

10 趙帝江、姚錫佩編，《柔石日記》，頁62。

11 同上，頁63。

12 同上，頁71。

13 同上，頁39。

14 陳範予著，阪井洋史整理：《陳範予日記》（上海：學林出版社，1997），頁 171。

15 同上，頁 170。

16 張灝，《中國近代思想史的轉型時代》，收入氏著，《時代的探索》（台北：中央研究院、聯經出版，2004），頁 50–52。

17 葛兆光，《十年海潮音：二十年代中國佛教新運動的內在理路與外在走向》，收入氏著，《葛兆光自選集》，（桂林：廣西師範大學出版社，1997），頁 173。

18 周作人，〈麻醉禮贊〉，《看雲集》，收入《周作人全集》（台北：藍燈文化事業公司，1982），第 2 冊，頁 157。

19 劉光炎主張「心力救國」，見劉仰東編，《夢想的中國：三十年代知識界對未來的展望》（北京：西苑出版社，1998），頁 161。

20 茅盾，《我走過的道路》，上冊，頁 49。

21 此處必須說明，人生觀方面的問題在論戰之後仍不斷有人在討論，並非所有與人生觀問題有關的文章皆已見諸《科學與人生觀：（科學與玄學論戰集）》一書。

22 胡適，〈胡適序〉，張君勱、丁文江等著，汪孟鄒、亞東圖書館編，《科學與人生觀：（科學與玄學論戰集）》（《民國叢書》影印本．第一編哲學宗教類 3（上海：上海書店出版社，1989），全書未編總頁碼，請見該序之頁 26–27。

23 丁文江，〈玄學與科學：評張君勱的「人生觀」〉，《科學與人生觀》，全書未編總頁碼，請見該文之頁 21。

24 張灝，《時代的探索》，頁 107。

25 陳獨秀，〈序〉，《科學與人生觀》，全書來編總頁碼，請見該文之頁1–11頁。

26 瞿秋白，〈自由世界與必然世界〉，蔡尚思主編，《中國現代思想史資料簡編》（杭州：浙江人民出版社，1986），第2卷，頁398。

27 同上，頁398。

28 同上，頁401。

29 參考我的〈「主義」與「學問」——20世紀20年代中國思想界的分裂〉，劉翠溶主編，《四分溪論學集：慶祝李遠哲先生七十壽辰》（台北：允晨文化實業股份有限公司，2006），上冊，頁123–170。

30 平心編，《青年自學指導》（上海：上海雜誌公司，1939），頁304。

31 同上，頁336。在這裏李平心說來函者有「動盪不寧的病症」，李告知對方說「也就是因為你還不曾採用新的邏輯」。從全書的語境看來，此處之「新邏輯」即「社會科學」。

32 參考我的〈「主義」與「學問」——20世紀20年代中國思想界的分裂〉，頁123–170。

33 蕭楚女，〈一切學問都是研究社會學的工具〉，《中國青年》，第14期（1924年1月19日），頁6。

34 同上，頁5–6。

35 同上，頁5。

36 徐文台，〈社會科學與擇業問題（來稿）〉，《中國青年》，第11期（1923年12月29日），頁10。

37 陳範予，《陳範予日記》，頁 170。

38 張守憲、董建中，〈安體誠〉，胡華主編，《中共黨史人物傳》（西安：陝西人民出版杜，1987），第 32 冊，頁 183。

39 邵元沖，〈三民主義之人生觀〉，中國國民黨黨史委員會編，《邵元沖文集》，（台北：中央文物供應社，1983），中冊，頁 336、339。

40 陸寶千，〈我和郭師量宇的鐸瑟關係〉，陳儀深等訪問、王景玲等記錄，《郭廷以先生門生故舊憶往錄》（台北：中央研究院近代史研究所，2004），頁 554。

41 一直到二十世紀三十年代《夢想的中國》中，上海女子中學許晚成仍説他的夢想是「出版《人生問題討論集》初集、二集，研究人生同題，得以透徹指導青年」。劉仰東編，《夢想的中國：三十年代知識界對未來的展望》，頁 107。

42 《中國青年》，第 79 期（1925 年 5 月 9 日），頁 435。

43 《中國青年》，第 30 期（1924 年 5 月 10 日），頁 9。

44 林根，〈青年的革命修養問題〉，《中國青年》，第 45 期（1924 年 9 月 20 日），頁 1–2。

45 同上，頁 4–5。

46 林根，〈青年的革命修養問題（續）〉，《中國青年》，第 46 期（1924 年 9 月 27 日），頁 4。

47 Kenneth Burke, *On Symbols and Society*, edited by Joseph R.Gusfield (Chicago, IL: University of Chicago Press, 1989), p. 5.

第八章

反主義的思想言論

後五四政治思維的分裂

本文是〈「主義時代」的來臨〉一文的續篇，主要是在討論各種「主義」風風火火之時，其實也有一些公開或隱然持反對態度的人，但無論何者，都呈現零碎而不成體系的現象。不管是消極地回應「主義」這個「包醫百病」的新政治理論，或是零碎而不成體系地批評，其現象本身也都反襯出「主義化」時期在思想上巨大的力量。本文便是對這個現象的一些初步討論。

胡適曾說，一九二三年以後的中國進入了「集團主義（collectivism）時代」，[1]我則認為一九二〇年代中期以後的中國可以稱為「主義的時代」。不管是「集團主義時代」或「主義的時代」，都有幾個大致的特徵：一、在思想意見上求同，二、在組織上求團結，三、在工作上求效率。「求同」、「求團結」、「求效率」這三個主軸在當時擄獲了許多青年人的心。但一個國家是否真的舉國一元化，以「求同」、「求團結」、「求效率」為唯一的一條路，在政治世界中是否有獨一的、不變的真理？是否應遵循獨一、不變的真理？在政治社會上是否有「根本解決」？是否應尋求「根本解決」？當時的「主義」者與「反主義」者對此有不同的看法。

如果更深一層考慮，對「主義」的贊成與反對隱然涉及了兩種真理觀、救國觀以及社會秩序觀的對立。「主義」者認為有一種無限的真理觀，一旦獲得了，它便可以窮盡所有現在及未來可能出現的事理。「反主義」者則主張有限的真理觀，認為事物的個別現象才是真實的，不可能有一種抽象的真理可以照應或解決所有現象、所有問題。在這樣的差異下，延伸出一系列的問題：社會秩序是從社會內部自發生成的，或是可以從外部加上去的？是有系統、有計劃、可以人為構作、並加以調動支配的，還是自然而然運作着的？到底社會是可以一夕之間全盤改變，還是只能一點一滴改良進化？政治上是否有「一抓就靈」的萬靈丹或「聖藥」（李求實語），[2]或是只能有因時制宜的有限處方？是應該統一所有思想、意志、力量在一個領袖下運作，還是應該是多元的政治？這些問題都是當時「主義」與「反主義」兩個陣營的爭論重點。

我們可以說五四之後不久，「主義」即已開始風行，在「主義時代」甚至連政治以外的事物，也往往以是否有「主義」為高——古文字學家胡樸安稱自己為「樸安主義」即是一例。[3]從一九二〇年代中期以後，左、右兩種「主義」一直主導着政局，吸引了無數的信從者。由「五四」到「主義時代的」這個轉變，其實是「思想的」或「信仰的」區別。五四時代的特色是「思想的」、「學理的」，但在主義的時代，「信仰」是第一，「思想」或「學理」附隨在信仰之下，受信仰的指導。在「真相」、「真實」之前還有一個所謂的「真理」，而這個「真理」是一種信仰，「真相」或「真實」是在這個「真理」的統攝之下才顯得有意義。此處的新「真理」，即是「主義」。不過當「主義」風行草偃之際，始終還有一些知識分子對不管是「左」或是「右」的「主義」進行反思或批判。

一

在這裏我無法充分羅列所有「反主義」的思想家，不過我盡可能地把散在各處的言論作一個整理並綜合觀察、討論。主義的批判者往往具有如下一種或幾種元素：一實驗主義，如胡適等；二、實證主義（positivism），如傅斯年等；三、受到英美自由主義或憲政思想影響的人，他們未必對西方自由主義理論本身作過深入的研究，或只是在西方或是日本生活過，如朱光潛、林語堂、張東蓀、吳景超等；四、受中國傳統影響，不能同意「主義式政治」的運作，如梁漱溟、章士釗等。

「反主義」思想家的批判對象也有前後的變化，在一九二〇年代之後一段時間，他們批評的主要對象是「辯證唯物主義」。北伐之後，批判對象主要是「三民主義」或是「黨義」，當然左右開弓、對左右兩種主義皆予以批判的也所在多有。[4] 主義的崛起與「新輿論界」的出現有關，與五四前後的輿論界不同。「新興論界」提供一個思想動員的有力平台，這個平台的主產品便是各種主義。胡適是當時「反主義」思想陣營的代表性人物，但他對於「主義」的態度也有過一些猶疑不定的時候。

早年的胡適對新蘇俄曾有過一段嚮往，一九一七年三月二十一日，在美讀書的胡適，有〈沁園春・俄京革命〉上半闋；四月十七日，日記上紀錄當晚續成〈沁園春・新俄萬歲〉的下半闋。[5]從這一闋詞的內容上看，胡適興奮的是對帝制的推翻，人民得到自由，對社會主義的着墨有限。不過這種表述，此後便不再出現。在一九一九年七月開始的「問題與主義」論戰中，胡適堅持以實驗主義的精神以「問題」對抗「主義」。他堅持實驗主義本來就以一切皆實驗為原則，沒有永恆的、確定不變的真理，既然連永恆的、確定不變的真理都不存在，當然也不認為會有那種籠罩一切的「主義」。[6]

但到了一九二〇年代，原本不大談政治的胡適屢屢對政治發聲。一九二二年六月十六日，胡適在〈我的歧路〉中說：「我現在出來談政治，雖是國內的腐敗政治激出來的，其實大部分是這幾年的『高談主義而不研究問題』的『新興論界』把我激出來的。」當時的胡適在文章中重申，實驗主義雖然也是一種「主義」，但實驗主義只是一個方法，一種研究問題的方法。這個方法是「細心搜求事實，大膽提出假設，再細心求實證。一切主義、一切學理，都只是參考的材料，暗示的材料，待證的假設，絕不是天經地義的信條」，[7]而且他對讀到任何「根本解決」的字眼，都異常敏感，連過去的著作中，使用這個詞而不自知時都提出來加以檢討，以示改過：一九二三年十二月，胡適在〈哲學與人生〉演講中說：「我在《中國哲學史大綱》上卷所下的哲學的定義說：『哲學是研究人生切要的問題，從根本上着想，去找根本的解決。』但是根本兩字意義欠明，現在略加修改，重新下了一個定義說：『哲學是研究人生切要的問題，從意義上着想，去找一個比較可普遍適用的意義。』」[8]一九二五年八月，胡適在〈愛國運動與求學〉中說：「救國的事業須要有各色各樣的人才；真正的救國的預備在於把自己造成一個有用的人才」，[9]而不是跟隨一種信仰之人。

然而胡適在北伐前後，對「主義」及「社會革命」似有了不大一樣的看法，兩件事情引起這個曲折，第一是到俄國，第二是北伐成功。

胡適於一九二六年，在莫斯科停留了三天，深深被所見所聞吸引，使他對七年前在「問題與主義」論戰時的看法有所修正，他在日記中大嘆中國的政客「沒有理想主義」。[10]民國時期許多學者、文人都曾訪問過俄國，如果能將這些紀錄加以整裏爬疏，各人的不同反應會是一個值得深入研究的問題。譬如徐志摩原是相當崇拜俄國及共產主義的，可是訪問俄京莫斯科之後所寫的文章就開始對共產主義和俄國革命感到遲疑，他一方面讚頌其新銳與壯盛，一方面又批判其殘酷與血流成河。[11] 在徐志摩主編的《新月》中，便常有反對新主義的言論。然而，持「實驗主義」觀點的胡適則說：「我的感想與志摩不同。此間的人正是我前日信中所說有理想與理想主義的政治家；他們的理想也許有我們愛自由的人不能完全贊同的……他們在此做一個空前偉大的政治新試驗。」[12] 他又說：「去年許多朋友要我加入『反赤化』的討論，我所以遲疑甚久，始終不加入者，根本上只因我的實驗主義不容我否認這種政治試驗的正當。」[13] 但是胡適語調中又有些保留，他說馮玉祥在俄國常給列寧畫像，「我對他的秘書劉伯堅諸君說：我很盼望馮先生從俄國向西去看看。即使不能看美國，至少也應該看看德國。」[14]

因為訪俄能有這麼大的轉移思想作用，所以當時人時常爭論是不是應該要某人假道俄國回來，或是避免從俄國回來，怕從俄國回來後便會被一種「主義」綁架。李大釗在被捕前一、二月，曾對北京的朋友說：「我們應該寫信給適之，勸他仍舊從俄國回來，不要讓他往西去打美國回來。」[15] 胡適後來還是從美國回來了，美國的顏色又深深地蓋在俄國的顏色上面，所以他歸途經過日本時，見到日本老牌共產主義者福田德三時，鄭重地記下福田一生不敢去美國，免得推翻了他一生信持的學說。[16]

當胡適一九二六年十一月從海外歸來時，北伐正在進行中，胡適認為這是近代中國的一大轉機。沈剛伯見胡適，胡適說：「因為要使中國近代化，就非除掉割據的軍閥，讓國民黨完成統一的工作，來實行三民主義的政治不可」、「他本來反對武力革命同一黨專政，但是革命既已爆發，便只有助其早日完成，才能減少戰爭，從事建設。」[17] 一九二七年，胡適在武漢大學演講時，說社會主義是未來的潮流，而且表示應該讓國民黨實行三民主義，相比於一九一七年時的態度，胡適似乎已經有了明顯的轉變。

總結胡適對「主義」前後不一的態度，我認為和胡適「實驗主義」的主張有關，故他的看法每每要在此標準下才能理解。當他看到俄國大革命建立了一個有理想、有成績的新政府時，在實驗主義的標準下是正面而值得歌頌的。在「問題與主義」的爭論時，他堅持實驗主義，認為天下沒有永久不變的真理，一切都是「待證」的，其實在某個意義上，與他歌頌俄國革命的成果並不全然矛盾，乃至於在一九二七年時，他主張應讓國民黨實行三民主義，也是同一道理。雖然胡適自認為說得通，但在外人看來他多少還是擺盪在兩個極端之間。整體而言，凡胡適比較同情「主義」的言論，大多是比較私人的談話、或出現在演講中。但他對「主義」的公然質疑仍然留給人們最為深刻的印象，譬如一九二四年八月一日，孫中山在《廣州國民日報》上的批示即可看出，當天該報「影響錄」欄目刊登了胡適的「多研究些問題，少談些主義」（案：此文原來發表於一九一九年）。孫中山在一旁怒批說：

> 編輯與記者之無常識一至於此，殊屬可嘆！汝下段明明大登特登我之「民權主義」，而上面乃有此「影響錄」，其意何居？且引胡適之之言，豈不知胡即為辯護陳炯明之人耶？胡謂陳之變亂為革命。着中央執行委員會將此記者革出，以為改良本報一事。文批。[18]

《廣州國民日報》上刊出胡適多年前反主義的文章，可見這篇文章受當時人重視的程度。孫中山之憤怒，除了因為胡適對陳炯明之態度為孫中山所不喜之外，也可以看出孫中山清楚地認為胡適的文章，對他所宣傳的主義是有批判性的。

一九二八年《民鐸雜誌》出現了兩篇痛批實驗主義者的文章。作者朱言鈞出身少年中國學會，後來成為數學家。他從哲學的角度出發，在〈駁實驗主義〉一文中說，他要駁的便是「實驗主義者主張天下沒有永久不變的真理」。作者用了很多的邏輯論證，得出「如果凡能發生實際效果的才是真理，那麼實驗主義本身果為真理與否，還是很可懷疑的事」、

「主張實驗主義的人到處以『拿出證據來』的氣概凌人……卻不知道『拿出證據來』本身還是一個成見，『拿出證據來』本身卻拿不出證據」。[19] 正因為胡適及一群自由主義知識分子的公開形象是以實驗主義反對「主義」，主張學術獨立，主張要走英美大力發展學術的路，而不是俄國的革命道路，所以遭到「主義者」的猛烈攻擊。

二

在「主義化」的時代，學生社團最為風起雲湧，但是在無數史料中，我也找到一些對主義持保留或反對態度的，他們大多受了五四思想的影響。他們常常只有隻言片語，而且論點各殊，大致可以分成四類。第一類是資格論，如《浙江青年團月刊》，這似乎是一個無政府主義刊物，它主張要人人皆聖賢才能行主義。[20] 如《新共和》便引用張東蓀所言，主張：「人性未經改造以前，決不可輕行無政府共產主義。」[21] 論者中還有一種樣態，認為要先有一種職業的人才配實行主義。如一九二二年八月，有一位筆名「勉人」的在《學燈》上發表〈為談主義者進一解〉一文中，痛斥「偽學者」高談主義，他問：「『主義國』

人人可談嗎？」認為談主義的人須有一種正當的職業才行，「你們沒有職業，你們實在不配談主義」、「年富力強的青年，他們正當為社會服務，這是他們為社會服務的大好時機。他們偏偏不然，高談主義，旁的什麼事都不願做」。又說，談主義的人須對主義有研究，不應該「跪在主義面前」，硬說馬克思主義一無可訾，俄國實行了馬克思主義，中國也應該實行。[22]

第二類是五四的正脈，主張道德、教育、文學優先論，如《北京大學學生周刊》：「不鼓吹一種主義，不主張一種學說……是要創造一個新道德、新教育、新經濟、新文學之愉快美滿的社會。」[23]第三類是受問題與主義論戰的影響，主張「問題」優先論者，如《蕪湖》〈宣言〉中說，蕪湖學社反對空談主義，認為必需藉着一個問題來應用我們一種主義研究的心得。[24]毛澤東在「問題與主義」論戰之後相當一段時間內，也是持「問題」優先的觀點。[25]第四類是懷疑主義者，如《蕪湖學生會旬刊》說，懷疑一切，懷疑舊的，也懷疑德謨克拉西主義，痛斥時人「並不明了新派是何種主義，就崇拜起新派來。」[26]或是認為在「主義」之前有更重要的，如良心、懷疑、覺悟，它們都優先於主義論者。

認為談主義，實行主義必須有前提、有條件的學者，我認為以張東蓀最有代表性。先是羅素說他不給中國推薦社會主義，在羅素的觀察基礎上，張東蓀於一九二〇年十一月發表的〈由內地旅行而得之又一教訓〉一文中，認為當時中國人尚未得到「人的生活」，所以還不配談任何主義。張東蓀先引了舒新城的一段話說：「中國現在沒有談論什麼主義的資格，沒有採取什麼主義的餘地，因為中國處處都不夠。」然後是他自己的話：「我們苟不把大多數人使他得着人的生活，而空談主義必定是無結果。或則我們也可以說有一個主義，就是使中國人從來未過過人的生活的，都得着人的生活，而不是歐美現成的甚麼社會主義，什個國家主義，什麼無政府主義，什麼多數派主義等等。」[27]他一方面認為「主義」是一個高遠的目標，不是隨隨便便可以談的，要一般人皆可以過「人的生活」時才能談，同時也把中國當時努力的目標放在另一方面，即開發實業增加中國的富力，使大部分人過着「人的生活」。

這裏面有一個緊張，一邊是「主義國」是人人能進的嗎？一邊認為若不進「主義國」，則「人的生活」要如何達到。陳望道反駁張東蓀說：「你難道以為處處都成通商口岸和都會，才可得着人的生活，才有談主義的資格嗎？」，邵力子也說：「而要使中國人得着『人的生活』，一定非先有一種主義不可。」[28]主義者認為要實行主義才能有產業、經濟、有「人的生活」，反主義者認為要先有現代的產業、經濟的生活，才能談主義。這種悖論在當時所在多有，如蔣介石，批評他的人認為不夠自由才形成敗局，而蔣介石則認為是太過自由才形成敗局。

大體而言，從上述的言論中，我們可以歸納出幾種論調：一是「主義資格論」者，這一派人認為「主義」是一種向上才能達到的境界，不是人人可及的，而且它多少認為要透過修善的努力才能企及「主義」的境界。譬如說要如「聖賢」般為團體獻身才能談主義，或是人先有一種職業之後才配談主義。第二種是認為先成「黨」才能談主義，在此之前不配談主義，或是如舒新城、張東蓀所說的，先過一種「人的生活」才能談主義。

有一點值得注意的是，後五四時代有些反對「主義化」的零星言論中都隱含一種不滿，即「主義化」迫使人們只能在「左」「右」之間選擇，並認為「調和」、「折衷」是最大的罪過，故有一種反主義的論點是主張「調和」，他們反對一個人非得選擇向「左」或向「右」不可，認為「調和」、「折衷」的態度才是人的正常生活。此時的「調和」不一定是「新」、「舊」之間的調和，而是「左」、「右」的調和，陶孟和、章士釗等人便是宣揚這個主張。章士釗的「虛主義」或「消主義」，就是在這個背景下說的，因而引起「主義者」極大的反感與憤怒，用朱執信的話說，章士釗失去了「學者的良心」。[29] 曾在英國受過學術訓練的社會學者陶孟和在北伐前後「主義」橫掃一切時，發表了〈主義與他的限制〉

一文，他說：「在這個人人都用主義相標榜，用主義相攻擊的時候，我們有時真覺得有廢止一切主義的必要。」[30]

這些爭論在北伐之後，因為國民黨以三民主義為全國的「大經大法」，引起了對「主義」式政治的反思與批判，其中可以民初青年黨領導人、國家主義者常燕生為代表。常氏在一九二七年所寫的《三民主義批判》，是我目前為止所見到過對三民主義最成系統的批判。這本小書原是天壤間的罕本，所幸經過學者的努力，我們終於可以讀到。[31] 這本小書左打共產黨主義，右打三民主義，並處處指出孫中山迷信俄國，套用俄國主義的情形。書中對民族、民權、民生主義都有長篇大論的批判，譬如他說：「把三個主義硬拉在一起，讓人好像覺得可以選擇執行其中一個主義即可解決一切的錯覺。」又如說民族主義六講中，大錯之處有三點：民權主義東拼西湊，不了解民權；民生主義與社會主義夾纏不清等，不一而足。但是在最後他還是向孫中山致敬。[32]

常氏除了在學理上對民族、民權、民生有所批評外，他的評論中最值得注意的是他指出三民主義不是一種政治理論，而是一種「信仰」。他說：「自國民黨勢力擴張以來，三民主義已完全變為宗教信仰，在青天白日滿地紅的旗幟之下，對於三民主義是只許頂禮膜拜」、「三民主義即已脫離了理論的根據，而變成神秘的信仰了」。[33]而我認為常燕生對「主義」作為一種新型政治「信仰」的反思，與他對三民主義內容本身的批判是同等重要的。

不過更值得注意的是常燕生在《三民主義批判》中還提到，即在這麼緊的「主義」政治之下，調子唱得很高，要求這樣、要求那樣，但落實到實際狀況，卻是在彌天大網下形成了奇怪的「無治狀態」。他說當時在「主義」滔天的局面下，流行的其實是另一套：「至於今日中國所流行的無治主義，世界主義，人道主義，和平主義，等等各色，乃是從老、莊以來的傳統東方思想，是懶惰的，落後的，反動的思想。這傳統的思想，在中國人的腦筋中，已經根深蒂固，發之於文藝，發之於思想，發之於談話，結果徒造成兩晉清談之禍。」[34]究竟該如何了解這一種「無治狀態」的形成，值得更深入研究。不過，一方面把政治主義化、信仰化，正像是把一切關注集中到一個看似很高的高調，但同時卻把日常的現實政治抽空，成為空虛狀態。常燕生藉此反思「主義式政治」，不但不是「一抓就靈」的萬靈丹，而且是對正常政治的嚴重干擾。

另外，更值得注意的是一九三三年六月，當吳經熊以個人名義發表了「憲法草案」，而其中第一條為「中華民國為三民主義共和國」，引爆了關於「三民主義共和國」的爭論。這個論戰斷斷續續了十三（一九三三—一九四六）年之久，前後分成兩波，一波是抗戰前，一波在抗戰後，雙方展開激烈的文章論戰。[35] 參與這次論戰的兩方分別是國民黨三民主義理論工作者，以及反對方——主要是一些憲法政治學者，他們反對將三民主義當成唯一的「主義」明定在憲法條文裏。

吳經熊的草案發表之後，《大公報》、《益世報》都發表社評加以強烈反對。《大公報》短評說，把三民主義分配到全部憲法之內各佔一篇，看來是國民黨的中華民國憲法，而不是中華民國的憲法，「因為政黨和主義是一時的，國家和憲法是永久的。」《益世報》的社評說：「今後政治集團違背三民主義即不許組織，今後政治信仰違背三民主義即缺乏自由。」國民黨的理論工作者胡夢華，首先以〈三民主義共和國〉一文，引用兩段社評為破題，一一加以反擊。[36]

胡夢華曾在安徽省立一師擔任校長，當時正擔任國民黨中央組織部訓練處長。他批評反對者犯了三種錯誤：「一，未能認清憲法為革命和歷史的產物；二，未能貫通三民主義與中華民國建國的聯鎖關係；三、未能認識國民黨之真精神。」他說：「憲法只有革命者的利益」，所以英國的〈權利要求〉、法國的〈人權宣言〉都反映了革命者的要求，而俄國革命後的憲法「只有工農兵蘇維埃的利益，便抹殺了資產階及其他一切人士的利益」。[37] 此文一出之後，支持「主義」作為憲法第一條者的意見，大多與胡夢華如出一轍，形成了一定的格套。像張絢中的文章便強調說，以「主義」為憲法之第一章是「一勞永逸的革命思想」。[38] 陳之邁則認為一個國家要有「立國精神」，而「三民主義共和國」中「共和國」是表明「團體」，三民主義是表示「立國精神」，而且強調「我們的政府是一個萬能的政府，是有無限威力的政府」，並進一步強調傳統無政府主義式的自由主義，是完成不了三民主義的使命的。[39]

上述諸家中最值得注意的共同點是以「歷史事實」為基礎的「主義國家論」，認為辛亥革命成功以及抗戰勝利都是在國民黨領導之下成功的，這兩個歷史事件證明「主義」、「國家」為一體的必然性。如張彝鼎〈三民主義共和國之解釋問題〉，認為歷經與日本的七年血戰後，人們應清楚明白中華民國「國魂」之所在，「矢誓服膺三民主義，成為中華民國立國之主義，而後意見乃歸於齊一」，認為反對的是「忽略歷史事實」。[40] 支持者或賦予另一種解釋，如一九四六年孟雲橋〈「三民主義共和國」一條應否刪除？〉一文中說，三民主義不只是中國全體國民乃至世界人類，所應共同相信之真理，因為民生主義就是現在流行的社會主義，民權主義就是現代流行的所謂民主政治，民族主義的最後目的即是世界大同。[41]

「團結」與「效率」這兩件國家最需要的東西，究竟如何獲得？「三民主義共和國」的支持者認為只有在唯一「主義」之下才能得到。反對者如余家菊則不這樣認為，他在〈憲政與三民主義共和國〉中說：「弭爭之法何在？即憲政軌範是也」、「人心平則民氣和，而團結有可能，效率有可高之望。信仰之統一，未必能奏此功也」。[42] 留學日本的憲法學者林紀東則在一九三三年發表了一篇評論，說：「大凡一種主義的實用性都附有嚴切的時間和空間的條件。在環境需要的時候，他固然應運而生，但一旦時過境遷，就有增綴減縮或根本廢棄的必要了」、「至於憲法，雖則未必是什麼『行之百世而不悖』的東西，然而他終竟是國家的根本大法，其受制於時間性的程度，遠視一種主義為不同」、「既然實行多黨政治，則一黨有一黨的主義，一黨有一黨的政策，勢不能以國民黨之三民主義，強使同之。在憲法裏規定三民主義，豈不仍然是一黨專政？憲政於何有？」[43]

在這一波「三民主義共和國」的論戰中，民社黨張君勱在《立國之道》（一九三八）中攻擊孫中山的主義，但他並不直接提「三民主義」，而是說民族、民權、民生「三原則」。[44] 同樣是民社黨的左舜生，在〈哥德論革命〉中說：「但不幸中國在最近的五十年，革命乃成了無上的美名，好像凡革命都是對的，凡不革命或反革命都是該死的，自革命職業化而天下皆亂人，自革命功利革命化而天下皆強盜。」[45]

三

因「主義」在當時已成了絕對唯一的真理，故消極放棄或積極反對都是表達一種態度，如傅斯年留歐回來後不談主義，而談政治、法律、國民訓練，或是像朱光潛熱衷於擺脫「主義」，談「人生觀」與「修養」的問題。如朱光潛《談修養》中說：「我信賴我的四十餘年的積蓄，不向主義鑄造者舉債。」[46] 朱光潛有這樣的觀點並不會令人驚訝，他在書中強調的是個人的覺悟與努力。看他書中各章的題目，即可知道他走的是五四以來個人的、倫理的、藝術的道路，而不是主義的、革命的道路，故他攻擊後者說：「他們憑自己的單純心理，建造一種難於立即實現的社會理想，而事實卻往往與這理想背馳。」[47]

「人生觀」與「修養」是「主義」與「反主義」兩個思想陣營決戰的戰場之一，而朱光潛《談修養》一書的內容，與當時各種右派或左派談人生觀的書是相當不同的。所以他說不向「左」或「右」的主義「舉債」。朱氏的〈中國思想的危機〉，則批評當時不允許不在「左」或「右」之間選擇一種主義的「政治思想的倫理化」的危機。他說，「左」即推翻中國政治經濟現狀，而「右」則包含了一切：主張維持現狀者；或不滿意現狀，而不同情蘇俄與共產主義者；或是同情之，覺得現時中國尚談不到這一層者；甚至於不關心政治而不表示任何態度者。但他對兩者概不贊同。朱光潛認為，政治思想成為劃分敵友之界線，「誤認信仰為思想，誤認旁人的意見為自己的思想」，「以口號標語作防禦戰，已成為各黨派的共同的戰術」，使得一個人非左傾或右傾不可。青年們是先確定了「信仰」再去「思想」——「他們腦裏先充滿着一些固定觀念，這些固定觀念先入為主，決定了他們的一切思路、一切應付事物的態度。」[48] 而他的文章則想避過「信仰」先於「思想」的套路。

至於傳統主義者則是透過另一種方式，對「主義式政治」或「主義式生活」進行答辯，以下便以梁漱溟為例，說明他們不同的處方。梁漱溟認為現代社會不可能不求同，不可能不求團結。他說：「在中國以前的士人，沒有團體，只有朋友，其原因甚多，但根本還在一點：即中國士人理性開發，喜出己見，從吾所好；而不信仰一個對象，與宗教正相反」、「拿一個主義主張結團體，是強人從我；在見解上求同，是忽略人格，這個在中國大概是不可能。中國士人要想結合團體，大概須掉轉過來：在見解主張上可以從容商量，而在另外一點——人格志趣——上求同。必志趣相投才有結合的可能。志趣相投，即志同道合，即同有志於人生向上的人。」[49] 梁漱溟的意思，是用傳統的辦法也能達到「主義」所欲達成的目標，而且更合乎人性。

梁漱溟認為傳統中國是一個職業分途，沒有階級分野的社會，故他提出的解答帶有宋明以來鄉約色彩的鄉村建設，然後「以農業引導工業的民族復興」。在這樣的社會不需要「主義式的政治」、「主義式的生活」，也可以達到重建社會的目標，只需要有大方向，順着社會發展的要求所產生出的數條「方針路線」即可。[50] 章士釗則提出「農國」的主張，其實也是在回答如果不要「主義」，要如何度過難關的問題。

但是比較有傳統農業社會式的道路，也不一定是傳統主義者的專利。章士釗一九二六年提出「農國」的思想，在當時的中國這是非常獨特的想法，他主張以「農國」為根本，再適度引進近代工業的好處。章士釗的〈農國辨〉中對中國傳統的「農國」與西方現代的「工國」做了不少深入而有意思的比較，他認為西方近代「工國」產生了無數的問題，譬如工國「因之資產集中，貧富懸殊，國內有勞資兩級相對如寇讎」、「明言財利，內賄外政，比周為黨」、「同業之相兼益急，而謀壟斷天下」等，最終導致第一次世界大戰。而共產黨的第三國際有「逃工歸農」之意，與「農國」之本義相默契。[51] 在「農國」之中不會發展到貧富「相對如寇讎」的地步，也就不需要第三國際、共產主義、階級鬥爭。章士釗的〈農國辨〉寫於一九二六年，梁漱溟的〈請辦鄉治講習所建議書〉於一九二七年提出，恐怕都與「主義」的風潮不無關係。[52]

在一九五〇年代的台灣，國民政府整軍經武，準備反攻大陸，並且將「主義」與「領袖」提到極高的地位，同時對中國傳統文化的價值，也以宣傳運動的方式大加鼓吹。胡適就在一九五八年從美國回台灣接任中央研究院院長，胡適、蔣介石這兩個極不相容的人，在睽違多年之後，又被命運擺在一起。

一九五八年胡適在中央廣播電台對大陸同胞的廣播中，強調共產黨為什麼要清算他，因為他「一貫認為一切的主義和思想，都不是絕對的真理」。[53] 同年在光復大陸設計委員會的演講中，他表示支持蔣介石說「三民主義是科學的」。他說：「這句話是有一個解釋，即三民主義因為不是武斷的，不是獨裁的，不是教條主義的，是兼容並蓄的」，又說：「我們的三民主義，民族、民權、民生這三方面都沒有獨斷一尊的意思」。[54] 胡適支持蔣介石的同時，其實是為「主義」做一個新解釋，希望把它從定於一尊的「信仰」，轉成是一種「政治的學理」。

胡適在一九五九年〈杜威在中國〉的講詞中說：「在合理的思想過程中，所有的理論，所有的學說，統統不能看作是絕對的真理，只能看作是有待考驗的假設，有待於在實用中加以考驗的假定；只能看作是幫助人類知識的工具和材料，不能看作是不成問題，不容考據的教條，因而窒息了人類的思想。」[55] 上面所引這一些說話，都同時既針對共產主義和三民主義，可以說明他在「問題與主義」論戰中對「主義」所持的批判態度前後一致。

最後，值得注意的是，「主義」是一種「信仰」。這種「信仰」不但支配政治行動，它還要決定人們的生活方式，所以討論「反主義」時不能不略略提及這個問題。

對於受傳統心態影響的人而言，「主義」式政治很新、很陌生。它要人們的日常生活直接或間接地都與政治有關，不停地透過口號、標語、動員，胡適在一九二八年時即已不滿地表示這是一種「新名教」。[56] 而且「主義」往往還要決定，是要過個人優先的生活還是團體優先的生活，是個人優先的生活還是主義優先的生活。不同的主義還以不同方式來指導、決定人們生活的方式，甚至要全面地接管人們的私人領域。[57] 一九三〇年代起，許多進步青年是主動希望將「主義」與「生活」結合在一起，並且以最大的熱情來檢查自己的日常生活及私人領域。

茅盾的女兒沈霞的日記中便充斥着「主義」與「生活」結合在一起的寫照，這裏我就臚列幾條例子：「今後，不是說什麼朋友或愛人，主要的是在感情的內容上加以革新，這樣才會有前途」、「我要用學習來統制自己，排除一切不必要的思想活動」、「對一個同志的愛，主要是對整個階級的愛，如果是與階級有衝突的東西，那就需要絕對的無情」、「向組織講，組織上將說什麼話是我行動的指南」、「記住在黨的原則下，私人感情等於灰塵」、「現在除了黨的話，任何人的話我都不會懂得，不會了解」、「我下決心在這三個月冬季學習中，把自己審查得清清楚楚，然後，將來能有一天，帶着嶄新的姿態去見他們」、「為什麼我還要愛他這個從思想上、政治上來說都不健全的人」。[58]

正因為「主義」想要決定人們的生活方式，所以有一種「反主義」者，是藉着提倡一種刻意非政治的生活方式，刻意把頭別過去來投射出他們反主義的意思。譬如林語堂一方面說：「今日談國事所最令人作嘔者，即無人肯承認今日中國人是根本敗類的民族，無人肯承認吾民族精神有根本改造之必要」、「今日之病在人非在主義，在民族非在機關。」[59]另一方面他的文學主張，包括提供幽默、性靈、小品等，顯然都是想解消正經八百的「主義」式生活，但以不在正反相對的範疇之外的方式來解消之。郁達夫一九三五年在《中國新文學大系・散文集》所寫的導論中即指出林語堂是「隱士和叛逆者」，而且認為他提倡幽默與性靈是對當時政府及社會主義文學之消極批判。[60]我完全同意這個觀察，但是林語堂針對的是「左」、「右」兩種「主義」，甚至是所有政治上的「正經八百」，而不只是社會主義。

結論

歸納上述，在主義時代來臨之時，人們認為五四以來的民主、自由主義本身的論述或價值，會對單一、強制的「主義」觀點，自然而然地形成一種對抗作用，故大部分的人對「主義化」的浪潮選擇沉默、安靜或噤聲，只有零星的人表示保留意見或公開地加以反對，但是他們提出的主張往往十分零碎。當然，這些零碎的說法可能是重要的，但是在客觀影響上，當時不足以形成一個對抗「主義」狂潮的思想資源，更遑論集結成為反主義的力量。

反主義者們主要是質疑政治是不是一種「信仰」？政治世界有沒有永恆不變的真理？政治領袖或一群黨員是不是足以代表主義這一套概括一切的真理主張？但因當時「主義化」的力量太大，故對「主義」持保留意見者亦每每依違兩可，不敢直視。他們對於當時青年所關心的，如何統一心志與力量，如何形成有力的團體等問題，大多並未明確地提出另一套思想，或另一條有用的思路來對抗。同時，在實質上也未能連結成一種力量，甚至不屑連結成一種力量。我覺得這也顯示了「主義」的優勢，和反主義者所面對的兩難，因為在孫中山的論述中，主義為「一種思想、一種信仰、一種力量」，目的在於如何以思想上的控制力統合出集體的力量，這是主義吸引力或價值所在，卻也是反主義者所反對的。

於是反主義者不屑連結成力量，符合他們對主義的看法，卻也無法擁有和主義抗衡的實力基礎，後來「問題派」的敗退也可以歸導於此。值得注意的是，在一九三〇年代有一種言論，認為「主義」不一定是求團結、求一致、求效率的唯一道路。如前述，梁漱溟便不認為應該是由上而下的主義，而是個個人自覺所結合而成的志趣相投的團體。

此外，新文化運動對反主義的影響，可歸納為兩種不同的思想資源，一是新文化運動的正統派，他們認為文學、哲學、道德、教育等才是優先的，主義的、一抓就靈的、全盤根本解決的，不是正路。「問題與主義」論戰中，「問題派」即為代表，我們知道許多原先主張「問題」優先的青年後來轉向服膺主義，但從五四之後零星的反主義言論中，仍可以識認出一些受「問題」主張影響而持續對主義保持反省的人。另一種「反主義」的路數則是新文化運動中強大的懷疑精神，「重新估定一切價值」，有些則受到無政府主義的影響。不過，無政府主義和主義時代的關係，十分複雜，非本文所能完全回答，在擁護主義和反對主義的陣營中，皆能見到無政府的影響。

北伐之後，反主義者的主要對象是國民黨，本文中所提到的「三民主義共和國」的爭論即與此有關。在「三民主義共和國」的爭論中，關鍵的主題是「黨可以由主義決定，但國家不可以」。常燕生的《三民主義批判》也是這一方面的代表，不過常燕生的書後來幾乎成為天壤間的孤本，所以實際影響很有限。

在「主義」之下反「主義」，在當時最常見的是用主義式的思維或語言反主義，變成即使反對主義，也必須要加上「主義」的名號，如自由主義。要不就在論述上走上另一極端，被主義規範、擠壓下的反主義，為了避免被人視為另一種主義，刻意走向零碎之解決，譬如「問題」與「主義」論戰中之「問題」，本來不一定是這樣談的。

最後我想提到一點，我們通常都注意到主義「定於一尊」的權威，不但要人做什麼，而且同時也不要讓人們做什麼；但是它有一個副作用是「不解決」，不單是不想或不能解決，同時也不准別人解決實質生活中的問題。不主義的，或是沒有掌握權力，不具備主義詮釋權的人，常常不被鼓勵去做什麼。尤其是紙上談兵式的「主義化」時代，最容易形成這樣的弔詭之局。常燕生批判的三民主義所形成的「無治狀態」，即是最好的例子。依樣畫葫蘆式的主義，只是在沙灘上無限廣闊地畫下一幅政治藍圖，沒有真正影響沙面之下的土壤，海水一來便沖刷殆盡。不停地規劃、動員、呼口號，但實際上是什麼都沒做，也不讓人家做，對主義的歌頌，從信仰的手段變成了信仰的目的，造成實際生活中的「政治空洞化」的主義政治，是值得深入思考和反省的。

我個人認為今天重訪「反主義」者的思想言論，仍有一些現實的意義。「主義」式政治在今日仍然是一種誘惑。那種「包醫百病」、一抓就靈，在總發電機下全力運行的政治想像，往往是一種極大的誘惑。尤其是當人們藉對話以形成共識的耐心已經磨光的時候，在許多人腦海深處，很自然地想回到「主義」的方式來思考如何應付「後主義時代」的政治、思想、存在的危機。政治人物應該有一定的信念，但是「主義」式政治把特定政治信念變成眾人的「信仰」，其實帶有一定的危險性，值得關心民國以來的政治歷史者注意。

註釋

1 胡適，曹伯言編，《胡適日記全編》（合肥：安徽教育出版社，2001），第6冊，頁257。

2 求實，〈評胡適之的「新花樣」（續）〉，《中國青年》第4卷第99期（1925年9月28日），頁732。

3 胡樸安，〈病廢閉門記〉，收於氏著，雪克編校，《胡樸安學術論著》（杭州：浙江人民出版社，1998），頁9。

4 見下文對胡適〈我的歧路〉的引用和討論。

5 胡頌平，《胡適之先生年譜長編初稿》（台北：聯經出版，1984），第1冊，頁277。之後該詞有收入《嘗試集》中，全文為：「客子何思？凍雪層冰，北國名都。想烏衣藍帽，軒昂年少，指揮殺賊，萬眾歡呼。去獨夫『沙』，張自由幟，此意於今果不虛。論代價，有百年文字，多少頭顱。冰天十萬囚徒，一萬里飛來大赦書。本為『自由』來，今同他去；與民賊戰，畢竟誰輸！拍手高哥，『新俄萬歲！』狂態君休笑老胡。從今後，看這般快事，後起誰歟？」見胡適，《嘗試集》（合肥：安徽教育出版社，1990），頁23。從內容上看，胡氏對俄國革命的嚮往偏重於人民從帝制中重獲自由的解放，對革命本身社會主義的一面着墨有限。另外，周策縱也曾指出該詩對毛澤東的影響，見周策縱，〈附錄：論胡適的詩——論詩小札之一〉，收於唐德剛，《胡適雜憶》（台北：遠流出版公司，2005），頁328–329。

6 胡適，《問題與主義》（台北：遠流出版公司，1986）。

7 胡適，〈我的歧路〉，歐陽哲生編，《胡適文集》（北京：北京大學出版社，1998），第3冊，頁365。

8 胡頌平編著，《胡適之先生年譜長編初稿》（台北：聯經出版，1984），第2冊，頁556。

9 同上，頁612。

10 胡適，〈致張慰慈〉，胡適著，季羨林編，《胡適全集》（合肥：安徽教育，2003），第23卷，頁493–494。

11 徐志摩，〈歐遊漫錄〉，徐志摩著，蔣復璁、梁實秋編，《徐志摩全集》（台北：傳記文學出版社，1969），頁509–598。

12 胡頌平編著，《胡適之先生年譜長編初稿》第2冊，頁645。

13 同上，頁646。

14 同上，頁646。

15 胡適，〈漫遊的感想〉，《胡適文集》，第4冊，頁29–40。

16 胡頌平，《胡適之先生年譜長編初稿》第2冊，頁678。

17 同上，頁664。

18 秦孝儀主編，《國父全集》（台北：近代中國出版社，1989），第7冊，頁317。此處參考了孟彥弘，〈胡適的政治立場——以其對國共兩黨的態度為中心〉未刊稿，預計收入《「胡適與中國新文化」國際學術研討會論文集》（北京：北京大學人文社會科學研究院，2016年12月），頁385–396。

19 朱言鈞，〈實驗主義〉，《民鐸雜誌》，第9卷第4號（1928年），頁1、7。但賀麟的《當代中國哲學》批評說：「由於實驗主義者重行輕知，重近功忽遠效，重功利輕道義，故其在理論上乏堅實的系統，在主義上無確定的信仰。在他們的目光中，一切都是假設，隨時可以改變。所以其理論是消極的破壞意義居多，積極建設的意義很少。……所以實驗主義者，沒有堅定的信仰，沒有革命的方案，頭痛醫頭，腳痛醫腳。『不談主義，多談問題』，正是實驗主義者最率直的自白，這種零碎片斷的作風，其結局在哲學上不能成立偉大的系統，在行為上無團體的組織，無堅定不移的理想和信仰。故不論在政治方面、理論方面，都不能滿足青年精神生活的要求」。賀麟，《當代中國哲學》（南京：勝利出版公司，1947），頁52。

20 中共中央馬克思恩格斯列寧斯大林著作編譯局研究室編，《五四時期期刊介紹》（北京：三聯書店，1979），第2集，上冊，頁428–430。

21 同上，下冊，頁518。

22 勉人，〈為談主義者進一解〉，原載於《時事新報・學燈》（1922年8月17日）。

23 中共中央馬克思恩格斯列寧斯大林著作編譯局研究室編，《五四時期期刊介紹》（北京：三聯書店，1979），第2集，上冊，頁241。

24 同上，下冊，頁480。

25 見毛澤東，〈問題研究會章程〉，《北京大學日刊》，第467期（1919年），頁2–4。

26 《蕪湖學生會旬刊》條，見中共中央馬克思恩格斯列寧斯大林著作編譯局研究室編，《五四時期期刊介紹》（北京：三聯書店，1979）第2集，上冊，頁477。

27 陳獨秀，〈關於社會主義的討論：（一）東蓀先生「由內地旅行而得之又一教訓」〉（原載《時事新報》），《新青年》第8卷第4期（1920年），頁1。

28 陳獨秀，〈關於社會主義的討論：（三）望道先生評東蓀君底「又一教訓」、（四）力子先生再評東蓀君底「又一教訓」〉，《新青年》第8卷第4期（1920年），頁4、7。

29 朱執信在1920年的文章，在《朱執信文錄》。我用的是蔡尚思主編，《中國現代思想史資料簡編》（杭州：浙江人民出版社，1982），第1卷，頁517–524，尤其是頁522。

30 孟和，〈主義與他的限制〉，《現代評論》第5卷第109期（1927年1月），頁85。

31 經陳正茂多方查找，將它整理編入常燕生原著，陳正茂編著，《被遺忘的學者：常燕生教育政治論文集》（台北：獨立作家出版社，2016）後，始得面世。

32 常燕生，《三民主義批判》，收入陳正茂編著，《被遺忘的學者：常燕生教育政治論文集》。

33 同上，頁241。

34 同上，頁295。

35 依據「民國期刊數據庫」以「三民主義共和國」檢索而得的標題數字，就高達 27 篇之多，可見一斑。

36 胡夢華，〈三民主義共和國〉，《人民評論旬刊》第 1 卷第 9 期（1933 年），頁 6。

37 同上，頁 7。

38 張絢中，〈論一勞永逸的革命思想〉，《血路》第 50 期（1939 年），頁 804–807

39 陳之邁，〈三民主義共和國〉，《新認識》第 5 卷（1942 年），頁 3–4。

40 張彝鼎，〈三民主義共和國之解釋問題〉，《三民主義半月刊》第 4 卷（1944 年），頁 2–3。

41 孟雲橋，〈「三民主義共和國」一條應否刪除？〉，《新批評半月刊》第 12 期（1946 年），頁 158。

42 余家菊，〈憲政與三民主義共和國〉，《民憲（重慶）》第 1 卷第 2 期（1944 年），頁 18。

43 林紀東，〈關於「三民主義共和國」（通信）〉，《獨立評論》第 47 號（1933 年），頁 19–20。

44 張君勱，《立國之道》（台北：中國民主社會黨中央總部，1969），頁 1。

45 左舜生，《萬竹樓隨筆》（台北：文海出版社，1967），頁 112。

46 朱光潛，《談修養》，收於朱光潛全集編輯委員會編，《朱光潛全集》第 4 冊，（合肥：安徽教育出版社，1987），頁 5。

47 朱光潛，《談修養》，頁 24。

48 朱光潛，〈中國思想的危機〉，朱光潛全集編輯委員會編，《朱光潛全集》，第 8 冊，頁 514–518。

49 梁漱溟，〈談組織團體原則〉，中國文化書院學術委員會編，《梁漱溟全集》（濟南：山東人民出版社，1989），第 2 冊，頁 112。

50 梁漱溟，《鄉村建設理論》（上海：上海人民出版社，2006）。

51 孤桐，〈農國辨〉，《甲寅》（北京）第 1 卷第 26 期（1926 年），頁 9、10、11、12。

52 梁漱溟，〈請辦鄉治講習所建議書〉，中國文化書院學術委員會編，《梁漱溟全集》，第 4 冊，頁 825–832。此外，以傅斯年為例，他則提出所謂的「國民訓練」來取代「主義」，見傅斯年，〈政府與提倡道德〉，《大公報》（天津），1934 年 11 月 25 日，第 2 版。

53 胡頌平編著，《胡適之先生年譜長編初稿》，第 7 冊，頁 2683。

54 同上，頁 2787–2788。

55 胡頌平編著，《胡適之先生年譜長編初稿》，第 8 冊，頁 2986。

56 胡適，〈名教〉，季羨林編，《胡適全集》，第 3 冊（合肥：安徽教育出版社，2003 年），頁 61–72。

57 詳細論述請參見王汎森，〈煩悶的本質是什麼——「主義」與近代私人領域的政治化〉、〈主義時代的來臨——中國近代思想史的一個關鍵發展〉等文章，收入氏著《思想是生活的一種方式：中國近代思想史的再思考》（台北：聯經出版，2017）。

58 沈霞，鍾桂松整理，《延安四年（1942–1945）》（鄭州：大象出版社，2009），頁 92、105、110、118、121、124、137、168。

59 林語堂，〈給玄同先生的信〉，劉志學主編，《林語堂散文》（石家庄：河北人民出版社，1991）第 1 冊，頁 116–117。

60 轉引自 Chih-p'ing Chou（周質平）"On Lin Yutang: Between Revolution and Nostalgia," in *The Cross-Cultural Legacy of Lin Yutang: Critical Perspectives*, edited by Suoqiao Qian (Berkeley, CA: University of California Press, 2016), pp. 19–37。

第九章

傅斯年

一個五四青年的挫折

近代中國從文明世界中心（至少在它自己眼中是如此）的位置淪落到一個新的低點，成為地球上最受屈辱、傷害和挫折的國家，激起了潰痛般的民族主義情感。在愛國主義的名義下，一個民族主義者可能在保守主義與激進主義之間、在右翼狂熱主義與左翼極端主義之間來回衝撞，搖擺不定。在難以逆料的巨變激流之下，對這樣的民族主義者而言，愛國主義永遠是終極的動力。

貫穿於傅斯年一生的思想歷程尤其如此。出生於最保守的地區，受到特別傳統式的教育，他被期望成為傳統學術的薪火傳人。傅斯年一九一八年令人驚訝地轉向新文化運動，大部分歸因於強烈的愛國主義情感及其尋找醫國之方的願望。他的愛國主義熱情不是表現於讚美中國的過去，而是表現於自責。他的文化反傳統主義是如此徹底，以至於他宣稱只有西方的學術才能稱為學術，而中國的傳統應該被完全拋棄。但是在他內心深處，他被兩極撕扯着。他要完全拋棄那些他最熟悉的，批判那些他曾經最為安於其中的事物。困窘、歧異和矛盾在傅斯年的思想和著作中非常顯著。他被冠以「一團矛盾」，過着充滿緊張的生活。

五四運動的兩個最重要的偶像，德先生和賽先生，並未攜手而來。在他早年的寫作中，傅斯年很少使用「民主」一詞，他的早期關注點更集中於科學和國民訓練。對傅斯年而言，中國的政治問題在於從未存在過一個「社會」，一個只有通過公民培養才能夠建立的實體。總之，在五四運動期間，傅斯年的思想中突顯着三種主要的關懷：彌合各種文化形式與中國社會現實之間的分歧；避免傅斯年定義為內省、道德化、渾沌的有害傳統心態；通過「國民訓練」將中國人由「群眾」轉變為「社會」。

雖然傅斯年的學習涉及到許多學科，然而他負笈歐洲所學的主要科目是自然科學。在歐洲，他的興趣很快從心理學轉向數學，又轉向物理學，最終轉向歷史語言學和史學。最後他在史學領域找到自己的位置，並將一種混雜了實證主義和蘭克史學的方法論引入中國史學，結果產生出一種主要由客觀性和嚴謹的科學精神構成的方法論。傅斯年提倡專門的研究。他主張整理史料，讓事實自然彰顯出來；他反對過度詮釋和通論。

史語所的建立是實現傅斯年歷史研究新理想的一項事業。在這個研究所裏，他堅持歷史研究是集眾的事業，創造一種制度性的遺產是現代學術的首要目標。他的企業家管理方式和他的私人關係使史語所取得了巨大成功。傅斯年敲響了鐘聲，一批有能力的學者們群起呼應，聚集到這個研究所一起工作。史語所成為中國歷史研究領域第一流的學術機構，培養了大批專業史家、考古學家、歷史語言學家和人類學家。兩個隨意的例子很能說明這一點：當張光直列舉中國現代最重要的六名考古學家時，其中四人來自史語所；他所列舉的四位殷商史研究的頂尖學者全部都出身於史語所。[1]

傅斯年強調第一手材料的重要及其收集材料的方法也產生了民國時期學術研究新風範。他派遣專業團隊開發檔案，開展人種學調查，進行大規模的考古發掘，並從事了許多其他合作性歷史專案，促成了很多領域的進步。他鼓吹的研究方法（利用工具、鏟和人的雙腳）開闢了研究新方向。隨這些成功之後，中國的歷史學和考古學領域見證了為數眾多的研究社團和團隊計劃的興起。[2]

但是傅斯年的新史學反對通史。其史學因回避任何倫理的或政治的評論而被批判為對當下的現實冷漠，也因將個別事實置於理論之上而遭到反對，蓋其不能提供任何簡單而全面的理論來回應迫切的時代問題，而其對哲學和道德教化的反感也遭到尖銳的非難。

作為一名歷史學家，傅斯年長於中國古代史的研究。他的學問具有顯著的方法論特點，即從多元論和發生學的觀點看待歷史事件，這也是五四思想世界的一個部分。傅斯年成功地勾勒出中國古代史上一些意義重大的轉接點。尤其重要的是他關於中國古代歷史多元起源論的學說。其他幾個有效推斷也為推進中國古代史研究作出了重要貢獻。這些專案的主要特點是將體系化解為多元進化的過程。許多傳統中國史學描述被化解為不相關的脈絡，不再支援儒家的道德典訓。例如，道德構成的三代被化解為東西方族群的鬥爭史。疑古是新文化運動的重要組成部分，但也是五四青年的傅斯年後來又有意識地拆解顧頡剛的激進學說，收集中國古代的碎片，進行重新建構。傅斯年同時集破壞者和建設者於一身。

傅斯年也因為研究古代中國道德哲學起源而聞名。他相信，中國落後的各種特性深深地植根於中國的內省道德哲學。在歐洲時，任何反內省的哲學都能吸引他，甚至包括粗淺的唯物主義。他後來追溯了中國道德哲學中幾個關鍵術語的語源學意義，認為在正統的儒家思想那裏「我們的本性沒有善惡之分」。傅斯年將孟子的道德傳統看作對原始儒家的背離，而將強調觀察外部世界的精神及規範行為的傳統看作儒家學說的真實顯示。這使傅斯年陷入他的一些兩難困窘之一：他是在帶有堅固的孟子學說樣貌的教育下成長起來的，但是為了把中國從其內省道德態度的「重負」下拯救出來，他譴責孟子的傳統，甚至開始相信樸素實證主義。

在一九三一年「九一八」事變以後，五四理想逐漸變成了負擔。與其他許多五四青年一起，傅斯年曾呼籲文化革命先於政治革命。對軍閥政治的厭惡及其對辛亥革命失敗的失望，使他們遠離政治，也使他們相信文化轉型是政治秩序的一個必要先決條件。他們主張，第一步是建立一個「學術社會」。因此，他們創造了這樣的口號：「二十年不談政治」；

「為學問而學問」;「惟一救國方法，止當致意青年有志力者，從事於最高深之學問，歷二三十年沉浸於一學」。[3] 傅斯年最初努力要嚴格堅持他們的理想。但是這些觀念很少能倖免於當下政治需求的挑戰，尤其是類似國共兩黨的對抗和與日本侵略的生死搏鬥那樣的政治需求。學術獨立，新文化運動的一項主要目標，被證明是個奢望。「為真理而真理」和「發明一個字的古義，與現一顆恒星，都是一大功績。」一類格言，以其荒誕衝擊着許多青年學者。在很多青年心目中，最急迫的問題更是向何處去？中國是一個什麼樣的社會？應該做些什麼？——這些問題都需要明確簡潔的答案。研究必須與政治相關。「延緩判斷」和「不談政治」的理想被看作是對當下現實無憂無慮和漠不關心，成為一代中國知識分子的重負。

文化反傳統主義這一五四思想的另一特徵也面臨着挑戰。甚至在他的許多同事已經緩和其立場之後，傅斯年仍無情地鼓吹批判中國傳統。但二十世紀三十年代文化保守主義的復興以及保護國家不受外來侵犯的迫切需要，都要求集體價值和全民認同。為了説服人民國家是值得保衛的，就特別需要光大民族的往昔。為此，以及其他一些原因，文化反傳統主義從各個角度受到嚴峻的質疑。此外，對中國傳統價值和意義的蔑視和忽視，也遭到了新儒家學派的攻擊，他們認為道德觀念，尤其是孟子的道德觀念，對人民具有本質意義。

新儒家含蓄指出，上述道德觀念的失落導致了青年的道德無序，對後來中共的成功產生了巨大影響。[4]像熊十力這樣的新儒家以及他協助創立的哲學學派在今天仍很活躍，他們堅持內省式道德哲學的首要作用，這實際上是對胡適和傅斯年的回應。

個人主義，又一種五四價值理念，則受到來自左右兩方面的挑戰。左派非難個人主義，認其為資本主義價值觀念，[5]在大部分黨的宣傳機構中，反個人主義方興未艾。[6]青年黨的領袖陳啓天（一八九三—一九八四）是個中間派，他呼籲復興敵視自由主義的古代法家。[7]右派則相信個人主義有損於國難之時國家急切需要的集體意志。

白話文也受到來自左右兩方面的嚴厲批判。國民黨贊成讀經，並規定把古漢語作為學校課程中的必修課，而左派則批評五四青年鼓吹的新式白話文不能為普通百姓掌握，並譴責它是歐化語言或新文言，是資本主義的語言。[8]

儘管左派的理念在很多方面確實植根於五四運動，但當「階級」成為主要的關懷時，五四價值觀很快被指責為「城市的」、「資本主義的」和「買辦的」。許多左派辯稱，五四思想不能為無產階級的需要服務，改造和啓蒙人民的工作很快被看作缺乏民眾感情。為適應無產階級的需要，「本土文化模式」（尤其是大眾的本土文化模式）捲土重來。當文化形式的作用被看作動員民眾參與無產階級革命或抵抗日本人的侵略時，五四價值觀念就被詆毀為極端脫離社會現實。用毛澤東的話說，啓蒙人民不再是知識分子的使命：「我們知識分子出身的文藝工作者，要使自己的作品為群眾所歡迎，就得把自己的思想感情來一個變化，來一番改造」。[9]

面對這些挑戰，五四青年發生了相當大的變化。一些人甚至拋棄了他們以前的信念。其中兩個人的這種變化最清楚地說明了這種轉型。五四遊行的熱情參加者、左派領導人瞿秋白（一八九九－一九三五）在他的「左聯成立大綱」中說，人民應該「埋葬」五四運動。傅斯年的同學茅盾，曾經勇敢地宣佈他要堅持五四運動的理想，但他在一九三〇年也改變了想法，呼籲拋棄五四運動遺留的因素。[10]

傅斯年顯然改變了他的一些觀點，尤其是在一九三一年之後。他從未完全拋棄他的五四價值觀念，但經常為它們所困擾。在歷史研究中，他從未遠離自己的客觀性理想。但為了回應九一八事變之後的民族危機，他倉促編寫了膚淺而主觀的《東北史綱》，以反駁日本人關於東北不是中國本土一個不可分割部分的宣傳。這本書極其概括而寬泛，表現出對他學術理念的偏離，但是尖銳的民族危機迫使他將其出版。雖然他提倡「忠於事實」的原則，但在中日戰爭期間，他譴責其他學者的中國西南民族史的研究，並建議他們應該停止，因為西南少數民族有着不同的種族起源這一歷史事實有害於國家的統一。他激烈地抨擊所謂的國學，而在外人看來，史語所的許多工作恰屬於這一範疇。他支援將反傳統主義作為醫治中國文化痼疾的良方，但在一些場合他又讚美民族的往昔，以喚起愛國情感。他的確是「一團矛盾」。

傅斯年以支援民國政府而著稱。值得注意的是，一大批知識分子在一九二七年從北方前往廣州加入國民黨事業，其中有魯迅、郭沫若、郁達夫。傅斯年也被國民黨第一次全國代表大會的宣言所吸引，這是一個社會主義的、反對買辦和反對帝國主義的綱領。然而，蔣介石後來的獨裁統治卻疏離了這些原則。在二十世紀三十年代早期，傅斯年曾激烈地批判蔣介石和他的黨。這使他陷入了另一個兩難困境：考慮到他對中共的敵意，政治上他必須在這兩個他最不喜歡的黨派中進行選擇。日本的入侵迫使他支援一個他相信能夠拯救這個國家的強勢領導人。傅斯年擔心，即使有了一個好的政府，中國仍處於被日本征服的嚴重危險之中；而如果根本就沒有政府，他的結論是中國一定會被征服。他將蔣介石看作中國當時唯一可能的領袖，在譴責蔣的同時，他也極力維護他的地位。

身處一個混亂無序而學術資源有限的國家，一位學術領袖與政府的個人關係是獲得其事業所需資金的唯一方式。這樣，他的政治選擇就不僅是一種意識形態的選擇，也是一種事業性的策略選擇。

但是自由主義者在中國沒有真正的權力基礎，尤其在北伐戰爭取勝之後。他們不能扭曲他們的自由主義理想來適應兩個集體主義的政黨：國民黨或共產黨；他們從未在兩者中任何一個黨派裏真正建立地位，也從未被其中任何一個黨派所接受。他們實際成了現代中國政治中的「第三種人」。[11]

中日戰爭期間，傅斯年連續七年擔任國民參政會的參政員。在這個機構裏，他英雄式地批判了行政院長孔祥熙派系的腐敗和瀆職，促成了孔氏的辭職。後來在一九四七年，目睹了混亂的經濟和腐敗，他在三篇文章中公開譴責另一個行政院長宋子文，也促成了他的辭職。將兩個行政院長拉下馬的努力給傅斯年帶來了巨大的聲譽，但他是一個傳統的忠臣，而決非一個職業的政客。傅斯年對兩位行政院長的批判是顯而易見的。一方面，在後五四時期中國政治在左右之間日益兩極化的進程中，北伐戰爭期間國民黨政權的改革派傾向給傅斯年這樣的自由主義者提供了唯一能參與政治、從事公職的空間。另一方面，國民黨嚴重的威權主義只給自由主義者留下了極小的餘地來行使其批判和抗議的權力。國民黨那黨派專制的制度性和意識形態基礎當然是討論和批評的禁區。在這樣的情勢下，傅斯年只能攻擊政治人物而不觸及政治框架。這導致他更像一個傳統的中國士大夫，他們通過攻擊宰相來抗議獨裁統治，卻不去觸動王朝的中心，而不像一個現代的自由主義者那樣扮演一個忠實的政治反對派的角色。這樣，在傅斯年譴責孔祥熙和宋子文那轟動一時的事件中，我們可以對中國知識分子陷入傳統思想和現代政治之間的困境有所感悟。

傅斯年屢次拒絕進入政府擔任閣員，然而他確實擔任了北大代理校長，並在一九四九年初成為台大校長。在台大，傅斯年在學術管理上取得了相當重要的成就，並成為台灣教育史上最值得紀念的人物。

大陸落入中共之手對傅斯年是一個巨大的打擊。傅斯年曾號召他的同胞拋棄他們的傳統，擁抱西方的價值觀；作為一個民族主義者，這使他感到不安。傅斯年自己和其他一些人相信，他對傳統文化的反對態度，尤其是他呼籲拋棄源於中國傳統文化遺產的內省式道德觀念，有助於為馬克思主義進入中國鋪平道路。然而，對他們而言，中共的勝利在很大程度上使他們的理想無效。

傅斯年逐漸地回歸到孟子的道德哲學，在晚年，他要求所有台大一年級的學生讀《孟子》，他也指責「全盤西化」的口號為荒謬。他相信，中國的傳統才是真正的人文主義的價值觀念，他甚至敦促學生成為非白種文化的繼承者和傳遞者。然而，說傅斯年最終拋棄了所有的五四理想是不準確的。當傅斯年的大多數五四老友已漸入老境之時，他仍可被承認為科學和自由——五四時代的兩個核心觀念的堅強支持者。

中共的勝利也促使傅斯年更徹底地堅持自由主義。儘管傅斯年說過「自由主義」不應該被稱為「主義」，並否認他自己是一個自由主義者，[12]他早年實際是一個自由主義者和社會主義者的結合者。他同樣關注經濟平等和政治自由，但當他最後發現中共為了取得經濟平等而鼓勵激烈的階級鬥爭時，他和其他許多人都意識到經濟平等並不一定與自由攜手而來。他晚年的生活有一個明顯的轉變：他不再鼓吹經濟平等；相反，他更徹底地堅持自由主義。

然而，傅斯年的思想在晚年變化得如此迅速，以至於他不能以任何系統的方式整體表述出這些相互縈繞的豐富思想。很不幸，在他一九五〇年驟然棄世之時，這些思想也同他一起被埋葬了。

註釋

1 見 Chang Kwang-chih, *The Archaeology of Ancient China*, third edition (New Haven, CT: Yale University Press, 1977), p. 6; *Shang Civilization* (New Haven and London: Yale University Press, 1980), p. 46。兩個名單中都有董作賓和李濟的名字。

2 史全生編，《中華民國文化史》，第 2 卷，頁 720。

3 吳敬恆，《四十九歲日記選錄》，收於《吳敬恆選集：序跋・遊記・雜文》，頁 221。

4 見唐君毅，〈中國近代學術文化精神之發生〉，《民主評論》第 1 卷第 24 期（1950 年），頁 3–10，徐復觀，《中國思想史論集》，頁 228。

5 彭康，〈新文化運動與人權運動〉，蔡尚思編，《中國現代思想史資料簡編》，（杭州：浙江人民出版社，1982–1983 年），第 3 卷，頁 107。

6 徐淵，〈法西斯蒂與三民主義〉，蔡尚思編，《中國現代思想史資料簡編》，第 3 卷，頁 690–696。

7 陳啓天，〈法家的復興〉，蔡尚思編，《中國現代思想史資料簡編》，第 3 卷，頁 835–844。

8 瞿秋白，〈普洛大眾文藝的現實問題〉，《瞿秋白文集》，（北京：人民出版社，1985）《文學篇》，也見於〈歐化問題〉，同上，第 1 卷，頁 491–497。

9 毛澤東，〈延安文藝座談會上的講話〉，1942 年 5 月 2 日，康拉德編，《中國共產主義資料史》（康橋，麻塞諸塞，1952 年），頁 411。

10 瞿秋白號召「脱下五四的外衣」，見，例如，瞿秋白的〈自由人的文化運動〉，《瞿秋白文集》，第 1 卷，頁 498–503。參見畢克韋（Paul G. Pickowicz），〈瞿秋白對五四一代的批判：早期中國馬克思主義文學批評〉，收入古德曼，《五四時期之中國現代文學》，頁 351–384。關於茅盾，見茅盾（沈雁冰），〈五四運動的向導——馬克思主義文藝研究會報告〉，《文學導報》，第 1 卷第 2 期（1931 年），頁 14。

11 《傅斯年先生檔案》，III–886，儲安平（1909–1966）致傅斯年的一封信。

12 見金耀，〈憶傅斯年先生〉，《傅故校長哀挽錄》，頁 59。

附錄

「客觀理智」與「主觀意志」

後五四思潮中的兩種趨向

本文想討論後五四思潮中的兩種流派。後五四思想的面相非常多，絕對不限於我所將討論的這兩種，但是「客觀理智」與「主觀意志」，似乎又可以概括相當的時代面貌。而且這兩者互相對立與糾纏，對後來的影響頗為深遠，所以值得特別提出來討論。在進入主題之前，我的設想是將五四發展的背景大致作一個簡單的介紹。但五四是一個何等複雜的歷史事件，所以任何介紹都免不了是掛一漏萬的。

一

「五四新文化運動」包括「新文化運動」和「五四運動」，一個在前一個在後，重點雖然有所不同（當時許多人並不知道五四有愛國運動以外的意義），但它們又是一個連續體。所以一般將它們合在一起，簡稱為「五四運動」。五四當然是受新文化運動激蕩而起，而且五四運動最開始時活躍的學生中有很多是醉心於新文學運動的青年，顧頡剛在他的一篇文章提到了這一點。可是五四有一個不同的調子，即愛國主義，它的「外抗強權，內懲國賊」的聲浪夾雜着新文化運動的種種解放的主張，慢慢取得壓倒性作用。這個時候一、兩個月或一、兩年內整個思想就要變。綜合前人的觀察，可以將這一段歷程大略分成四個階段。因為，民國三、四年間復古守舊之風回流，引起了許多共和國青年的不滿，這與新文化運動有相當密切的關連。所以五四新文化運動最先是批評禮教（反禮教），接着是白話文學與思想改革，再則是學生涉入政治，最後是主義時代的來臨。在這四個階段中，我想着重討論「後五四」時代中思潮的分裂。

討論五四運動時，我覺得「世代」（generation）之間的問題與異同本身是個重要的問題。在新文化運動前後，身為老師輩的這代人慢慢地得到了一個共同性的看法，就是覺悟到文化、思想是解決黑暗的政治社會的一個根本的關鍵。

胡適出國留學是在一九一〇年，從他跟他當時的朋友們的通信、日記中看得出來，他留學到第三年時，觀念上開始出現一些變化。胡適原來是喜歡宋明理學的，而且排斥顏元、李塨的學問，這與他後來的發展剛好相反。當時的梅光迪喜歡顏、李，討厭宋儒，後來的發展也正好相反。所以胡適自己一直在變，我看他跟他當時一些朋友的筆記，他在留學第三年、第四年，開始轉向「天下事無不可為」這樣的想法，而且希望從「根本」下手——「造新因」。這些意識就開始擺脫他原來在晚清到民國初年那些要武力強大、軍隊強大，政府強大的想法。他認為要造新的因、遠的因，從根本下手，從文學下手，由

「下」——「國民」、「鄉」，這些東西來下手，不要再一味寄望於英雄、偉人。辛亥革命成功以後，有個流行名詞叫「革命偉人」，出了幾種革命偉人言論集、書信集。那時「偉人」成為一個很流行的稱呼，胡適認為不要再寄望這些上面的人，要從下面來，由下、由國民、由鄉村社會，不要寄望於政治、軍事，要寄望於文學、思想來「造新因」、「造遠因」。尤其在民國四年，他給他朋友的信中說：「國事乃是大事，豈能抄近路」，所以應該要從文化改造開始。我想這也使得他後來跟陳獨秀慢慢趨同。

胡適與陳獨秀都是新文化運動老師這一輩人，但他們兩個在個性上是不同的，胡適是溫和的，以歐美為理想的；陳獨秀是激烈的，不惜跟天下人為敵的。胡適的〈文學改良芻議〉一寄到《新青年》，陳獨秀接着寫了〈文學革命論〉呼應。陳獨秀這種決絕的主張，所引起的震盪與擴散作用不可小看。我之所以要特別提出這一點，是因為這個決絕的態度在當時顯然有重大的刺激作用，吸引了不少青年。

在這裏我要岔出去略談一下「思想水位」的觀念。從清末民初以來，「思想水位」已經節節上升，即使是與新文化運動諸君對立的林琴南，從他的文章及所譯外文小説看來，他也是贊成變法改革的半新人物。劉師培在晚清的革命言論與無政府思想，更是異常激烈。只是林琴南或劉師培等人的文化態度，比較上還是主張新舊可以並存。但是當時能動人觀瞻的，恰是「不塞不流，不行不止」這樣一種全盤的、整體否定傳統的態度。鄭超麟的回憶錄中說，他在福建看到《新青年》時，一開始痛恨陳獨秀，這也是很多人開始接近五四新文化運動的第一個反應，但他對陳獨秀「不塞不流，不止不行」這個口號印象特別深刻。他原來在福建受傳統教育，本身也參加過科舉考試，不過他居然逐漸信從陳獨秀所講的，沒有把舊的扔掉新的進不來的想法。

胡適並沒有這種決絕的態度。雖然陳獨秀、胡適在態度方面有這樣的不同，但是他們在對文化、道德或是倫理，所謂「遠因」、「新因」這方面的認識，好像慢慢趨同。所以從當時新文化運動老師這一輩，也就是《新青年》最初的主導者們，慢慢開始更重視文化，認為思想問題是根本問題。政治不是靠政治來解決，政治是由思想文化來解決，這是個不一樣的想法。

至於學生這一代，我覺得五四青年有一些特質，包括：民主與科學、個人解放、反對禮教、高調的理想主義，道德激情，提倡高尚純潔的人格，對「未來」有無限光明的想像（用俞平伯的話說：「模糊地憧憬着光明，向往着民主而已」）。高尚純潔的人格加上理想主義再往前走一步，就帶有 Jay Winter 在 *Dreams of Peace and Freedom: Utopian Moments in the Twentieth Century* 一書中，所說的「微型烏托邦」的特質。Jay Winter 認為有兩種 "utopia"，一種“major utopia”，另一種是“minor utopia”（微型烏托邦）。五四青年們，在理想主義上往前跨一步，往往帶有“minor utopia”的味道，形成各種新村或者類似新村的組織，或是各種同道之間的結社。

五四青年強調輸入西方新的學理，對各種學理往往沒有太大的區辨，所以在當時，包括英、美、法，還有俄國的東西，對青年來講他沒辦法分得太清楚，不分區別地引進來。《新潮》的一卷一號中，傅斯年有一篇講俄羅斯革命的文章〈社會革命——俄國式的革命〉，以至於後來在台灣編《傅斯年全集》時這篇就不敢收進去。當時這些都是輸入新學理中的一環。這個時候好像有一種比較新的思維，認為每一種新的聲音都有被試試的價值，在以前，這個要看合不合過去的傳統。另外，五四理想青年的道德激情值得特別關注，尤其反映在當時的文學作品中，思想鼓吹沒有細節，小說裏面有新的東西、有細節，用鄭超麟的話：「小說打開了一個世界」。在日用人生裏面應該如何表現，種種細節與想像，有一些好的跟不好的社會評判標準。青年們認為夢想是好的、未來是好的，專門寫現在的事情寫得再好都不好。而且還有一點值得注意，五四青年的思想中有許多雜糅附會的地方，如果把它們講得太清楚往往就不是事實了。在思想轉型的時代，很多東西都是陌生的，這個時候硬要弄出一個東西，作為人生、政治、社會的圖景，那麼本身往往就帶有雜糅附會的特質。

五四還有一個重要現象，就是在五四之後，很多中學生，城鎮、小城市裏面的中學生，辦了很多刊物，這些刊物大大小小加起來約有四百多種，輿論就能下達到這個地方政治。有些地方的熱心的分子，他們積極跟隨北京等大城市的熱潮。鄭超麟的回憶錄中就提到有一個公佈欄上會不停地貼北京那些活躍的青年的文章和來信，取得一種聯繫。然後小縣城的中學生跟着辦刊物，輿論大為發展。胡適曾説這是一個新的現象，使得 local 成為可以表達公共意見、傳達新知識的點。在北伐時期，很明顯的在很多小地方，受五四新文化運動薰陶的年輕人跟當地的舊紳士起了根本的衝突。

二

正如懷海德在《歷程與實在》中所説的，思想是一個有機體，它在歷程中會不斷地變化。五四的歷程如此，後五四的變化更是如此。戴季陶曾經觀察説，在五四之後有兩條路，一條是「客觀理智」，一條是「主觀意志」，這裏要強調，上述分別只是大概而言，「客觀理智」與「主觀意志」不可能沒有交互、重疊之處。我相信戴氏所説的「客觀理智」，主要是指五四所倡導的科學的、理智的、客觀的、西方的、新文化的、批判傳統的。後來在學術界則發展為以科學「整理國故」的運動。當然「整理國故」中也微微有「客觀理智」和「主觀意志」兩種傾向之分，梁啓超一面強調科學整理國故，一面又注意國故中主觀的、意志的面向。這裏所謂的「主觀意志」，是籠統地指東方的、精神文化的、心性的、信仰的、直覺的、情感的、人格的、行動的。政治上的「主義」派也可以歸入此派，因為當時崛起的各種「主義」派，基本上不只強調政治思想的抉擇，而是「一種思想、一種信仰、一種力量」（孫中山），[1] 此下我將試着對此加以闡述。

首先是「客觀理智」的。五四運動在政治與思想、學術上的影響至為重大。五四派在蔡元培、胡適，以及後來的傅斯年等人的領導之下，形成清楚的學術、文化主張，提倡民主，倡導科學（有時甚至是「科學主義」）、理性，提倡西方文化，批判中國傳統，提倡「為學問而學問」，主張以科學整理國故等。由胡適所倡導的「整理國故運動」，形成一種認為清儒的治學方法是「科學」的主張，提倡一種解決學術「問題的」取向，以新史料的發現為主調，對於學問的題目與方法有一種個別的、質實的，甚至有時看來不免零碎的傾向。尤其經過一九二三年「科學與人生觀論戰」，科學派決絕地反對形上的、心性的，堅決主張客觀的、理性的、實證的態度，認為人生觀的部分也是在科學定律的管轄範圍。

他們比較看輕中國原來學問中心性的一路，尤其反對宋明理學的傳統。又因為「為學問而學問」的主張，胡適甚至曾説清儒發現一個古字的價值與西人發現一顆恒星的價值是等同的，所以暗示了一種學問可以不問現實用處，即使看來「無用」的學問，它本身也有永恆的價值，這多少給人一種學問與現實可以脱離的傾向。

另外值得注意的是，五四之後的一連串論戰，如「問題與主義」論戰、「科學與人生觀」論戰、「東西文化問題」論戰等等。在這些論戰中，比較佔上風的多是屬於新文化運動這一邊，相當程度地深化了科學、客觀、理智這一面的力量。事實上在一九四九年之前，這一派在思想、學術界佔有主流的地位，過去討論也比較多，所以此處不再贅述。上述種種發展，大致等於戴季陶所説的「客觀理智」一脈。

至於在「主觀意志」方面，首先要談的便是「主義」派的崛起。從一九一九年到一九二〇年，這一兩年間政治、思想、文化的氣候不停在變。我要舉一本小説《倪煥之》為例，它的作者葉紹鈞也是一位五四青年。倪煥之在追尋的過程中，經歷過新文化那種強調個人的、思想的、自覺的、高尚純潔的個體解放，然後慢慢地轉變成探索社會的、組織的、勞工的。到了最後發現，我們原來做的事情太零碎。這樣零零碎碎的理想好像要靠一個新的東西來落實，所以倪煥之在短短幾年，由以新文化運動為主的然後變成五四的，然後又好像希望找到一個新的道路。由五四轉向「主義」是一個複雜的問題，我個人曾從「生命存在」的角度加以解釋（見〈主義時代的來臨〉一文）。從《倪煥之》等書中，我們看到一種多角度的思維：一方面是對未來有無限光明的憧憬，對現實則是無限失望；另一方面又認為問題的存在是整體的，是全「社會」的。故以「社會」取代原先新文化運動零零星星的各種主張，轉向一種「全盤的」、「主義」式的解決。這也就是《倪煥之》中所說的要靠「另一種非得有組織地幹不可」的人，憑藉思想、信仰、行動以及意志的力量，才能將上述零零碎碎的理想加以落實。形形色色的「主義化」的努力，以及各種「主義」的盛行，靠「另一種人」的「主觀意志」在現實行動上的展現。至於後五四思想文化界，「主觀意志」傾向的崛起也是非常明顯的。

五四新文化運動是一陣狂風暴雨，四面八方的人都在盯着它看，思索着它的對錯，不管是迎接或抗拒，試着與它對話，或是試着進行改造、挑戰，它往往產生了五四領導者們未必料想得到的影響。譬如陳寅恪有〈「薊丘之植，植於汶篁」之最簡易解釋〉一文，為什麼在《史記》這麼龐大的內容中，他獨獨關注〈樂毅傳〉中的這兩句話？其實這是受了五四新文化運動的刺激而欲有所回應。當胡適在《新青年》上發表〈文學改良芻議〉，陳獨秀接着刊出〈文學革命論〉加以呼應之後，錢玄同隨即以大篇書信加以支持。為了響應胡適所說的古文「不合文法」的主張，遂在這封長信中舉了「薊丘之植，植於汶篁」為例，說明它是一個倒裝句「不合文法」。所以，多年之後陳寅恪發表的這篇〈「薊丘之植，植於汶篁」之最簡易解釋〉，也可以說是對當年《新青年》上那幾篇文章的回應。

大變動之後，所謂「影響」往往有幾種意思，一是接受，一是反對，一是既接受又反對，一是既反對又接受，[2] 即使要站回自己原來的位子，往往也要經過一番反思。正因為五四是一個改變歷史氣候的晴天霹靂，所以此後凡五四問的問題，凡五四主張的觀點，對許多人而言，如果要對相關的問題有所思考，則不管贊成反對，都要先問一下自己到底是持什麼態度？中國文化是不是如五四人物所貶斥的那樣？西方文化包括些什麼？西方文化是不是如五四人物所推崇的那樣？五四那樣講婚姻問題，那麼青年談戀愛的時候，也要想一想要不要接受媒妁之言？又如在五四的愛國運動震撼之下，很多基督教團體在愛國主義的狂潮下不能不自問自答：西方來的宗教是不是與愛國主義相矛盾？邊疆的少數民族可能會問在激進的愛國主義下，我們應如何自處？我們是應該更向中國貼近，還是要選擇疏遠？自問自答成為一道習題，許多人在自問自答的過程中重新定義自己，並決定走向。

為什麼「反對」者也可能受到影響？有時是因反對而注意某些原先不曾注意的主題，有時是因反對，而認為相反的那邊就是對的，或者是認為「主旋律」所有的便是不好的，所以也不願將其中某種質素包括進自己的內容中。譬如五四新文化運動之後的新儒家，就不太願意講考證，因為考證學被胡適他們拿去當作科學整理國故的東西，所以此後新儒家就不太標舉考證學了。

隨着五四運動中「客觀理智」的風氣在學術界鋪天蓋地而來，在學術、思想界中不管贊成或反對它者，往往也帶有它的印記。這些流派各有自己的淵源，絕對不能化約為只是對五四的反響，但是它們直接或間接與五四有關。以下我要舉例說明之，其中有些例子已經下及一九三〇年，甚至一九四〇年代，而它們的共同特色之一便是張揚「主觀意志」。

在「主觀意志」派形塑的過程中，一九二三年的「科學與人生觀」論戰顯然有重要的影響。在這一場論戰中，胡適、丁文江、吳稚暉等站在科學主義一邊，認為普通的科學是可以統治駕馭人文、人生觀的所有領域，這些本來認為是主觀的部分，可是科學主義說人生觀還是在科學的定義制約之下。這裏面反對科學派的張君勱等人，很多都和宋明理學有關係，所以慢慢形成了兩個陣營的大決戰。幾年前我慢慢地注意到了，其實丁文江在這一論戰當中的很多主張可能深受 Karl Pearson 的 *The Grammar of Science*（《科學的規範》）的影響，至少在意識上可能是如此。可是反對派認為人的內心、情感、意志、人生觀、世界觀、價值觀是不受科學律則統治的，認為人的內心是一切價值的根源，不相信科學的方法能夠解釋一切。後來陳獨秀寫了一篇序，非常巧妙地説科學和人生觀是可以合在一起的，如果按社會的唯物辯證法，這兩個東西是可以合在一起的，辯證唯物主義的社會科學可以找出人生觀、價值觀與世界觀的定律。這裏面慢慢就形成兩派，一派是科學主義派，一派是玄學派。在陳獨秀他們主張思想聯合陣線時，張君勱一度甚至倡導「唯心」主義聯盟，計劃在西山開成立會，並計劃創設《理想》雜誌。

一方説科學，另一方就説玄學，一方説西方文化全面勝過中國，另一方就説東方文化仍有不可磨滅的價值，所以就有「東西文化」論戰；一方説要點滴改良，一方説要社會政治的全盤改良，所以就有「問題與主義」論戰。這種截然相對的二分都和五四運動有關，如果不是五四運動，説不定科學與玄學之外還有第三者，説不定東方文化與西方文化不會被講得那樣截然相對。[3]

在後五四思潮中，首先應提到的是東方文化派。梁啓超的《歐遊心影錄》當然是一個關鍵部分。梁啓超在一九一八年底率領幾個他的學生到歐洲去，訪問當時歐洲的幾個大思想家，他們訪問倭伊鏗（Rudolf Eucken）、柏格森（Henri Bergson）等，這些都是當時西方反對赤裸裸的、強烈的科學主義的思想家。在我感覺，梁啓超在歐洲訪問的人其實很多都是有選擇的，他就沒有訪問主張非常強烈的科學主義的人。梁啓超回來後所寫的《歐遊心影錄》宣稱經過一次世界大戰以後，資本主義、物質主義、科學主義等歐洲文化已經破產了，而且他們寄望於東方文化。梁啓超回到中國是在一九二〇年三月，這些文章早已經陸續寄回來發表了，並且帶起了一個東方文化的興趣。這個影響正好和新文化運動是對立着，就是宣稱東方文化有新的生機，新文化運動則認為東方文化已經結束了，是過去式了。

但對新文化運動的文化觀加以系統反省批判的，是一九二一年梁漱溟的《東西文化及其哲學》，這是新文化運動之後具有里程碑意義的一本專著。這一本書把中國文化、西方文化、印度文化劃分成三種「樣法」，分別是在原地保持居中調和的、往前看的和往後看的。一切向慾望看齊，往前衝的是西方文化，梁漱溟認為這一文化已經要走到盡頭了。可是很有意思，如果我們仔細讀這本書，會發現它對於東方文化和西方文化的劃分，幾乎完全是照着陳獨秀、李大釗的，這兩位有幾篇文章講東方文化是什麼、西方文化是什麼，梁漱溟完全是照着他們的分別。在今天來看就不一樣，東方文化怎麼一定是精神的呢？錢穆曾經講中國文化最注重物質，怎麼能說是精神呢？所以，梁漱溟一方面反對新文化運動，一方面也接受了很多新東西而不自知，包括他自己沒有覺察到的東西文化之間的劃分。他一再講，關於這一點陳獨秀和李大釗講的非常好，就是因為他接受了這一點。而且他有一種觀點，認為東方文化將來要包辦全世界。胡適在批評他的《東西文化及其哲學》裏面講，哪有一種文化是包辦全世界的？我認為這恰是梁漱溟受了當時新文化運動宣稱西方文化全面勝過東方文化的反影響。他在書裏講，當西方文化走下坡而要走向東方文化的時候，就是中國文化在人類文明第二期中佔主導地位的時候。但他也很客氣地講，第二期講中庸調和、現在的文化在成為主流的時候，也要在某種程度上向西方學習。而將來是印度文化的天下。從這本書後半段，可以看出他深受當時流行的各種社會主義的挑戰，認為資本主義這套生產體制、經濟活動出現了問題，這個部分是五四運動以後慢慢產生的新的思想視野，很多人都看到這個部分，沒辦法繞過它，即使《東西文化及其哲學》也一樣。

除了梁啓超、梁漱溟之外，張君勱也是一位代表人物，他在科學與人生觀論戰中明火執仗主張玄學、宋明理學、強調自我、價值、意志、人生觀，認為它們沒有普遍的科學定律可言。張君勱在一九二〇年後留歐時與倭伊鏗合作寫過一本德文小冊子《中西人生觀》（Rudolf Eucken und Carsun Chang, *Das Lebensproblem in China und in Europa*. Leipzig: Quelle und Meyer, 1922）。張君勱是最先使用英文 "New Confucianism" ——「新儒家」的人，他是法學家、是民社黨的創始人。他因為受五四的刺激，提出一個不同於五四的東西，就是宋明理學。他後來也有若干宋明理學的著作，但不是學理上最深刻的那一種。還有章士釗也在一九二二年提出「農國論」，他認為西方那套資本主義的經濟體制及文化完全破產了，要恢復中國的農國，農業的道德價值，農業相關的傳統文化。我個人認為，如果不是要與五四新文化運動相抗衡，他可能不會這樣提。事實上，在二十世紀光靠農業怎麼生存？可章士釗就提出了一整套的農國論，而且還提出了一整套聯合各種產業的思想。當時羅素、杜威到中國訪問，有人問他當時中國的社會的問題怎麼辦？他們都提出要把中國各個行業的公所，組織、聯合起來，章士釗也有這麼一點想法，所以他提出「聯業」的主張。

另外一個是二十年代的新人文主義派，我主要講的其實是學衡派。學衡派認為他們所提倡的是「新人文主義」，他們不滿西方中產階級產生的文化，徹底反對西方以人民、民治為主的文化思潮，而要以希臘思想而不是杜威這些人的庸俗思想作為範本來建造中國的新文化。柳詒徵形容他們是要在中國建造新的希臘。他們師承哈佛大學的白璧德教授，反對法國大革命以來庸俗化的趨勢，反對中產階級成為文化主流，傾向於士大夫文化菁英所代表的思想。[4]白璧德在哈佛大學，並不是最受歡迎的，他堅持實行一種古典的理想，那不是當時西方最流行的一種。可是有一批中國的留學生，包括俞大維、陳寅恪、吳宓、梅光迪卻圍繞在他旁邊。

還有非常重要的是社會主義派，其實在一九一九年形形色色的社會主義就非常流行，包括辯證唯物主義在內，變成一個很大的挑戰了。梁啓超、張東蓀等人都感受到社會主義的威脅，而覺得一定要有所回應。梁啓超常講社會主義大概是我們這個時代不可脱逃的世界潮流，所以他既研究社會主義，但在報紙上又千方百計説這個潮流千萬不能讓它進來。梁啓超在給他朋友、兒女的書信裏面很多在討論這個潮流來了之後要怎麼應對。他的著作裏面也常常可以見到對應的痕跡，像《中國文化史》和後來幾本書，多少都已經有這方面的成分。這個潮流後來成為很多後五四的思想流派的調色盤裏面的一個色彩。即使拒絕它、反對它，調色盤裏面還是有這個色。

除了上述之外，「主觀意志」派還包括後來的新儒家，乃至更晚在對日抗戰時期的若干思想流派。「主觀意志」這個籠統的派別顯然也是針對五四新文化運動而來的。熊十力一九二二年到北大代替梁漱溟教書，梁漱溟一直在北大教「印度哲學概論」，有一年梁漱溟不能教了，就請歐陽竟無的一個學生熊十力來代課。後來梁漱溟曾表示，他一生做過的錯誤就是找熊十力來代課。熊十力乃至後來的新儒家的幾位大師，基本上都對新文化運動有所反省，在這個反省中重新建立對中國文化內在的精神價值之類的肯定。熊十力先談唯識論，後來慢慢從唯識論裏面脱離出來，要用儒家的方式再來談，尤其是宋明理學，他的闡述中有很多是針對科學主義而發的。熊十力在《十力語要》等書中，連篇累牘地批判五四及五四之後重考據、反心性的學風。譬如他常説：「人心不是礦石」，這個説法涵義甚廣，此處不能具論。其中有一個意思是說人的內心不是一個可以被觀察分析、有定律可循的客觀之物，人是主觀價值的源頭，在良知背後有很深遠的背景（參考劉述先《新儒家的開展》）。天命之謂性，良知後面又有很深遠的背景，它不是一個客觀之物。用他的話說就是「性智」，而不是「量智」。用我能想到的一句話來說，就是人是「天命之謂性，率性之謂道」，人生下來的「性」或「良知」，不是一個普通的器物，其背後有很深遠的背景。它作為主體發出來的東西是可以涵蓋萬物的。熊十力曾經告訴別人，除了王陽明、王心齋的書，其他統統不要讀。他所肯定的主要還不是宋儒，而是王陽明和王心齋的後學。熊十力在一九四九年之後轉向先秦六經，轉向治國平天下。可是坦白說，他的《原儒》、《論六經》裏面武斷之辭太多。他的學生徐復觀在台灣看到他的《原儒》、《論六經》時也有這種感覺。

另外就是一九四〇年代，賀麟提出的「新心學」。胡適曾經批評馮友蘭的《中國哲學史》採用「正統主義」，意思就是說馮友蘭寫先秦到宋這一段，寫成好像先秦以來的思想，包括隋唐五代的佛教和禪宗，最後是要匯集到理學的興起，「千里來龍，在此結穴」。這不是新文化運動者所喜歡的一個路數。尤其馮友蘭後來的《新理學》，用西方的新實在論的一種「潛勢的理」解釋朱熹的「天理」，朱熹的「天理」確實有「潛勢」的味道在裏面，而「潛勢」、「天理」這些東西當然與五四所強調的「客觀理智」有所出入。

賀麟提倡「新心學」，他是不滿意馮友蘭的，認為馮友蘭講的是空理，離現實的人生有距離，不能給人慰藉。五四新文化運動是一個大啓蒙，可是很多人覺得，它與我的人生好像遠了一點，所以出現了一些希望要講意志、信念、價值、行動，或是希望思想、信念和行動合而為一的的派別，賀麟的「新心學」就是其中之一。

賀麟的著作有一個特色，他往往吸收了五四新文化運動的東西，他的主張中很強調客觀理智的學問的追求，可是另外一方面他還是帶出另一個方面，即中國文化的精神價值。他早期是西方唯心論的重要代表人物，後期翻譯黑格爾，這些當然不可能與對五四科學主義的批判沒有關係。從賀麟關於哲學與人生的工作中我體悟到一個名詞，就是在五四之後慢慢形成集結及中心的思想流派好像有一種「非人格化的傾向」，而他們想要「再人格化」。「人格化」的意思就是説內心的、理想的，精神的、意志的、價值的、行動的，這幾種東西是要合而為一的，像 William James 講的「純粹經驗」：當人們直接地經驗到自己的意識狀態時，不參雜任何學理、偏見等。在這裏沒有主客之分，知識與其對象完全合一，客觀的理智、主觀的意念、價值的抉擇與實踐合而為一。馮友蘭《中國哲學小史》中曾用它來解釋道家哲學。日本哲學家西田幾多郎《善的研究》，開宗明義便表示説他受「純粹經驗」觀念的影響而寫這本書，並認為「善」即是上述合一的狀態。五四新文化運動以來，基本上認為對上述種種是要分開的，用胡適的話，學術是一回事，道德是一回事，信仰是一回事，可是有不少人認為應該要合而為一的。賀麟、謝幼偉等人好像集合成一個團體，他們在五四之後特別要談這個東西。

當時他們開始刻意引介的西方的思想家也是另外一批，很多是新黑格爾主義者，尤其像英國的 Green（格林，T. H. Green，1836–1882）、Bradley（布萊德雷，Francis Herbert Bradley，1846–1924）、Berkeley（巴克萊，George Berkeley，1685–1753），他們都是唯心主義者，還有像美國的 Josiah Royce（J．羅伊斯，Josiah Royce，1855–1916）、謝幼偉譯過一本他的《忠的哲學》，Josiah Royce 在當時的美國非常有名，他認為有一種哲學就是把知識、信念、意志合而為一的，而最高表現就是「忠」，忠於一個事業、學術、人的時候，你是全部合而為一的道德純潔的狀態，不是分裂的。知識、道德、信仰，這些原來在五四青年看來是分裂的東西，在這個概念下是合而為一的，William James 講的「純粹經驗」也是這樣的狀態。還有他們所討論的柏格森、懷海德、克羅齊。依照賀麟在《六大哲學家》中對後期懷海德的刻劃：重「玄思」、重視「感覺」、重「直觀」的探索，強調經驗裏面模糊的部分才是更基本的。重視「全」，而反對「分離」、「孤立」地分析事物，以及提倡有機哲學以批判機械論或機械唯物論。他又認為在表面的語言之後，思想和語言之間有個距離，語言沒辦法完全表達思想，很多東西背後都有一個潛在的連接才能真正了解。我覺得賀麟特別提出後期懷海德的思想，多少是針對當時所謂「科學方法」中考證的、唯證據的、唯科學的部分的批評。

到了抗戰時期，包括戰國策派，它所講的是另一套東西。這是在客觀理智、主觀意志之外的一種新發展。但這一個發展之所以可以被放在後五四被了解，是因為他們在形成的過程中，有五四這一個對話或逆反的對象。新儒家談的更多還是在思想上，這裏面談的很多還是情感、價值、意志、領袖、信仰、行動之類的。另外，五四之後西方變兩個了，五四新文化運動的時候西方好像只有一個，後來變成還有一個俄國，以西方來反西方，以西方來修正西方，原來都是到民間去，到法蘭西去，後來加一個到俄國去，所以它後來有很多新的變化。

最後我要強調，經過五四之後什麼都不一樣了，五四帶來了一個新的天地，五四像原子核分裂般，它的強力爆裂，使得政治、思想、文化等各方面的地景產生了新的劃分，而「客觀理智」與「主觀意志」便是其中一組，將來如果有機會，我希望能對這個主題做更進一步的闡述。

註釋

* 本文是 2019 年 5 月間在華中師範大學「章開沅講座」及後續的座談會上的發言，感謝周月峰、黃凡將它們整理成記錄稿，本文即在此記錄稿上修改擴充而成。因為是講演紀錄，所以常帶有口頭、未加修飾的語氣，而且沒有加註，詳細寫定，俟諸他日，請讀者鑒諒。

1 從戴季陶《日本論》之類的文字出發看來，對「主義」和領袖的信仰是屬於「主觀意志」的。

2 因反對而形成的各種發展，如梁元生先生所討論的「五四的逆流：國學南移與香江之國學興起」即是一個顯例。

3 五四之後，五四陣營內部也有分裂，就像問題和主義、實驗主義和其他主義、文學藝術人生和社會政治，這些本來在五四新文化運動裏面看起來是包含在一起的東西，在五四運動之後也有分裂之勢。

4 這裏面像梅光迪的文集裏面和胡適的通信，可以看出他是對應着胡適的。所以胡適曾經説過，哪裏有「學衡」，我只看到「學罵」。